RASSEKATZEN

DESMOND MORRIS

RASSEKATZEN

DIE 100 KATZENRASSEN

WELCHE KATZE PASST ZU WELCHEM MENSCHEN

WILHELM HEYNE VERLAG
MÜNCHEN

Titel der englischen Originalausgabe:
COOL CATS. The 100 Cat Breeds of the World
Ins Deutsche übertragen von Wolfgang Schuler
Redaktion: Marianne Schulze

Die Originalausgabe erschien 1998 bei Ebury Press Limited, London,
basierend auf der überarbeiteten Fassung eines Teils der 1996
bei Ebury Press erschienenen Enzyklopädie von Desmond Morris
CAT WORLD. A Feline Encyclopedia

Layout: David Fordham
Bildrecherche: Nadine Bazar
Umschlaggestaltung: ART & DESIGN HÄRTL, München
Satz: GRAMMA GMBH, München
Printed in Singapore by Tien Wah Press

ISBN 3-453-153553

SEITE 1
DIE SNOW CAT, auch Alaskan Snow Cat genannt, ist eine neue Rasse, die in den neunziger Jahren in den USA gezüchtet wurde. Der kräftige Körperbau und das prachtvolle Fell sind das Ergebnis einer Kreuzung von Somali und Silberperser.

SEITE 2
DIE STROMUNG, das klassische Tabbymuster, bei einer Europäisch Kurzhaar.

SEITE 3
DIE TYPISCHE STUBSNASE DER EXOTISCH KURZHAAR, die erstmals in den fünfziger Jahren in den USA gezüchtet wurde. Die Zahl der Anhänger dieser Rasse ist seitdem ständig gewachsen, so daß die Exotisch Kurzhaar inzwischen auf dem achten Platz der beliebtesten Rassekatzen rangiert.

INHALT

Einführung

In diesem Nachschlagewerk werden – von den ältesten bis zu den jüngsten Entwicklungen – alle Katzenrassen beschrieben. Es gibt darüber hinaus Auskunft über die Anatomie der einzelnen Katzenrassen sowie über ihre Fellfarben und -muster. Ferner geht es der Frage nach, wann und wo die jeweilige Rasse entstanden ist. Dabei wurden alle bekannten Theorien berücksichtigt, auch wenn sie sich oftmals widersprechen. Doch um ein möglichst vollständiges Bild von der Geschichte der Katzenrassen zu erhalten, dürfen Mythen und Sagen ebensowenig fehlen wie moderne, auf Tatsachen beruhende Thesen.

Domestikation

Fest steht, daß die Katze bereits vor 3500 Jahren domestiziert war. Das jedenfalls besagen Aufzeichnungen aus dem alten Ägypten. Man weiß jedoch nicht, wann dieser Prozeß begonnen hat. Zwar hat man bei Ausgrabungen in Jericho Überreste von Katzen gefunden, die aus der Jungsteinzeit stammen und etwa 9000 Jahre alt sind, doch gibt es keinen Hinweis darauf, ob diese Katzen bereits domestiziert waren. Denn das Skelett der Katze hat sich beim Wandel vom wilden Tier zum zahmen Hausgenossen nur geringfügig verändert. In Ländern, in denen es Wildkatzen gab, kann man sich der Domestikation nur sicher sein, wenn präzise Aufzeichnungen und eindeutige Abbildungen vorliegen – wie beispielsweise aus dem alten Ägypten. Katzenknochen allein sind noch kein Beweis dafür, daß es zahme Katzen gegeben hat; vielleicht hat man ja damals Wildkatzen gegessen.

Glücklicherweise haben wir ein interessantes Zeugnis aus einem Land, in dem es keine Wildkatzen gab – aus Zypern. Bei Ausgrabungen nahe Khirokitia an der Südküste kam 1983 der Kieferknochen einer Katze zum Vorschein. Dafür, daß er in einer frühen menschlichen Siedlung gefunden wurde, gibt es nur eine Erklärung: Er hat zu einem zahmen Exemplar gehört, das vom Festland stammte. Es ist undenkbar, daß die Siedler eine Wildkatze mit sich nahmen. Eine fauchende, kratzende, panisch reagierende Wildkatze wäre gewiß das Letzte gewesen, was man sich als Gesellschaft in einem Boot gewünscht hätte. Nur zahme, domestizierte Tiere kamen dafür in Frage.

Das faszinierende Gesicht einer Hauskatze (*gegenüber*), deren Vorfahren die nordafrikanischen Wildkatzen waren.

Das kleine Beweisstück von Zypern stammt aus der Zeit um 6000 v. Chr. Daraus kann man schließen, daß die Katze zumindest vor 8000 Jahren bereits domestiziert war. Wieviel früher dieser Prozeß stattgefunden hat, bleibt ungewiß, solange es keine weiteren eindeutigen Grabungsfunde gibt.

Doch eines steht außer Frage: Die Domestikation der Katze kann nicht vor der neolithischen Revolution stattgefunden haben, als der Mensch, der bislang als Sammler und Jäger sein Auskommen finden mußte, lernte, Kulturpflanzen anzubauen und Tiere zu halten. Anders als beim Hund, der bereits in der Altsteinzeit als vierbeiniger Jagdgefährte mit seiner feinen Witterung und seinem guten Gehör für die vorgeschichtlichen Jäger von großen Nutzen war, gab es bis dahin für Katzen keine Verwendung. Das änderte sich erst mit dem Ackerbau und als man begann, große Nahrungsmittelvorräte anzulegen. Vor allem Getreidespeicher dürften Ratten und Mäuse in Scharen angelockt haben, so daß die Menschen der Nager kaum mehr Herr wurden. Jedes Raubtier, das Jagd auf Ratten und Mäuse machte, muß den enervierten Bewachern der Getreidevorräte wie ein Gottesgeschenk erschienen sein.

Man kann sich gut vorstellen, wie eines Tages jemand zufällig beobachtete, wie einige Wildkatzen im Getreidespeicher auftauchten und über die Mäuse herfielen. Für die Katzen muß der Ort ein wahres Schlaraffenland gewesen sein. Um sie herum tummelten sich trippelnde Leckerbissen in einer Menge, wie sie es bislang nicht erlebt hatten. Vorbei war das endlose Lauern im Gestrüpp. Man brauchte nur gemächlich beim Getreidespeicher herumzuschlendern und sich in dem Feinkostladen mit den fetten Nagern zu bedienen. Damit war Katzen und Menschen gedient. Von daher war es nur noch ein kleiner Schritt, bis die Menschen Katzen als Mäuse- und Rattenjäger hielten und züchteten.

Man kann sich heute nur noch schwer vorstellen, welch ungeheure Bedeutung Katzen für diese frühen Zivilisationen hatten. Im alten Ägypten war die Katze schon bald nicht nur ein nützliches Haustier, sondern wurde als Gottheit angebetet und verehrt. Von hier aus verbreitete sich die Hauskatze über den Nahen Osten, die Mittelmeerländer und schließlich, dank der Römer, über ganz Europa. Überall war sie als Mäusevertilger hoch geschätzt. Später begleitete sie den Menschen auf seinen Entdeckungsreisen rund um den Globus, denn mit ihrer Hilfe hielt man die Nager in Schach, die die Segelschiffe heimsuchten. Auf diese Weise hat die Katze die ganze Welt erobert.

Ihre Funktion als Mäusejäger hat sie bis heute behalten, und noch immer halten Bauern in der Nähe ihrer Scheunen und Lagerräume Katzen. Die Domestikation der Katze ist eine der großen Erfolgsstorys im Tierreich. Inzwischen gibt es mehr Haus- als Wildkatzen, und in ihrer neuen Rolle als gehätscheltes Haustier ist ihre Popularität noch gewachsen.

Hat der lange Domestikationsprozeß die Katze verändert? Die Antwort ist einfach: kaum. Anders als der Haushund hat die moderne Katze in Körperbau und Verhalten noch viel von ihren Urahnen bewahrt und ist ihrer Stammutter, der Nubischen Falbkatze, noch sehr ähnlich.

Die meisten Veränderungen sind nur oberflächlich. Zwar haben sich die Farbe des Fells und die Haarlänge geändert, doch selbst in der verzärteltsten Rassekatze schlummert noch immer das Raubtier, das im alten Ägypten die Getreidelager von Kleinnagern befreit hat.

Eine der wenigen bedeutenden Veränderungen ist die höhere Fruchtbarkeit der Hauskatzen. Sie können ohne Schwierigkeiten dreimal pro Jahr Junge bekommen, Wildkatzen dagegen nur einmal, im Frühjahr. Diese Verdreifachung der Fertilitätsrate ist wohl die Hauptursache dafür, daß heute in manchen Städten die Katzenpopulationen geradezu explodieren.

Hauskatzen sind außerdem etwas kleiner als ihre wildlebenden Artgenossen. Man weiß nicht, ob die Menschen in vorgeschichtlicher Zeit bewußt kleinere Tiere wählten, um ihre neuen Hausgenossen buchstäblich besser im Griff zu haben, oder ob der kleinere Wuchs zum großen Teil auf Inzucht zurückzuführen ist.

Ein drittes Merkmal moderner Hauskatzen ist, daß sie kindlicher als ihre wildlebenden Vorfahren wirken. Sehr wahrscheinlich liegt das an einer jahrhundertelangen unbeabsichtigten Auslese durch die Katzenhalter. Tiere, die noch ausgelassen herumtollen, wenn sie längst erwachsen sind, sprechen uns mehr an, so daß man sie auch bevorzugt weiterzüchtet. Die Folge ist, daß Hauskatzen ihren Eigentümer als Muttertier betrachten und daß sie das menschliche Heim für ihr Nest halten, auch wenn sie ausgewachsen sind. Daher kommen sie von ihren Jagdausflügen immer wieder nach Hause zurück, um sich der elterlichen Unterstützung zu versichern. Weniger kindliche Katzen geben ihr menschliches Heim eher auf und ziehen davon, um sich ein ganz neues Gebiet als eigenes Territorium zu suchen. Genauso verhalten sich junge Wildkatzen, wenn sie erwachsen werden. Aber Hauskatzen müssen bleiben und mit der Spaltung ihrer Persönlichkeit leben, einerseits ein Raubtier und andererseits ein Schmusekätzchen für ihre menschlichen Familien zu sein. Und diese Entwicklung ging noch weiter, denn inzwischen ist die Katze für den Menschen als geselliger Hausgenosse wichtiger denn als Mäusevertilger. Man möchte sie vor allem streicheln und hätscheln, und das kann nur das Kätzchen in der Katze ertragen. Daß diese kindlich-erwachsene Katze entstanden ist, ist vielleicht die wichtigste Veränderung in der achttausendjährigen Geschichte der Hauskatze.

Doch eine Katze bleibt höchst anpassungsfähig und kann sich schnell wieder in eine echte Wildkatze verwandeln. Bekommt eine verwilderte Hauskatze Junge, so wachsen diese so ungezähmt wie Wildtiere auf. Ein Kätzchen, das in den prägenden Wochen keine Menschen zu Gesicht bekommen hat, wird, halberwachsen, zu einer fauchenden Furie, wenn es sich in die Enge getrieben fühlt. Nur mit großer Geduld kann es dann noch in ein freundliches erwachsenes Tier verwandelt werden. Die Katze hat also zwei Möglichkeiten: Sie kann zu einem zahmen Kätzchen oder zu einem wilden Raubtier werden, wenn die Umstände es erfordern. Kein Wunder, daß sie in den vergangenen Jahrtausenden so erfolgreich war.

Vererbung

Die genetische Vielfalt ist bei Katzen geringer als bei Hunden. In der Katzenfamilie gibt es keine Entsprechungen zur Dänischen Dogge, zum Mastiff oder zum Whippet. Das hat historische Gründe. In der langen Lebensgemeinschaft mit dem Menschen hatten Hunde ganz unterschiedliche Aufgaben zu erfüllen, und zwar bei der Jagd, im Kampf, als Wächter, beim Hüten und so weiter. Die Katze dagegen hatte immer nur eine Aufgabe, nämlich Ratten und Mäuse zu fangen.

Um Nagetiere zu vernichten, brauchte sich der Köperbau der Wildkatze aber kaum oder gar nicht zu verändern. Als ausschließlicher Fleischfresser hatte sie sich zu einem sehr tüchtigen spezialisierten Jäger entwickelt. Das war alles, was von ihr verlangt wurde, und daher war ihre Gestalt keinem Evolutionsdruck ausgesetzt. Bei der Domestikation kam es nur darauf an, ihre natürliche Scheu zu verringern. Wildkatzen sind für gewöhnlich zurückhaltend und vorsichtig; in die Enge getrieben, werden sie äußerst aggressiv. Im alten Ägypten muß die Katze diese Eigenschaften ablegt haben und statt dessen ein zutraulicher und freundlicher Hausgenosse des Menschen geworden sein. Vermutlich hat man das erreicht, indem man junge Wildkätzchen in menschlicher Gesellschaft aufzog und unter diesen für die Zucht jene auswählte, die auch ausgewachsen noch ein kindliches Verhalten an den Tag legten. Das hat den Typ des ewigen Kätzchens geschaffen, das aber für die Nagetiere weiterhin ein grausamer Verfolger blieb.

Diese Kätzchenkatze muß sich frühzeitig jenem Tier angeglichen haben, das heute millionenfach mit dem Menschen die Wohnung teilt. Doch dieser Anpassungsprozeß betraf nur ihr Verhalten. Die Hauskatzen auf altägyptischen Bildern unterscheiden sich in ihrem Aussehen kaum von nordafrikanischen Wildkatzen. Und so wäre es wahrscheinlich auch geblieben, wenn die Menschen nicht die Neigung hätten, Fellfarben und -muster ihrer Haustiere zu verändern, um sie besser untereinander und von ihren wildlebenden Verwandten unterscheiden zu können. Auf diese Weise wurden über die Jahrhunderte bestimmte Farbänderungen begünstigt und in der Zucht beibehalten. Allmählich wies die Hauskatze viele verschiedene Farben und eine unterschiedliche Beschaffenheit des Fells auf. Als sie sich über kältere Gebiete verbreitete, wurde ihr Fell länger und der Körper stämmiger, um die eisigen Winter besser überstehen zu können.

Als im 19. Jahrhundert Katzenhaltung gesellschaftsfähig wurde und die ersten Katzenausstellungen stattfanden, gab es für den Wettbewerb schon mehrere Arten von Hauskatzen. Da waren die kräftigen, schwergebauten Europäischen Kurzhaarkatzen, die aus Vorderasien stammenden Langhaarkatzen und die zierlichen, schlanken Katzen aus dem Fernen Osten. Sie alle wiesen unterschiedliche Farben und Fellmuster auf. In Gestalt und Größe gab es keine extremen Abweichungen, dennoch waren die Unterschiede groß genug, um eine ganze Reihe verschiedener Stammbäume entstehen zu lassen. Damit begann ein Jahrhundert gezielter Züchtungen, so daß inzwischen aus einigen wenigen Arten fast 100 Rassen und Tausende von Farbschlägen entstanden sind.

Obwohl man immer wieder versucht, neue Rassen zu kreieren, hat die Katze größeren genetischen Veränderungen widerstanden. Die wenigen Fälle, in denen sie dennoch vorkamen, wurden überdies weitgehend abgelehnt. Denn das körperliche Grundmuster der Katze ist so anmutig und ausgewogen, daß es ein Frevel wäre, es verändern zu wollen. Daher haben sich die Bemühungen der Züchter weitgehend darauf beschränkt, neue, feine Farbtöne und Fellmuster zu erzielen, ohne die Körperform der Katze drastisch zu verändern.

Katzenrassen

Trotz der zahlreichen Farbschläge gibt es nur etwa 100 ausgewiesene Katzenrassen. Manche traten nur für kurze Zeit in Erscheinung und verschwanden wieder, bevor sie sich etablieren konnten. Andere entwickelten sich zu Stars der großen Ausstellungen und hielten sich viele Jahre. Die einzelnen Rassen sind hier aufgelistet und werden auf den Seiten 29–226 ausführlicher beschrieben, und zwar in der Reihenfolge, wie sie entstanden sind, soweit das bekannt ist. Aus welcher Zeit die alten Rassen stammen, kann man natürlich nicht genau sagen, bei jüngeren Rassen ist die Datierung oft leichter.

1 Birma (Birma: alt)
2 Manx (Isle of Man: alt)
3 Norwegische Waldkatze (Norwegen: alt)
4 Perser (Iran: alt)
5 Russisch Blau (Rußland: alt)
6 Sibirische Waldkatze (Rußland: alt)
7 Türkisch Van (Türkei: alt)
8 Japanese Bobtail (Japan: 6.–10. Jahrhundert)
9 Kartäuser (Frankreich: 14. Jahrhundert)
10 Siam (Thailand: 1350–1767)
11 Korat (Thailand: 1350–1767)
12 Burma (Thailand: 1350–1767)
13 Türkisch Angora (Türkei: 15. Jahrhundert)
14 Maine Coon (USA: 1860–1870)
15 Abessinier (Äthiopien: 1868)
16 Britisch Kurzhaar (Großbritannien: 1870–1880)
17 Mexikanische Nacktkatze (USA: 1902)
18 Colourpoint-Perser (USA: 30er)
19 Karakulkatze (USA: 30er)
20 Peke-face (USA: 30er)
21 Preussisch Rex (Ostpreußen: 30er)
22 Balinese (USA: 40er)
23 Ohio Rex (USA: 1944)
24 Australian Cat (Australien: 1946)

25 GERMAN REX (Deutschland: 1946)
26 COLOURPOINT KURZHAAR (Großbritannien: 1947)
27 KASHMIR (USA: 50er)
28 ORIENTALISCH KURZHAAR (Großbritannien: 50er)
29 TONKANESE (USA: 50er)
30 CORNISH REX (Großbritannien: 1950)
31 ITALIAN REX (Italien: 1950)
32 HAVANNA (Großbritannien: 1952)
33 ÄGYPTISCHE MAU (Ägypten: 1953)
34 JAPANESE BOBTAIL LANGHAAR (Japan: 1954)
35 BOMBAYKATZE (USA: 1958)
36 CALIFORNIA REX [MARCEL] (USA: 1959)
37 OREGON REX (USA: 1959)
38 AMERICAN BOBTAIL (USA: 60er)
39 BRITISCH ANGORA (Großbritannien: 60er)
40 CYMRIC (Kanada: 60er)
41 JAVANESE (Großbritannien, USA: 60er)
42 RAGDOLL (USA: 60er)
43 SCHNEESCHUHKATZE (USA: 60er)
44 DEVON REX (Großbritannien: 1960)
45 SCOTTISH FOLD (Schottland: 1961)
46 BENGALKATZE (USA: 1963)
47 OCICAT (USA: 1964)
48 AMERIKANISCH KURZHAAR (USA: 1966)
49 AMERICAN WIREHAIR (USA: 1966)
50 EXOTISCH KURZHAAR (USA: 1966)
51 SPHINX (Kanada: 1966)
52 SOMALI (USA: 1967)
53 TIFFANY [CHANTILLY](USA: 1967)
54 CALIFORNIA SPANGLED (USA: 1971)
55 SINGAPURA (Singapur: 1971)
56 SPOTTED MIST (Australien: 1976)
57 SOKOKE-WALDKATZE (Kenia: 1977)
58 AMERIKANISCHE LUCHSKATZE (USA: 80er)
59 BRITISCH KURZHAAR COLOURPOINT (Großbritannien: 80er)
60 COUPARI (Großbritannien: 80er)
61 TIFFANIE (Großbritannien: 80er)
62 WILD ABYSSINIAN (Singapur: 80er)
63 MALAYAN (USA: 1980)
64 AMERICAN CURL (USA: 1981)
65 BURMILLA (Großbritannien: 1981)
66 EUROPÄISCH KURZHAAR COLOURPOINT (Italien: 1982)
67 EUROPÄISCH KURZHAAR (Italien: 1982)
68 YORK CHOCOLATE (USA: 1983)
69 OJOS AZULES (USA: 1984)
70 SEYCHELLOIS (Großbritannien: 1984)
71 DUTCH REX (Niederlande: 1985)
72 LA PERM (USA: 1986)
73 SI-REX (USA: 1986)
74 SELKIRK REX (USA: 1987)
75 REXED MAINE COON [MAINE WAVE](Großbritannien: 1988)
76 NEBELUNG (USA: 90er)
77 SUQUTRANESE (Großbritannien: 1990)
78 MUNCHKIN (USA: 1991)
79 URAL REX (Rußland: 1991)
80 RAGAMUFFIN (USA: 1994)

Außerdem gibt es noch einige Rassen, die nicht anerkannt oder das Ergebnis von Zuchtexperimenten sind. Zu ihnen zählen: Asian Smoke (oder Burmoiré), Bristolkatze, Ceylonese, Cherubim, Chinese Harlequin, Karneolkatze, Himbur, Honeybear, Karelian Bobtail, Khmer, Langhaar Rex, Orientalisch Langhaar, Palomino, Pudelkatze, Racekatte oder Rugkatt, Safarikatze, Snow Cat, Sterling, Thai und Victoria Rex. Das macht die hundert voll, ohne daß die Farbvarianten einer jeden Rasse berücksichtigt wären.

HERKUNFTSLÄNDER

ÄGYPTEN: 1. Ägyptische Mau
ÄTHIOPIEN: 1. Abessinier
AUSTRALIEN: 1. Australian Cat, 2. Spotted Mist

Birma: 1. Birma
Deutschland: 1. Preußisch Rex, 2. German Rex
Frankreich: 1. Kartäuser
Grossbritannien: 1. Britisch Kurzhaar, 2. Colourpoint Kurzhaar, 3. Orientalisch Kurzhaar, 4. Cornish Rex, 5. Havanna, 6. Britisch Angora, 7. Javanese (auch USA), 8. Devon Rex, 9. Scottish Fold, 10. Britisch Kurzhaar Colourpoint, 11. Coupari, 12. Tiffanie, 13. Burmilla, 14. Seychellois, 15. Rexed Main Coon, 16. Suqutranese
Iran: 1. Perser
Isle of Man: 1. Manx
Italien: 1. Italian Rex, 2. Europäisch Kurzhaar Colourpoint, 3. Europäisch Kurzhaar
Japan: 1. Japanese Bobtail, 2. Japanese Bobtail Langhaar
Kanada: 1. Cymric, 2. Sphinx
Kenia: 1. Sokoke-Waldkatze
Niederlande: 1. Dutch Rex
Norwegen: 1. Norwegische Waldkatze
Russland: 1. Sibirische Waldkatze, 2. Russisch Blau, 3. Ural Rex
Singapur: 1. Singapura, 2. Wild Abyssinian
Thailand: 1. Burma, 2. Korat, 3. Siam
Türkei: 1. Türkisch Angora, 2. Türkisch Van
USA: 1. Maine Coon, 2. Mexikanische Nacktkatze, 3. Colourpoint-Perser, 4. Karakulkatze, 5. Peke-face, 6. Balinese, 7. Ohio Rex, 8. Kashmir, 9. Tonkanese, 10. Bombaykatze, 11. California Rex, 12. Oregon Rex, 13. American Bobtail, 14. Javanese (auch Großbritannien), 15. Ragdoll, 16. Schneeschuhkatze, 17. Bengalkatze, 18. Ocicat, 19. Amerikanisch Kurzhaar, 20. American Wirehair, 21. Exotisch Kurzhaar, 22. Somali, 23. Tiffany, 24. California Spangled, 25. Amerikanische Luchskatze, 26. Malayan, 27. American Curl, 28. York Chocolate, 29. Ojos Azules, 30. La Perm, 31. Si-Rex, 32. Selkirk Rex, 33. Nebelung, 34. Munchkin, 35. Ragamuffin

Die Top Ten der Rassen

Am beliebtesten waren zu allen Zeiten die ganz gewöhnlichen Hauskatzen ohne Stammbaum, jene struppigen und zähen Überlebenskünstler, deren Eltern es irgendwie geschafft haben, von wohlmeinenden Katzenfreunden nicht kastriert und sterilisiert zu werden. Denn trotz der ständigen »Eingriffe« der Tierärzte sind die Wald-und-Wiesen-Katzen in aller Welt verbreitet und stellen zahlenmäßig die meisten Vertreter. Die Hartnäckigkeit, mit der sie den Weg in die Häuser und die Herzen der Menschen finden, ist unübertroffen. Im Vergleich dazu sind Rassekatzen überall recht selten.

Doch welche reinrassigen Katzen sind am beliebtesten? Auf den Katzenausstellungen des Viktorianischen Zeitalters standen ursprünglich die Kurzhaarkatzen, die aristokratischen Vettern der gewöhnlichen Hauskatze, beim Publikum in höchster Gunst. Als die Langhaarkatzen, Angora und Perser, aufkamen, beherrschten sie die Katzen-Shows, wobei die Perser bald die Angora verdrängten. Dann kamen die exotischen Siam hinzu. Mit der Zeit wurden immer mehr Katzenrassen eingeführt, und jede fand schnell ihre Anhänger.

Heutige Rassekatzen-Ausstellungen schlagen durch ihre Vielfalt in Bann. Jedes Jahr werden neue Rassen vorgestellt, und alte Rassen tragen neue Farben. Doch welche Katzenrassen sind heute, mehr als ein Jahrhundert, nachdem die ersten Rassekatzen vorgestellt wurden, die populärsten?

Um diese Frage zu beantworten, hilft ein Blick auf die Eintragungen des weltweit größten Katzenzüchterverbands, der amerikanischen CFA (The Cat Fanciers' Association). Dabei ergaben sich Anfang der neunziger Jahre die folgenden Top Ten der Katzenrassen. Zwar war zu erwarten, daß die Perser an erster Stelle stehen würden, doch überrascht der Abstand zur nächsten Rasse.

Platz	Rasse	Eintragungen	Platz	Rasse	Eintragungen
1	Perser	79,4%	6	Orientalisch Kurzhaar	1,6%
2	Siam	5,5%	7	Amerikanisch Kurzhaar	1,6%
3	Abyssinian	3,6%	8	Exotisch Kurzhaar	1,3%
4	Maine Coon	2,8%	9	Scottish Fold	1,2%
5	Burma	1,9%	10	Colourpoint Kurzhaar	1,1%

KATZENAUSSTELLUNGEN

Die erste Katzenausstellung fand 1598 in Winchester in Südengland statt, und zwar im Rahmen einer alljährlichen Messe. Es war bereits ein richtiger Wettbewerb, denn es ist überliefert, daß Preise für den besten Rattenfänger und den besten Mäusefänger vergeben wurden.

Kleinere Ausstellungen wurden bei ähnlichen Gelegenheiten veranstaltet; sie hatten aber keine große Bedeutung und keinen offiziellen Status. Die Züchtung von Rassekatzen spielte damals noch kaum eine Rolle.

Erst in der zweiten Hälfte des 19. Jahrhunderts entwickelten sich die Katzenausstellungen im heutigen Sinn, auf denen Rassekatzen vorgestellt und beurteilt werden. Die erste dieser Ausstellungen fand 1861 in London statt, war jedoch noch keine öffentliche Veranstaltung.

In den sechziger Jahren des 19. Jahrhunderts gab es dann in Großbritannien und in den USA einige kleinere Ausstellungen. In Amerika kannte man schon seit längerem jährliche Tierschauen. In Neuengland kamen sie 1832 auf, und bis in die sechziger Jahre muß es üblich geworden sein, auf diesen Ausstellungen Katzenwettbewerbe zu veranstalten, denn in den siebziger Jahren galt beispielsweise die Maine Coon bereits als eigene Rasse für den Wettbewerb.

Die erste große Katzenausstellung fand am 13. Juli 1871 im Londoner Kristallpalast statt. Es kamen so viele Besucher, daß die Katzen in dem dichten Gedränge kaum zu sehen waren. Insgesamt waren 170 Katzen zugelassen, und erstmals gab es bestimmte Standards und Klassen. Sie bildeten die Klassifikationsgrundlagen für die modernen Katzenausstellungen auf der ganzen Welt.

Die Ausstellung war ein solcher Erfolg, daß noch im selben Jahr eine zweite abgehalten wurde. Obwohl sie nur einen Tag geöffnet war, kamen 19 310 Besucher. Zwei weitere Ausstellungen fanden im Jahr darauf statt; danach war es eine jährliche Veranstaltung. Die Popularität dieser Katzenausstellungen war so groß, daß das Beispiel Schule machte, zunächst in anderen Städten Großbritanniens, dann auch in anderen Ländern.

1887 wurde der National Cat Club gegründet, um den Wettbewerb zu regeln. 1893 erschien dann das erste offizielle Katzenzuchtbuch. Damit begann die Zucht von Rassekatzen.

Die ersten größeren amerikanischen Katzenausstellungen fanden ebenfalls in den siebziger Jahren statt. Bereits 1878 wurde in Boston die sechstägige National Cat Show abgehalten. In diesem Jahrzehnt gab es die meisten Veranstaltungen dieser Art im Osten; Chicago war dabei die westlichste amerikanische Stadt. Die größte dieser frühen amerikanischen Ausstellungen ging 1895 im New Yorker Madison Square Garden über die Bühne. Sie war so erfolgreich, daß bald weitere folgten und diese schnell zu regelmäßigen Einrichtungen im Laufe des Jahres wurden.

Heute finden jährlich in Großbritannien 65 und in den USA 400 Katzenausstellungen statt. Leider gab es von Anfang an unter den Organisatoren der Katzenausstellungen Spannungen und Konkurrenzneid, so daß Abspaltungen und Splittergruppen entstanden. Daher gibt es weder in Großbritannien noch in den USA eine zentrale Instanz für Katzenzüchter; jeder Club und jeder Verein hat seine eigenen Regeln und Klassen, die sich geringfügig voneinander unterscheiden.

Für den Außenstehenden mag das alles verwirrend sein, doch in bezug auf die Katzen ist das nicht so wichtig. Entscheidend ist, daß der Zuchtkatzenwettbewerb erhalten bleibt, damit sich die positive Einstellung zu reinrassigen Katzen nicht ändert und Katzen allgemein ihre Wertschätzung in der modernen Gesellschaft nicht verlieren. Mehr als 94 Prozent aller Katzen sind heute nicht reinrassig; die Zuchtkatzen machen also nur eine verschwindende Minderheit aus. Doch das tut nichts zur Sache. Denn solange die besten Rassekatzen fotografiert und ausgestellt werden, so lange verleihen sie auch der gewöhnlichen Hauskatze eine Aura von Bedeutsamkeit. Die Rassekatzen sind die Botschafter der Katzenwelt. Wenn sich in jedem Dezember mehr als 2000 von ihnen auf der weltweit größten Katzenausstellung, der National Cat Show in London, zusammenfinden, ist die Aufmerksamkeit, die sie erregen, der beste Gradmesser für die Wertschätzung, die die Menschen ihren samtpfotigen Gefährten entgegenbringen.

Umstrittene Züchtungen

Es wird heftig darüber gestritten, was bei Zuchtkatzen als Anomalie zu gelten hat. Eine neue Farbe bereitet noch keine Schwierigkeiten. Doch wenn eine Mutation irgendwie den Körperbau der Katze verändert, erregt das oft die Gemüter: Soll die neue Variante akzeptiert werden oder aussterben? Wenn die Katze darunter zu leiden hat, fällt die Antwort leicht. Doch wenn der Nachteil für die Katze nicht so sehr ins Gewicht fällt, dann spalten sich die Katzenzüchter in zwei feindliche Lager. Die Folge ist, daß der eine Verein die neue Mutation als Rasse anerkennt, der andere sie ablehnt und die Tiere nicht zu Katzenausstellungen zuläßt.

Gegenwärtig gibt es einige ungewöhnliche Rassen, die dieses Schicksal teilen – von den einen akzeptiert, von anderen abgelehnt. Zu ihnen zählen Scottish Fold, Sphinx, Ragdoll, Peke-face und Munchkin.

Die Peke-face war bereits in den dreißiger Jahren unseres Jahrhunderts bekannt, Scottish Fold, Sphinx und Ragdoll dagegen kamen erst in den sechziger Jahren auf und wurden schnell von begeisterten Züchtern angenommen. Da es nicht viele Katzenrassen gibt, die sich im Körperbau unterscheiden, sorgten die neuen Typen verständlicherweise für ziemliches Aufsehen. Doch einige Fachleute meinten, die Züchter verschlössen in der Euphorie des Augenblicks die Augen davor, daß sie sich in Wirklichkeit für Monster stark machten.

Im Fall der Scottish Fold, deren Ohren nach unten und nach vorn gefaltet sind, befürchteten ihre Gegner, daß sie unter Milben oder Taubheit leiden könne. Anhänger hielten dagegen, daß es dafür keine Beweise gebe. Andere haben darauf hingewiesen, daß Skelettmißbildungen entstehen können, wenn sich zwei Katzen dieser Art paaren. Anhänger haben erwidert, daß sie Scottish Fold nur mit normalen Kurzhaarkatzen paaren.

Ein gewisser Nachteil der gefalteten Ohren liegt darin, daß sie nicht die emotionale Stimmung signalisieren können, also, ob die Katze aufgeregt, erschreckt oder bereit zu kämpfen ist. Gerade die Stellung der Ohren – von ganz aufgerichtet bis völlig flach anliegend – übermittelt die wichtigsten sozialen Signale. Die Scottish Fold scheint beständig ihre Ohren anzulegen und damit zu signalisieren, daß sie zum Kampf bereit sei. Doch das ist ein Irrtum. Denn durch die Faltung sind die Ohren ganz nach vorn gerichtet, was in der üblichen Körpersprache der Katze nicht vorkommt. Bei einer normalen Katze, die ihre Ohren so weit anlegt, wären diese schon wieder nach hinten gerichtet. Daher hat die Scottish Fold gewissermaßen »zusammengedrückte« Ohren, was eben nicht »flach anliegend« bedeutet. Unklar ist, ob die Katzen selbst diesen Unterschied erkennen. Falls ja, gibt es keinen Grund, die Scottish Fold nicht als Zuchtkatzenrasse zu behandeln.

Kritiker der haarlosen Sphinx haben darauf hingewiesen, daß sie ohne ausreichenden Schutz unter kaltem Wetter ziemlich zu leiden habe. Dem entgegnen die Befürworter der Rasse, daß diese seltenen und wertvollen Katzen von ihren Besitzern ganz besonders gehegt werden, so daß dieses Problem gar nicht auftaucht.

Sieht man davon ab, daß sie kein Haarkleid trägt, ist die Sphinx eine ganz normale Katze mit einem bezaubernden Wesen. Wenn ihre Besitzer eine Zentralheizung haben oder in einer wärmeren Klimazone leben, besteht für das Tier keine Gefahr. Daß die Sphinx auf viele Katzenliebhaber abstoßend wirkt, ist für die Katze selbst unerheblich.

Die Ragdoll gilt als schmerzunempfindlich und ist dafür bekannt, daß sie schlaff wie eine Stoffpuppe (englisch: *rag doll*) wird, wenn man sie hochhebt. Ihre Gegner befürchten, daß sie von Kindern, die in ihr ein Spielzeug und nicht ein Lebewesen sehen, leicht mißhandelt und verletzt werden könnte. Ihre Anhänger halten sie dagegen nur für eine außergewöhnlich entspannte Katze, die sich ideal für die Wohnung eignet.

Anders steht es um die Peke-face, eine Perservariante mit flachgedrückter Nase. Sie hat Probleme mit den Augen, den Zähnen und der Atmung. Für einige Katzenhalter mag sie ja die eindringlichsten Gesichtszüge von allen Rassekatzen haben, doch sie leidet häufig an verstopften Tränenkanälen, einem schlechten Biß bei geschlossenem Mund und, wenn sie älter wird, unter Atemschwierigkeiten, da die Nasenhöhlen reduziert sind. Wegen ihres Gesichtsausdrucks erfreut sich diese Rasse seit einem halben Jahrhundert großer Beliebtheit; aber ob das unterstützt werden soll, ist eine andere Frage.

Die Munchkin ist eine noch sehr neue Rasse mit kurzen Beinen wie ein Dackel. Auch sie wird stark kritisiert, aber nicht aus tiermedizinischen, sondern aus ästhetischen Gründen. Ihre Befürworter heben hervor, daß sie wie die Ragdoll besonders gut für das Leben im Haus geeignet sei.

Alle diese umstrittenen Rassen sind vergleichsweise jung und haben es noch schwer, weltweit anerkannt zu werden. Die Manxkatze dagegen gibt es schon lange, und ihre Anwesenheit auf Katzenausstellungen ist ganz selbstverständlich, obwohl sie mit ihrer sonderbar verkürzten Wirbelsäule ebenso abnorm wie die anderen hier aufgeführten Rassen ist. Doch die Manx hat ihren festen Platz in der Entwicklung der Katzen; den neuen Rassen dagegen fehlt diese historische Dimension.

Vier von den fünf hier erwähnten Rassen können ein glückliches Katzenleben führen, vorausgesetzt, man kümmert sich um sie. Wenn die Scottish Fold nicht mit ihresgleichen gepaart wird und man ihre Ohren sauberhält, wenn es die kanadische Sphinx warm hat, wenn die kalifornische Ragdoll von jungen Quälgeistern ferngehalten wird und man die amerikanische Munchkin vor Situationen bewahrt, in denen sie hoch springen müßte, dann dürften keine Probleme auftreten. Anders ist es mit der Peke-face. Auch wenn man ihr noch so viel Liebe und Aufmerksamkeit schenkt, es wird immer die Gefahr bestehen, daß sie an Atembeschwerden leidet. Wenn man die extreme Abflachung ihres Gesichtes etwas milderte, wäre wahrscheinlich das Problem gelöst.

Umstrittene bürokratische Eingriffe in die Katzenzucht sind die jüngsten Empfehlungen des Europarats. In einem multilateralen Abkommen zum Schutz der Haustiere wird vorgeschlagen, in Zukunft blauäugige weiße Katzen und Rassen wie die Manx, die Scottish Fold und die Sphinx zu verbieten. Großbritannien hat diese Empfehlungen zurückgewiesen, in Deutschland dagegen hat man positiv reagiert und 1995 diese Rassen gesetzlich verboten. Ferner überlegt man in Deutschland, ob nicht auch Extremformen der Perser und Siam verboten werden sollen. Es bleibt abzuwarten, ob noch andere europäische Mitgliedsstaaten diesen Überlegungen folgen.

Was man auch immer vom äußeren Erscheinungsbild einiger ungewöhnlicher Rassekatzen halten mag, es gibt keine Rechtfertigung für solche Regierungseingriffe, solange nicht außer Zweifel steht, daß die betroffenen Tiere tatsächlich unnötig leiden oder ein Gesundheitsrisiko für sie besteht. Eine Rasse einfach nur zu verbieten, weil sie – für Bürokraten – sonderbar aussieht, ist ungerechtfertigt.

Begriffsbestimmung

Asiatische Katzen

Der Begriff umreißt eine Gruppe von Rassen, die man am besten als »ungewöhnlich gefärbte Burmakatzen« bezeichnen könnte. In jüngster Zeit hat man neue Rassen gezüchtet, die auf der klassischen Burma basieren, deren Fell jedoch anders gefärbt oder von anderer Beschaffenheit ist. Einige Zuchtverbände betrachten sie nicht als neue Rassen, sondern bezeichnen sie alle als Burma; andere erkennen nur die herkömmliche dunkelbraune Burma als solche an und geben den neuen Farbvarianten eigene Rassenamen. Das hat unter Laien für einige Verwirrung gesorgt.

Im weiteren Sinn umfaßt diese Kategorie Rassen wie Burmilla, Asian Smoke (auch Burmoiré), Bombaykatze, Tiffanie und Singapura. Im engeren Sinn gehören zu dieser Gruppe nur Burmakatzen, die entweder Smokevarietäten oder Tabbys sind.

Langhaarkatzen

Langhaarkatzen sind seit Jahrhunderten bekannt, doch richtig populär wurden sie erst im Viktorianischen Zeitalter. Die britische Königin, Queen Victoria, besaß selbst zwei Exemplare, und auf den ersten Katzenausstellungen waren die Langhaarigen die absoluten Stars.

Harrison Weir, der Organisator der ersten Katzenausstellung von 1871, schrieb 1889 über Langhaarkatzen: »Es gibt mehrere Varietäten – Russische, Angora, Perser und Indische Katzen. Vor vierzig oder fünfzig Jahren nannte man sie alle noch Französische Katzen, da sie meist aus Paris importiert wurden.«

Einige Jahre später, 1893, ergänzte John Jennings die Liste der Langhaarkatzen: »Zu den Langhaararten gehören Perser, Angora, Chinesisch, Indisch, Französisch und Russisch.«

Wenig weiß man über Chinesisch, Indisch und Russisch. Chinesisch soll – abgesehen von ihren Hängeohren, die jedoch sehr unwahrscheinlich sind – der besser bekannten Perserkatze ähnlich gewesen sein. Und Indisch soll wie eine Perser mit roten und schwarzen Streifen ausgesehen haben. Wegen dieser Streifen nannte man sie in Indien »Tigerkatze«, die allerdings nicht mit der wildlebenden Tigerkatze verwechselt werden sollte.

Russisch wurde als die »Katze mit dem weitaus dichtesten Fell« beschrieben, das ziemlich rauh und dick gewesen sein soll. Als eindeutige Rassen sind alle drei bald verschwunden. Allerdings vermutet man inzwischen, daß von der Frühform der Russisch alle anderen Langhaarkatzen abstammen; ihr langes Fell könnte eine Anpassung an die eisige Kälte der russischen Winter sein. Das klingt zumindest einleuchtender als die Vorstellung, unsere modernen Langhaarkatzen kämen aus so heißen Ländern wie der Türkei und dem Iran.

Von den anderen drei Rassen war die Angora die erste, die in Westeuropa auftauchte. Sie kam bereits im 16. Jahrhundert zu uns. Sie hat einen schlanken, langen Körper, einen buschigen Schwanz und eine ausgeprägte Halskrause.

Später, im 17. Jahrhundert und vor allem gegen Ende des 18. Jahrhunderts, folgte die rundlichere Perser mit weichem Fell und avancierte rasch zum Publikumsliebling. Die Bezeichnung »Französisch« bezeichnet keine echte Rasse; so wurden Mitte des 19. Jahrhunderts alle Langhaarkatzen genannt, weil viele von ihnen aus Frankreich, wo sie sehr beliebt waren, importiert wurden. Bis zum Ende des 19. Jahrhunderts waren diese Rassen für britische und amerikanische Züchter so interessant geworden, daß man die alte Sammelbezeichnung aufgab.

Als um die Jahrhundertwende die Katzenausstellungen an Bedeutung gewannen, war der Wetteifer groß, möglichst ausgefallene Langhaarkatzen zu züchten. Wenig wurde unternommen, die verschiedenen Rassen säuberlich getrennt zu halten. Sie wurden vielmehr miteinander vermischt, um das weichste und dichteste Fell zu erzielen. Dabei wurden die Perser zum wichtigsten Faktor, denn ihr Fell war dichter als das der Angora und weicher als das der Russisch.

Anfang des 20. Jahrhunderts verdrängten die Perserkatzen die Angora und Russisch. Die meisten Menschen nannten daher alle Langhaarkatzen einfach »Perser«. Die britischen Züchtervereine jedoch sahen das anders. Da diese Katzen das Ergebnis von Vermischungen früher Arten waren, galten sie den Puristen lediglich als Langhaarkatzen. Folgerichtig wurde der Name »Perser« aus amtlichen Dokumenten entfernt. Der Rest der Katzenwelt hat diese etwas akademische Entscheidung ignoriert und bleibt bei der Bezeichnung »Perser«. Und selbst in Großbritannien verwenden die meisten Katzenhalter für ihre langhaarigen Hausgenossen nach wie vor diesen Begriff.

In den letzten Jahrzehnten sind neue Langhaarrassen gezüchtet worden. Daher ist die offizielle Bezeichnung »Langhaarkatze« für eine Perser nicht nur ungenau, sie führt auch in die Irre, besonders seit die Angora als Türkisch Angora und die Russisch als Sibirische Waldkatze wieder gezüchtet werden.

Heute unterscheidet man folgende Langhaarrassen:

1 Perser (»Longhair« in Großbritannien)
2 Colourpoint-Perser (»Colourpoint Longhair« in Großbritannien)
3 Peke-face (flachnasige Perser, USA, seit den 30er Jahren)
4 Balinese (langhaarige Siam, seit den 40er Jahren)
5 Japanese Bobtail Langhaar (neue japanische Rasse, seit den 50er Jahren)

6 **Kashmir** (Perservarietät, USA, seit den 50er Jahren)
7 **Maine Coon** (langhaarige amerikanische Rasse, beliebt seit den 50er Jahren)
8 **Türkisch Van** (verwandt mit der Angorakatze, seit den 50er Jahren)
9 **American Bobtail** (neue amerikanische Rasse, seit den 60er Jahren)
10 **Birma** (langhaarige birmanische Rasse, seit den 60er Jahren beliebt)
11 **Britisch Angora** (in Großbritannien in den 60er Jahren durch genetische Rekombination entstanden)
12 **Cymric** (langhaarige Manx, seit den 60er Jahren)
13 **Ragdoll** (neue amerikanische Rasse, seit den 60er Jahren)
14 **Somali** (langhaarige Abyssinian, seit den 60er Jahren)
15 **Tiffany** (langhaarige amerikanische Rasse, seit den 60er Jahren)
16 **Türkisch Angora** (in den 60er Jahren in der Türkei wiederentdeckt)
17 **Javanese** (Orientalisch Langhaar, seit den 70er Jahren)
18 **Norwegische Waldkatze** (langhaarige skandinavische Rasse, beliebt seit den 70er Jahren)
19 **American Curl** (neue amerikanische Rasse, seit den 80er Jahren)
20 **Coupari** (langhaarige Scottish Fold, seit den 80er Jahren)
21 **La Perm** (neue amerikanische Rasse, seit den 80er Jahren)
22 **Sibirische Waldkatze** (russische Langhaarkatze, in den 80er Jahren wiederentdeckt)
23 **Tiffanie** (langhaarige Burma, seit den 80er Jahren)
24 **Langhaar Rex** (neue osteuropäische Rasse, in den 90er Jahren gemeldet)
25 **Nebelung** (langhaarige Russisch Blau, 90er Jahre)
26 **Ragamuffin** (neue amerikanische Rasse, 90er Jahre)
27 **Suqutranese** (weiße langhaarige Abyssinian, 90er Jahre)

Die Bezeichnung »Langhaarkatze« trifft auf alle diese Rassen zu und kann daher nur noch in einem weiteren, deskriptiven Sinn verwendet werden. Sie weiterhin im engeren Sinn wie in Großbritannien zu gebrauchen entbehrt heute jeder Grundlage.

Die gewöhnliche Hauskatze

Damit auch Nichtfachleute an größeren Katzenausstellungen teilnehmen, haben sich besondere Klassen für nicht reinrassige Lang- und Kurzhaarkatzen eingebürgert. In einem Ausstellungskatalog heißt es dazu: »Am wichtigsten ist, daß diese Tiere glücklich sind; die Lieblinge ohne Stammbaum befinden sich in einer glänzenden Verfassung [. . .], und in den Augen ihrer Halter sind sie alle wunderschön.«

Rexkatzen

Berichte über Rexkatzen gab es aus unterschiedlichen Gegenden immer wieder, doch meist wurden die Tiere mit dem dünnen, gelockten Fell nicht für die Zucht verwendet, so daß das genetische Material mit ihnen wieder verschwand. In einigen Fällen jedoch konnten durch systematische Züchtung neue Rassen entwickelt werden. Von folgenden Rexkatzen gibt es eindeutige Berichte:

1930/31: **Preussisch Rex**, entdeckt in Ostpreußen; nicht weitergezüchtet;
30er Jahre: **Karakulkatze**, USA; nicht weitergezüchtet;

1946: **German Rex**, nach dem Zweiten Weltkrieg in den Ruinen Ost-Berlins entdeckt; erfolgreich mit Cornish Rex gekreuzt;
1950: **Italian Rex**, keine eigene Rasse; nach einer Generation verschwunden;
1950: **Cornish Rex**, entdeckt im Wurf einer Hauskatze auf einem Bauernhof in Cornwall, Großbritannien, durch Inzucht zur Rasse gezüchtet; bis heute beliebte Rexkatze;
1953: **Ohio Rex**, in einem sonst normalen Wurf entdeckt; nicht weitergezüchtet;
1959: **Oregon Rex**, eine amerikanische Zuchtform, die offenbar von der beliebten Cornish Rex verdrängt wurde;
1959: **California Rex**, in einem Tierheim entdeckt;
1960: **Devon Rex**, entdeckt in Devonshire, Großbritannien, und zu einer beliebten Rassekatze weitergezüchtet; obwohl die Gegend nahe bei Cornwall, der Heimat der Cornish Rex, liegt, verdankt die Devon Rex ihr gekräuseltes Fell einem anderen Gen;
1972: **Victoria Rex**, entdeckt in Victoria, London, Nachkomme verwilderter Katzen;
1985: **Dutch Rex**, eine jüngere Entdeckung in den Niederlanden; das Fell ist rauher als bei anderen Rexkatzen;
1987: **Selkirk Rex**, eine amerikanische Rasse aus Wyoming; das gewellte Fell ist dichter als für Rexkatzen typisch;
1988: **Rexed Maine Coon**, seltene Exemplare der Maine Coon mit gelocktem Rexfell, von britischen Züchtern gemeldet;
1991: **Ural Rex**, in Rußland entdeckt;
90er Jahre: **Langhaar Rex**, laut osteuropäischen Züchtern ist ihnen die Kreuzung von Rexkatze und Perser gelungen; Ergebnis sei eine langhaarige Rexkatze;
90er Jahre: **Pudelkatze**, eine neue Rexrasse mit gefalteten Ohren, das Ergebnis der Kreuzung von Devon Rex und Scottish Fold;
90er Jahre: **Missouri Rex**, die zuletzt entdeckte Rexrasse in den USA.

Geschichte: Die Gene für das dünne, kurze und lockige Fell fast aller Rexkatzen sind rezessiv und tauchen in verschiedenen Weltgegenden als spontane Mutationen auf, die ebenso von selbst wieder verschwinden. Verstärkt man sie allerdings durch sorgfältige Inzucht, kann das zu einer neuen Katzenrasse führen.

Die meisten Begründer der verschiedenen Rexfamilien waren herumstreunende Tiere, die von Katzenfreunden entdeckt, aufgenommen und zur Zucht herangezogen wurden. Mindestens zwei Gene scheinen für das Rassemerkmal verantwortlich zu sein: Rex 1 Nr. 33 (Cornish Rex und German Rex) und Rex 2 Nr. 33A (Devon Rex). Die neue Selkirk Rex hat vielleicht ein drittes Gen; möglicherweise ist auch das Rexgen bei der Rexed Maine Coon von den beiden bekannten Rexgenen verschieden.

Ungewöhnliches Aussehen: Das gewellte oder gelockte Fell verleiht diesen Katzen ein sonderbares Aussehen, das durch den dünnen, langbeinigen Körper noch verstärkt wird. Rexkatzen sind heftig umstritten und haben die Fachleute in zwei feindliche Lager gespalten. Die einen preisen den besonderen Charakter der Rexkatzen: Sie seien zärtlicher, verspielter und neugieriger als andere Rassen. Die andern bemängeln, das gelockte Fell sei »unvollkommen« und lasse die Tiere krank aussehen. Außerdem würden die Katzen wegen des dünnen Fells übermäßig hager und ungelenk wirken, so daß die Anmut fehle, die man bei Katzen sonst gewohnt sei. Trotz dieser Kritik haben zumindest einige Rexkatzen eine so starke Anhängerschaft, daß ihre Zukunft als Rasse- und als Ausstellungskatze gesichert ist.

Kurzhaarkatzen

Auf den ersten Katzenausstellungen im 19. Jahrhundert wurden alle Katzen mit kurzem Fell unter dem Begriff Kurzhaarkatzen zusammengefaßt. Einige benannte man schlicht nach ihrer Fellfarbe, andere dagegen, wie etwa die Siam oder die Manx, bildeten eigene Rassen. Erst später hat man die unterschiedlichen Rassen stärker als solche wahrgenommen, was dann jedoch zu einem Durcheinander bei den Kurzhaarkatzen führte, die man nur durch ihre Fellfarbe unterschied. Diese Katzen benötigten eigentlich genauere Namen, um sie als besondere Rassen zu kennzeichnen. In Großbritannien heißen sie heute Britisch Kurzhaar, auf dem europäischen Kontinent Europäisch Kurzhaar und in den USA Amerikanisch Kurzhaar (siehe auch die einzelnen Stichwörter).

Getupfte Katzen

Da so viele Wildkatzen getupft sind, hat man immer wieder versucht, Rassekatzen zu züchten, die ihren wildlebenden Verwandten ähnlich sehen. Gegenwärtig gibt es fünf verschiedene Rassen (siehe auch die einzelnen Stichwörter):

1 Ägyptische Mau (Natalie Troubetskoy, Ägypten, 1953);
2 Bengalkatze (Jean Mill, USA, 1963);
3 Ocicat (Virginia Daly, USA, 1964);
4 California Spangled (Paul Casey, USA, 1971);
5 Spotted Mist (Australien, 1980).

Bei diesen Rassen sind *nur* getupfte Katzen zugelassen. Daneben gibt es aber noch getupfte Varianten (Spotted Tabbys) in einer Reihe anderer Rassen, etwa bei der American Curl, der Britisch Kurzhaar, der Norwegischen Waldkatze, der Devon Rex, der Orientalisch Kurzhaar und der Scottish Fold. Berichte über getupfte Katzen gibt seit dem frühen 19. Jahrhundert.

Schwanzlose Katzen

Zur Zeit gibt es sieben Katzenrassen mit verkürztem oder fehlendem Schwanz: Manx, Cymric, Japanese Bobtail, Japanese Bobtail Langhaar, Karelian Bobtail, American Bobtail und Amerikanische Luchskatze.

ANATOMIE

OHREN

Katzen hören sehr viel besser als Menschen. Deswegen können sie Lärm nicht ausstehen. Laute Musik und Geschrei sind eine einzige Tortur für das feine Gehör der Katzen.

Das besondere Jagdverhalten der Katze setzt einen sehr ausgeprägten Gehörsinn voraus. Bereits Hunde nehmen einen viel größeren Frequenzbereich wahr als Menschen, doch Katzen übertreffen die Hunde noch in dem Vermögen, hohe Töne zu hören. Menschen und Hunde hetzen ihre Jagdbeute, Katzen dagegen lauern im Hinterhalt und achten sehr sorgfältig auf das kleinste Geräusch. Wenn sie als verstohlene Jäger Glück haben wollen, müssen sie in der Lage sein, das leiseste Rascheln und Quieksen wahrzunehmen, und sie müssen exakt Richtung und Entfernung feststellen können, um ihre Opfer haargenau zu erwischen. Das erfordert ein viel besseres Wahrnehmungsvermögen, als wir es besitzen. Laborversuche haben gezeigt, daß Katzen tatsächlich über eine ausgezeichnete Ortung verfügen.

In der Wahrnehmung des unteren Frequenzbereichs gibt es kaum Unterschiede zwischen Menschen, Hunden und Katzen – auf ihn kommt es auch nicht an, wenn man Jagd auf kleine Nagetiere und Vögel macht. In den oberen Frequenzbereichen können Menschen in der Blüte des Lebens 20 000 Schwingungen pro Sekunde wahrnehmen, im Alter sind es nur noch 12 000. Hunde hören bis zu 35 000 oder gar 40 000 Hertz, so daß sie Töne wahrnehmen, die uns unbekannt sind. Katzen jedoch können sogar bis zu 100 000 Schwingungen pro Sekunde registrieren. Das entspricht dem Bereich der Töne, die Mäuse von sich geben. Daher ist keine Maus vor dem wachsamen Ohr der räuberischen Katze sicher.

Das feine Gehör der Hauskatzen ist der Grund, warum man ihnen manchmal übersinnliche Fähigkeiten zuschreibt. Sie hören die Ultraschalltöne, die einem geräuschvollen Geschehen vorausgehen, können sie richtig einordnen und reagieren angemessen, bevor wir überhaupt merken, daß sich irgend etwas anbahnt. Selbst wenn die Katze ein Nickerchen macht, bleiben die Ohren wachsam. Wenn sie etwas Ungewöhnliches wahrnehmen, ist die Katze sofort wach und reagiert im Bruchteil einer Sekunde.

Taubheit kommt bei Katzen öfter vor, vor allem im hohen Alter. Auch Katzenjunge sind in den ersten Lebenswochen taub, da sich die Gehörgänge erst später öffnen. Außerdem gibt es eine genetisch bedingte Taubheit bei den meisten weißen Katzen mit blauen Augen, verursacht durch eine Mißbildung des Innenohrs. Doch auch mit dieser Behinderung überleben die blauäugigen weißen Katzen; sie lernen, auf andere Art besonders auf der Hut zu sein. Übrigens sind Katzen, die nur ein blaues Auge haben, auch nur auf einem Ohr taub.

Augen

Katzen haben ausgezeichnete Augen, die im Vergleich zum Schädel recht groß sind. Sie sorgen für ein weiteres Gesichtsfeld, als Menschen es haben (295 statt 210 Grad). Auch das Feld des binokularen (räumlichen) Sehens ist etwas größer (130 statt 120 Grad). Es gestattet eine genaue Tiefenwahrnehmung und damit eine exakte Abschätzung der Entfernung, was für einen Jäger ganz wichtig ist.

Die größte Stärke ihres Sehvermögens aber liegt darin, daß die Katze noch in tiefer Dämmerung genaue optische Eindrücke wahrnehmen kann. Dies wird durch eine besondere Art der Lichtverstärkung im Augenhintergrund ermöglicht. Es handelt sich um eine lichtreflektierende Schicht, das *Tapetum lucidum* (wörtlich: Lichtteppich), das wie ein Spiegel funktioniert: Auftreffendes Licht wird zu den Rezeptorzellen der Netzhaut reflektiert. Aus diesem Grund leuchten Katzenaugen auch in der Dunkelheit auf, wenn sie angestrahlt werden – eine für manche Menschen unheimliche nächtliche Erscheinung.

Mit Hilfe dieser Schicht kann die Katze auch noch den letzten Rest Licht nutzen, der ihr Auge erreicht, und selbst im Halbdunkel noch Bewegungen und Gegenstände ausmachen, die uns ganz und gar verborgen bleiben.

Das heißt aber nicht, daß Katzen auch bei absoluter Dunkelheit sehen können, wie einige Leute glauben. In einer pechschwarzen Nacht müssen sie sich nach Geräuschen, Gerüchen und mit Hilfe ihrer erstaunlichen Schnurrhaare orientieren.

Ein anderer bemerkenswerter Unterschied zu Menschenaugen besteht darin, daß Katzen ihre Pupillen zu schmalen senkrechten Schlitzen verengen können. Damit können sie sehr viel besser kontrollieren, wieviel Licht in ihre Augen fällt. Denn für ein Tier, das noch bei sehr schwachem Licht sehen kann, ist es wichtig, nicht von grellem Sonnenlicht geblendet zu werden. Da die Schlitze senkrecht und nicht waagerecht verlaufen, können Katzen mit ihren Augenlidern den Lichteinfall noch zusätzlich verringern. Auf diese Weise kann die Katze von allen Tieren die genaueste Einstellung bei Lichtverhältnissen vornehmen, die andernfalls blenden und damit das Sehvermögen einschränken würden.

Geringer entwickelt als beim Menschen ist dagegen die Fähigkeit, Farben zu sehen. Bis in die vierziger Jahre des 20. Jahrhunderts waren Wissenschaftler sogar überzeugt, daß Katzen völlig farbenblind seien. Ein Experte wandelte entsprechend ein altes Sprichwort ab: »Tag und Nacht, alle Katzen sehen grau.« Inzwischen haben sorgfältigere Untersuchungen jedoch ergeben, daß Katzen durchaus bestimmte Farben unterscheiden können, wenn auch offensichtlich nicht sehr fein.

Die Ursache für die irrige Auffassung, Katzen seien farbenblind, lag darin, daß sich die Tiere bei entsprechenden Tests schnell auf die Grauwerte der Farben festlegen, so daß sie nicht reagieren, wenn man ihnen zwei unterschiedliche Farben mit gleichem Grauwert präsentiert. Verbesserte Untersuchungsmethoden haben jedoch gezeigt, daß Katzen sehr wohl zwischen Rot und Grün, Rot und Blau, Rot und Grau, Grün und Blau, Grün und Grau, Blau und Grau, Gelb und Blau, Gelb und Grau unterscheiden können. Ob sie noch weitere Farbpaare auseinanderhalten können, ist bislang umstritten.

Außer Frage steht, daß Farben für Katzen nicht so wichtig sind. Ihre Augen sind besser für das Dämmerungssehen geeignet; der Mensch bräuchte die sechsfache Menge Licht, um dieselben Einzelheiten wahrzunehmen, die eine Katze noch erkennen kann.

Nickhaut

Die Nickhaut ist das dritte Augenlid der Katze, das vom inneren Augenwinkel seitlich über das Auge gezogen wird. Sie schützt das empfindliche Organ vor Verletzungen und befeuchtet die Hornhaut. Damit hat die Katze einen Vorteil gegenüber dem Menschen, bei dem sich die Nickhaut zu einem bedeutungslosen blaßroten Läppchen zurückgebildet hat.

Normalerweise ist die Nickhaut oder *Membrana nictitans* – so der wissenschaftliche Name – gar nicht zu sehen. Ist die Katze jedoch krank oder unterernährt, wird die Nickhaut sichtbar, so daß die Augen halb geschlossen wirken. Dieser Nickhautvorfall bedeutet, daß das Tier dringend ärztliche Hilfe braucht. Denn bei einer kranken Katze schrumpfen die stoßdämpfenden Fettpölsterchen hinter dem Augapfel, dieser zieht sich etwas in den Kopf zurück, so daß die Nickhaut vorfällt und zur Hälfte die Hornhaut bedeckt. Wird die Katze wieder gesund, füllen sich die Fettpolster erneut, die Augen kommen nach vorn, und die Nickhaut verschwindet.

Nase

Wie die meisten Säugetiere hat auch die Katze eine gute Nase, mit der sie selbst geringfügige Geruchsveränderungen wahrnehmen kann. Das Innere der Nase besteht aus zahlreichen Nasenhöhlen. In ihnen befindet sich die Geruchsschleimhaut mit 200 Millionen Geruchszellen. Diese Schleimhaut ist bei der Katze doppelt so groß wie beim Menschen, was die hohe Bedeutung des Geruchssinns in der Katzenwelt widerspiegelt. Dieser Geruchssinn soll etwa dreißigmal besser sein als der des Menschen. Ein Großteil der Verständigung zwischen Katzen wird denn auch mit Duftmarken erzielt. Sie setzen sie, indem sie Urin versprühen, Kot offen liegenlassen, die Duftdrüsen ihrer Wangen an Gegenständen reiben und auf Oberflächen kratzen, so daß Geruchsstoffe von ihren Fußballen übertragen werden. Diese Markierungen erneuern sie regelmäßig, um Veränderungen mitzuteilen, die in der Zwischenzeit eingetreten sind.

Das ist der Grund, warum im Haus gehaltene Katzen stets nach draußen wollen, nur um bald wieder Einlaß zu begehren. Jeder Ausgang ist ein Duftcheck, bei dem überprüft wird, wer alles das Territorium betreten hat. Denn sie wollen unbedingt immer auf dem laufenden sein.

Der nicht behaarte Teil der Nasenspitze heißt Nasenspiegel. Bei Zuchtkatzen spielt seine genaue Farbbestimmung eine entscheidende Rolle; dabei werden feine Unterscheidungen der Farbtöne vorgenommen. Moderne Rassestandards führen folgende Färbungen des Nasenspiegels auf: Schwarz, Seal, Braun, Kastanienbraun, Schokoladenbraun, Ziegelrot, Zimtfarben, Dunkelrosa, Altrosa, Rosarot, Lachsrosa, Hellrosa, Rosa, Malvenfarben, Hellrot, Lavendelrosa, Hellbeige, Blau, Blaugrau und Grau.

Zähne

Eine ausgewachsene Katze hat 30 Zähne: zwölf Schneidezähne, vier Eckzähne, zehn Vorbackenzähne und vier Backenzähne. Sie benutzt sie beim Angriff, zur Verteidigung und zum Töten ihrer Beute. Der Kater packt damit bei der Paarung den Nacken des Weibchens und die Mutterkatze den ihrer Jungen, um sie wegzutragen.

Die großen, geschwungenen und spitzen Eck- oder Fangzähne sind gefährliche Waffen, die durchbohren und festhalten können. Mit den scharfen Vorbackenzähnen zerlegt die Katze ihre Beute in mundgerechte Stücke. Katzen kauen ihre Nahrung nicht, sie zerkleinern sie nur und schlingen sie dann herunter. Ein Nachteil fertiger Katzennahrung ist, daß Katzen sich nie ein ordentliches Stück herausreißen können, und bei weichem Katzenfutter aus der Dose haben die Zähne nichts zu tun, was auf Dauer zu Zahnerkrankungen führen kann.

Zunge

Die lange, flache, bewegliche Zunge der Katze ist an der Unterseite glatt, an der Oberseite rauh. Hier gibt es vier Arten von Papillen: 1. Hornpapillen, die nach hinten gerichtet sind und der Zunge die Qualität eines Reibeisens geben; 2. abgeflachte Papillen, die sich nur an der Zungenwurzel finden; 3. pilzförmige Papillen, die am Zungenrand liegen; 4. einige wenige Wallpapillen, die sich am Zungenrücken befinden.

Die Zunge der Katze dient vielen Zwecken: dem Geschmackssinn, der Nahrungsaufnahme, um festsitzende Fleischreste von den Knochen ihrer Beute zu raspeln und um Flüssigkeit zu schlabbern; um den Gefährten oder die Gefährtin mit einem »Kuß« zu begrüßen; um das Fell zu waschen und zu reinigen, um es zu glätten, wenn es in Unordnung geraten, oder zu trocknen, wenn es naß geworden ist; um zu hecheln, wenn es der Katze zu warm ist, und um sich abzukühlen, indem das Fell mit Speichel überzogen wird, der dann verdunstet, wobei Verdunstungskühlung auftritt.

Schnurrhaare

Schnurrhaare sind nicht nur hochempfindliche Tastorgane, sie messen auch Luftströmungen. Wenn die Katze in der Dunkelheit unterwegs ist, muß sie Gegenständen ausweichen können, ohne sie zu berühren. Jeder feste Körper verursacht kleine Luftwirbel, die die Katze bei der Annäherung wahrnehmen und so dem Hindernis ausweichen kann.

Von außerordentlicher, ja lebensnotwendiger Bedeutung sind die Schnurrhaare bei der nächtlichen Jagd. Das beweist folgende Beobachtung: Eine Katze mit einwandfreien Schnurrhaaren kann im Licht und in der Dunkelheit gleichermaßen gut töten. Eine Katze mit beschädigten Schnurrhaaren vermag nur sauber zu töten, wenn es hell ist; ist es dunkel, verschätzt sie sich beim Nackenbiß und gräbt ihre Zähne in eine falsche Körperstelle ihrer Beute. Wenn also in der Dunkelheit das Sehvermögen beeinträchtigt ist, dienen gesunde Schnurrhaare als hochempfindliches Orientierungssystem. Damit können Katzen – etwa so, wie ein Blinder Blindenschrift lesen kann – im Bruchteil einer Sekunde den Körperumriß des Beutetiers erkennen und die richtige Stelle am Nacken für ihren Tötungsbiß finden. Fotografien von Katzen, die nach erfolgreicher Jagd Mäuse im Maul davontragen, zeigen, daß die Schnurrhaare das Nagetier fast umhüllen und so nach wie vor Informationen über die kleinste Bewegung liefern, falls das Beutetier noch am Leben sein sollte. Da die Katze meist in der Nacht jagt, sind die Schnurrhaare für sie lebensnotwendig.

Schnurrhaare – wissenschaftlich Vibrissae genannt – sind verlängerte und versteifte Fellhaare, die doppelt so dick wie ein normales Haar sind. Sie treten an der Oberlippe aus (Schnurrhaarkissen), reichen dreimal tiefer ins Gewebe als andere Haare und sind mit einer Vielzahl von Nervenenden zur Reizaufnahme (Rezeptoren) verbunden.

Im Durchschnitt hat eine Katze 24 Schnurrhaare, zwölf auf jeder Seite. Sie können nach vorne bewegt werden, wenn die Katze neugierig ist, drohen will oder etwas untersucht, und nach hinten, wenn sie sich verteidigt oder bewußt eine Berührung vermeiden will. Die beiden oberen Reihen können unabhängig von den unteren beiden bewegt werden. Die kräftigsten Schnurrhaare befinden sich in der zweiten und dritten Reihe.

Pfoten

Die Katzenpfote führt ein Doppelleben: Sie ist scharf und verletzend, wenn das Tier aktiv ist, und weich und rund, wenn es entspannt ist. Sind die Krallen ausgefahren, sind die Pfoten eine tödliche Jagdwaffe, eine vorzügliche Kletterausrüstung und ein Kampfgerät; sind sie eingezogen, wirken die Pfoten beim Laufen oder Springen als geräuschlose Stoßdämpfer.

An jeder Vorderpfote befinden sich sieben kleine Ballen, getrennt durch Fellbüschel. Fünf davon sind Zehenballen, eine pro Klaue. Die erste hat sich aus dem rudimentären Daumen gebildet und trägt eine sogenannte Afterkralle, die beim Gehen den Boden nicht berührt. Die übrigen liegen unter den vier scharfen, einziehbaren Krallen. In der Mitte befindet sich der herzförmige Haupt- oder Sohlenballen. Er ist der größte von allen, gibt dem Fuß Trittfestigkeit und schützt die Beinknochen, wenn sie belastet werden. Schließlich muß noch der Fußwurzelballen genannt werden, der sich nur an der Vorderpfote findet.

Die Hinterpfote hat nur fünf Ballen: vier Zehenballen und den zentralen Sohlenballen. Die Hinterpfote ist kräftiger und weniger beweglich als die Vorderpfote und muß bei der Fortbewegung die größere Last tragen, vor allem, wenn die Katze springt.

Die Ballen sind weich und geschmeidig bei Katzen, die im Haus gehalten werden, und hart und ledern bei Tieren, die draußen streunen.

Katzenpfoten können eine ziemlich verbreitete genetische Abnormität aufweisen, die Polydaktylie, bei der überzählige Zehen auftreten. Biologen haben herausgefunden, daß sich die Mehrzehigkeit bei Katzen in Nordamerika von Boston, Massachusetts, aus verbreitet hat. In dieser Stadt wurden 311 Katzen untersucht, davon hatten 39 zusätzliche Zehen. Das ist ein höherer Prozentsatz als irgendwo sonst in Amerika. Als man die Katzen in anderen Städten untersuchte, stellte sich heraus, daß dort die meisten mehrzehigen Katzen vorkamen, wo in der Vergangenheit am häufigsten Leute aus Boston zugezogen waren. Tatsächlich kann die Verteilung dieser Katzen Auskunft über menschliche Wanderungsbewegungen geben. In Städten, in die nur wenige Menschen aus Boston gezogen sind, war auch der Prozentsatz solcher Katzen gering. Zum Beispiel: Boston 12, New York 0,5, Chicago 0,4, Columbus, Ohio 0,4, Philadelphia 0,2 Prozent.

Schließlich sei noch auf eine interessante Einzelheit hingewiesen. Zwar weiß man, daß Menschen entweder Links- oder Rechtshänder sind, aber es ist nicht allgemein bekannt, daß es etwas Vergleichbares auch bei Katzen gibt. Tests haben ergeben, daß von 100 Katzen etwa 40 Linkspfoter und 20 Rechtspfoter sind und 40 keine Seite bevorzugen. Beim Menschen liegen die Verhältnisse deutlich anders: Hier kommen auf 90 Rechtshänder nur zehn Linkshänder.

Krallen

Mit den kräftigen, gebogenen Krallen können Katzen klettern, graben, sich verteidigen oder angreifen und ihre Beute schlagen. Die Kralle wächst auf dem letzten Zehenglied und kann bewegt werden, so daß sie immer scharf bleibt. Bei Tieren, deren Krallen festsitzen, sind diese durch natürlichen Verschleiß bald abgenutzt und abgestumpft. Die Krallen der Katze dagegen sind stets unverbraucht und scharf wie ein Dolch in der Scheide.

Allgemein heißt es, Katzen würden ihre Krallen zurückziehen, doch dieses Bild ist falsch, denn der zurückgezogene Zustand ist die Ruhestellung. Um die Krallen zum Einsatz zu bringen, müssen sie ausgefahren werden. Dazu muß die Katze bestimmte Muskeln betätigen. Anders ausgedrückt: Die Aktivität besteht darin, die Krallen auszufahren, nicht darin, sie zurückzuziehen. Man mag das für Wortklauberei halten, für die Katze ist es jedoch wichtig. Wenn sie die Krallen aktiv zurückzöge, um sie zu verbergen, müßte sie die Muskeln dabei anspannen – und das eventuell für Stunden, denn normalerweise sind die Krallen nicht zu sehen. Sie treten lediglich bei Bedarf in Erscheinung, und das nur für kurze Zeit.

Mancher um seine Möbel besorgte Katzenhalter hat die Krallen seiner Lieblinge vom Tierarzt operativ entfernen lassen. Es ist kein großer Eingriff, beraubt die Katze aber eines lebenswichtigen Teils ihrer Anatomie. Eine Katze ohne Krallen ist ein Krüppel. Der Katze die Krallen zu entfernen ist weitaus schlimmer, als ihrem Halter die Fingernägel herauszuoperieren. Denn die Krallen braucht die Katze, um sich häufig zu kratzen und so das Fell sauberzuhalten, um zu klettern, sich zu verteidigen und ihre Beute zu fangen.

Schwanz

Der lange und bewegliche Katzenschwanz hat 21 bis 23 Schwanzwirbel; in Ausnahmefällen wurden schon mal nur 18 bzw. bis zu 28 Wirbel gezählt. Bei den drei Rassen mit verkürztem Schwanz (Manx, Japanese Bobtail und American Bobtail) ist die Anzahl der Schwanzwirbel deutlich reduziert.

Im allgemeinen nimmt die Größe der Schwanzknochen zur Spitze hin allmählich ab; dort sind es nur noch schmale, an beiden Enden ein wenig verdickte Wirbelkörper. Der letzte bildet einen konischen Abschluß, ein Rudiment des letzten Wirbels des Rückgrats. In der Länge kann der Schwanz je nach Rasse geringfügig zwischen 20 und 30 Zentimetern variieren; im Durchschnitt ist er 25 Zentimeter lang.

Wegen der vielen Schwanzknochen und der beweglicheren Wirbelsäule hat die Katze mehr Knochen als der Mensch, nämlich 244 gegenüber 204.

Als die ersten Siam in Europa auftauchten, fiel auf, daß viele einen Knick im Schwanz hatten. Hier hat man diesen Defekt mittlerweile durch Züchtung behoben, doch im Fernen Osten, wo das entsprechende Gen weit verbreitet ist, gibt es immer noch zahlreiche Katzen mit diesem Merkmal. Man schätzt, daß in Hongkong ein Drittel aller Katzen eine Schwanzabknickung hat. Im Norden Malaysias sind es gar zwei Drittel der Katzen. Die höchste Zahl findet man in Singapur: 69 Prozent.

Der Knick im Schwanz entsteht durch Verkrümmung und oft durch Verschmelzung benachbarter Wirbel. Er bedeutet keine Beeinträchtigung für die Katze, sonst wäre er im Laufe der Evolution in den ostasiatischen Populationen verschwunden oder würde nur noch ganz selten auftreten. Ob mit ihm jedoch umgekehrt ein Vorteil verbunden ist, weiß man nicht.

Haare

Die Wildkatze trägt vier Arten Haar: Wollhaare (Unterhaar, Unterwolle), Grannenhaare, Leithaare und Sinneshaare (Sinushaare, Vibrissae). Auf einem Quadratmillimeter Haut können bis zu 200 Haare wachsen. Das ergibt ein sehr dichtes Fell, das auch vor kalter Nachtluft schützt.

Die *Wollhaare* sind die kürzesten, dünnsten und weichsten Haare; sie halten den Körper warm. Sie haben über die ganze Länge etwa den gleichen Durchmesser. Sie sind nicht gerade, sondern gewellt; unter dem Vergrößerungsglas erscheinen sie gekräuselt. Dadurch und wegen ihrer Weichheit sind sie als Kälteschutz bestens geeignet.

Die *Grannenhaare* bilden das Mittelfell. Sie erreichen eine Länge, die zwischen der von Wollhaaren und Leithaaren liegt. Sie dienen teils der Wärmeisolierung, teils dem Schutz vor Feuchtigkeit und Verletzungen. Sie sind rauher und werden zur Spitze hin dicker. Manche unterscheiden noch einmal zwischen Untergrannenhaaren, den eigentlichen Grannenhaaren und dem Schutzgrannenhaar – doch diese Unterscheidung bringt nicht viel.

Die *Leithaare* bilden gewissermaßen das Überkleid der Katze. Sie sind die längsten und dicksten Fellhaare, dienen dem Schutz des Unterfells vor Umwelteinflüssen und halten die Katze trocken. Die Leithaare sind gerade und laufen gleichmäßig in eine lange Spitze aus.

Die *Sinneshaare* sind die längsten und härtesten Haare der Katze und dienen dem Tastsinn. Zu ihnen zählen vor allem die Schnurrhaare auf der Oberlippe, man findet sie aber auch auf den Wangen, am Kinn, über den Augen und an den Gelenken der Vorderpfoten. Ihre Anzahl ist sehr viel geringer als die der Fellhaare, doch spielen sie eine entscheidende Rolle, wenn die Katze bei schwachem Licht unterwegs oder auf der Jagd ist.

Von den drei Fellhaartypen der Wildkatze sind die Wollhaare am zahlreichsten. Auf 1000 Wollhaare kommen nur etwa 300 Grannenhaare und 20 Leithaare. Bei Rassekatzen dagegen liegen die Verhältnisse anders, denn bei der Zucht hat man auch stets auf die Beschaffenheit des Fells geachtet. Hier haben einige Rassen feines, dünnes Haar, andere kurzes, rauhes oder langes, gelocktes. Die Unterschiede hängen von der Verstärkung oder der Unterdrückung der einzelnen Haartypen ab. So haben etwa Langhaarrassekatzen äußerst lange Leithaare – sie können bis zu 13 Zentimeter lang werden. Auch die Wollhaare sind sehr viel länger, dagegen haben sie keine Grannenhaare. Die Leithaare sind bei einigen Kurzhaarrassen weniger als fünf Zentimeter lang, ihr Grannenhaar ist spärlich, und Wollhaare sind gar nicht vorhanden. Drahthaarkatzen wie die American Wirehair wiederum weisen alle drei Haararten auf, doch sind diese kurz und gekräuselt. Die Cornish Rex hat keine Leithaare, sondern nur sehr kurze, gewellte Grannen- und Wollhaare. Bei der Devon Rex kommen zwar alle drei Haararten vor, doch sie haben die Beschaffenheit von Wollhaaren. Die seltsame Sphinx wiederum hat weder Leit- noch Grannenhaare, sondern nur einen feinen Flaum von Wollhaaren an den Extremitäten.

Durch gezielte Zucht hat sich das ursprüngliche Haarkleid der Katze stark verändert, und es sind dabei Rassen entstanden, die es in der Natur nicht geben würde. Einige würden unter Kälte, andere unter Hitze zu leiden haben, und bei manchen würde das Fell ohne tägliche Pflege durch den Menschen völlig verfilzen. Zum Glück für die Rassekatzen kümmert sich der Mensch um ihre Bedürfnisse. Müßten sich die Tiere als streunende Katzen allein durchs Leben schlagen, käme es bald zu Veränderungen. Sie selbst würden zwar unter dem Klima leiden, doch wenn es ihnen gelänge, zu überleben und sich mit anderen Katzen zu kreuzen, würde das Fell ihrer Nachkommen in wenigen Generationen wieder wie das ihrer wildlebenden Verwandten beschaffen sein.

1

Birma

Die Vertreter dieser alten Rasse sehen fast wie massige, langhaarige Siamkatzen aus, jedoch mit einer einzigartigen Färbung der Pfoten. Die »heilige Katze von Birma«, wie sie auch genannt wird, heißt in Frankreich, wo sie ihre größte Anhängerschaft hat, *Chat Sacré de Birmanie*, im Englischen *Birman Cat*.

Erscheinungsbild: Typisch für diese Rasse sind die reinweißen Pfoten, die den Eindruck erwecken, die Katze trage Handschuhe oder Söckchen. Ansonsten ist das seidige Haarkleid überwiegend goldbeige mit dunklen Abzeichen (englisch *points*), wie sie auch für die Siam charakteristisch sind. Die Verbindung von dunklen Abzeichen und weißen Pfoten verleiht der Katze ihr ungewöhnliches Aussehen. Das Gen, das für die weißen Markierungen verantwortlich ist, kollidiert offenbar mit dem, das die Färbung der Siamkatze bestimmt, und überlagert es, so daß die dunkle Farbe der Beine kurz vor den Pfoten aufhört und einen scharfen Rand bildet. Die Augen sind – wiederum wie bei der Siam – leuchtend blau. Der Körper ist langgestreckt und untersetzt, die Beine sind kurz und kräftig, und der Kopf ist breit und rund.

Bei Ausstellungskatzen bezeichnet man die weißen Vorderpfoten als »Handschuhe«, die weißen Hinterpfoten als »Söckchen« und die auslaufenden Spitzen an den Hinterpfoten als »Sporen«.

Legende: Vor vielen Jahrhunderten, noch vor der Zeit Buddhas, sollen hundert reinweiße Katzen mit gelben Augen in Lao-Tsun am Berg Lugh in Birma einen heiligen Khmer-Tempel bewacht haben. Dieser Tempel beherbergte ein goldenes Bild der blauäugigen Göttin Tsun-Kyan-Kse, die die Reinkarnation von Priestern in heiligen Tieren veranlassen konnte. Ging die Seele eines Priesters in den Körper einer der heiligen Katzen über, konnte sie nach deren Tod ein himmlisches Wesen werden. Für die Priester führte also der Weg ins Paradies über die Katzen, was erklärt, warum man so sorgfältig auf sie achtete.

Gegenüber: Eine jung Birma mit ihren eleganten weißen Pfoten. Der Legende nach soll dieses typische Merkmal entstanden sein, als eine Urahnin mit ihren Pfoten das schlohweiße Haar ihres sterbenden Herrn berührte.

Der Oberpriester Mun-Ha hatte eine Lieblingskatze mit Namen Sinh. Eines Tages saßen beide vor dem Bild der Göttin, als Plünderer aus Siam den Tempel überfielen. Der alte Mun-Ha erlitt vor Schreck einen Herzanfall. Sinh berührte mit ihren Pfoten den Kopf des sterbenden Priesters und blickte auf das goldene Bild der blauäugigen Göttin, und in dem Moment, in dem ihr Meister starb, wurde sie verwandelt: Ihre Augen wurden blau, das Fell nahm eine goldene Farbe an, und ihre Extremitäten wurden so dunkel wie die Erde. Nur ihre Pfoten, die das schneeweiße Haar des Priesters berührt hatten, behielten ihre ursprüngliche reinweiße Farbe. Bei dieser Verwandlung ging die Seele Mun-Has in Sinhs Körper über.

Die anderen Priester, die Zeugen dieser erstaunlichen Verwandlung waren, fanden dadurch wieder Mut, die Angreifer zu vertreiben. Sinh nahm keine Nahrung mehr zu sich und starb wenige Tage später. Pflichtgemäß nahm sie Mun-Has Seele mit ins Paradies. Als auch die anderen Katzen wieder im Tempel erschienen, trugen sie alle die neuen, heiligen Farben: ein goldfarbenes Fell mit dunklen Abzeichen, weiße Pfoten und blaue Augen. Sie umringten einen jungen Priester namens Lioa und gaben so zu verstehen, daß dieser zum neuen Oberpriester auserwählt sei. Die »heiligen Katzen von Birma« behielten ihre Färbung, die Rasse war für alle Zeiten festgelegt.

Geschichte: Die tatsächlichen Ursprünge der Birma sind ungewiß. Falls es jemals eine Gruppe von Langhaarkatzen in dem alten Tempel gegeben hat, dann war für die Veränderung eher ein kräftiger Siamkater verantwortlich als irgendein übernatürliches Geschehen.

Bleibt die jüngere Geschichte: Wie kam die Birma nach dem Ersten Weltkrieg nach Frankreich? Hier gibt es vier Versionen:

1. 1898 lebten im Tempel von Lao-Tsun zahlreiche Katzen, die von den Priestern versorgt und verehrt wurden. Als Brahmanen das Land überfielen, kam ein englischer Offizier, Hon. Russell Gordon, der an der britischen Eroberung Birmas 1885 beteiligt gewesen war, zu den Priestern, um sie vor dem sicheren Tod zu retten. Er wurde im Tempel empfangen, östlich vom See Incaougji zwischen Magaoung und Sembo, wo ihm der Lama-kittah, der Oberpriester, die heiligen Katzen zeigte und ihm ein Bild schenkte, auf dem eine der Katzen zu Füßen einer seltsamen Gottheit abgebildet war, deren Augen aus zwei länglichen Saphiren bestanden. Als Dank für seine Rettungsaktion schenkten die Priester Hon. Russell Gordon später ein Paar der heiligen Katzen, die nach Frankreich geschickt wurden.
2. Von dieser Geschichte gibt es noch eine Variante: In der Gegend von Lao-Tsun kam es 1916 zu einem Aufstand. Mit der Hilfe zweier Europäer, eines Major Gordon Russell und eines Franzosen namens Auguste Pavie, konnten die Tempelpriester in die Berge von Tibet fliehen. Sie nahmen einige ihrer heiligen Katzen mit sich, um die Rasse zu erhalten, und errichteten einen neuen Tempel. Aus Dankbarkeit schickten die heiligen Männer 1919 ein Paar der wertvollen Katzen als Geschenk nach Frankreich.

Auf den ersten Blick wirken beide Geschichten glaubhaft. Doch einer genaueren Prüfung halten sie nicht stand, vielmehr scheinen sie ebenso fiktiv zu sein wie die Ursprungslegende der Birmakatzen.

Zunächst einmal hat nie ein Hon. (Honourable = ein englischer Adelstitel) Russell Gordon gelebt. 1969 schrieb Brian Vesey-Fitzgerald, Vizepräsident des britischen National Cat Club, daß keine der Adelsfamilien, zu denen Gordon gehört haben könnte, ihn kenne. Er tauche auch in keinem der einschlägigen Titelverzeichnisse auf. Aber angenommen, der Name habe »Russell, Gordon«, also Hon. Gordon Russell gelautet? Auch bei Adelsfamilien mit diesem Namen ist er unbekannt. Selbst wenn er kein Honourable, sondern nur ein Major gewesen ist, bleibt die Suche erfolglos, denn weder ein Major Russell Gordon noch ein Major Gordon Russell wird in den besagten Zeiten in der Stammrolle der Armee geführt.

Aber nicht nur der Retter der Birmakatze scheint dem Reich der Legende zu entstammen, auch der brahmanische Überfall ist wenig glaubhaft. Vesey-Fitzgerald schreibt dazu: »Es kann [. . .] keine brahmanische Invasion in Birma gegeben haben. Ein Brahmane ist ein Mitglied der [indischen] Hindu-Priesterkaste. Unter der britischen Herrschaft waren Birma und Indien jedoch vereint. Es wäre besser, man würde den ›Hon. Russell Gordon‹ und seine Märchen ganz vergessen.« Auch die Unterschiede bei den Zeitangaben in beiden Versionen tragen nicht gerade dazu bei, die Geschichte glaubwürdig erscheinen zu lassen.

Die Herkunft der »heiligen Katze von Birma« ist umstritten.
Doch niemand wird bestreiten, daß sie eine der schönsten Rassekatzen ist.

3. Eine dritte Geschichte, die erzählt, wie die Birma nach Europa kam, spricht von einem amerikanischen Millionär – der Name Vanderbilt wird erwähnt –, der den Fernen Osten bereist und 1918 zwei Birmakatzen erworben habe, indem er einen ungetreuen Tempeldiener bestach, die Tiere gegen den Willen der Priester herauszugeben. Wer daran glaubt, daß die heiligen Tempelkatzen die Seelen seiner verstorbenen Brüder beherbergen, der wird sie in der Tat nur ungern hergeben wollen.

Ein Schwachpunkt dieser Geschichte liegt darin, daß man bei einem amerikanischen Millionär eigentlich erwarten sollte, daß seine Birmakatzen in den USA und nicht in Frankreich landen. Allerdings besagt ein Gerücht, Mr. Vanderbilt habe die Katzen einer Madame Thadde Hadisch in Nizza geschickt.

Wenn die Katzen endlich auf hoher See und auf dem Weg nach Frankreich sind, dann stimmen alle drei Überlieferungen überein. Der Kater heißt nun Madalpour, das Weibchen Sita.

Der Kater soll auf der langen Reise gestorben sein. Glücklicherweise war das Weibchen schon schwanger und brachte gleich nach der Ankunft einen Wurf Junge zur Welt, unter denen ein weibliches Kätzchen mit fehlerloser Zeichnung war, das den Namen Poupée erhielt. Diese Poupée wurde dann entweder mit einem Perser oder einem Siam gekreuzt. Damit beginnt die moderne Geschichte der Birma.

4. Fachleute haben alle drei Geschichten in Zweifel gezogen. Sie halten nicht nur die Entstehungsgeschichte der Rasse für eine Legende, sondern glauben nicht einmal, daß die Rasse tatsächlich aus Birma kommt. Vielmehr sei sie in Frankreich aus einer Kreuzung von Siam und Langhaarkatze gezüchtet worden. Um die neue Rasse interessanter erscheinen zu lassen, hätten die Züchter den exotischen Hintergrund erfunden. Vielleicht wurde im Fernen Osten einst tatsächlich eine Katze an einen Monsieur Pavie oder an einen Mr. Vanderbilt übergeben, aber sie muß keineswegs wie die heutige Birma ausgesehen haben. Vielleicht war es eine ganz gewöhnliche Katze, die in Frankreich wohlüberlegt in jene bezaubernde Birma verwandelt wurde, die sie heute ohne Zweifel ist.

Außer Frage steht, daß die Birma in Frankreich ein großer Erfolg und bald als Rassekatze anerkannt wurde, nämlich bereits 1925. Auch in den folgenden Jahrzehnten blieb sie dort sehr populär. Ende 1946 gaben ihr zwei amerikanische Autoren verwirrenderweise den Namen »French Burmese« (Französische Burma), womit sie immerhin zum Ausdruck brachten, daß die Rasse in Frankreich gezüchtet worden war.

Trotz ihrer Beliebtheit soll die Zahl der Birmakatzen im Zweiten Weltkrieg in Frankreich so stark zurückgegangen sein, daß bei Kriegsende nur noch wenige Exemplare übrig waren. In Deutschland konnten nur zwei Züchter die Rasse am Leben erhalten. Obwohl ihr Schicksal an einem seidenen Faden hing, hat die Birma überlebt und sich nach dem Krieg wieder zahlreich vermehrt.

1959 wurden die ersten kontinentaleuropäischen Birmakatzen in die USA, 1964 nach Großbritannien exportiert. 1966 wurde die Birma in Großbritannien und im darauffolgenden Jahr auch in den USA als Rassekatze zu Ausstellungen zugelassen.

Eine überraschende Fußnote gibt es aber noch zu der verwirrenden Geschichte der Birma. 1960 soll die amerikanische Züchterin G. Griswold ein Paar »Tibetische Tempelkatzen« erworben haben, die sich bei genauerer Betrachtung als Birma

entpuppten. Für manchen war daher der Schluß naheliegend, daß es sich um Nachkommen jener Tempelkatzen handeln müsse, die mit den Priestern nach Tibet gelangt waren. Gerade zu der Zeit, als sich die Zweifel an der birmanischen Herkunft der Rasse in der Öffentlichkeit durchzusetzen begannen, schuf der Import dieser Tibetischen Tempelkatzen ein Dilemma. Wenn sie echt waren, hatte die Birma tatsächlich eine alte Tempelvergangenheit. Dann müßte die ganze Geschichte von den historischen Anfängen dieser Rasse noch einmal überprüft werden.
Temperament: Die Birma gilt als freundlich, anhänglich, ruhig, wohlerzogen, zugänglich, zärtlich, intelligent, extrovertiert, kräftig und robust. Ein Ausstellungsrichter hat es einmal so ausgedrückt: Sie ist ein »Hündchen in einem Katzenkörper«, da sie ihrem Halter gegenüber sehr folgsam ist. Ein anderer meinte gar, die Birma sei eine »sehr höfliche Katze. Sie spricht, wenn überhaupt, mit sehr sanfter Stimme.«
Farbschläge: Seal Point, Blue Point, Chocolate Point, Lilac Point, Red Point, Cream Point, Seal Tortie Point, Blue Tortie Point, Chocolate Tortie Point, Lilac Tortie Point, Seal Tabby Point, Blue Tabby Point, Chocolate Tabby Point, Lilac Tabby Point, Red Tabby Point, Cream Tabby Point, Seal Torby Point, Blue Torby Point, Chocolate Torby Point, Lilac Torby Point.

Die Abzeichen der Birma können in unterschiedlichen Farben und Mustern auftreten, doch immer trägt diese Rasse weiße Söckchen und Handschuhe.

2

Manx

Berühmt wurde diese sehr alte Rasse durch ihre Schwanzlosigkeit. Ursprünglich war die Manx auf der Isle of Man, einer Insel in der Irischen See zwischen Nordengland und Nordirland, beheimatet. Doch inzwischen hat sie sich als Rassekatze in aller Welt einen festen Platz erobert, wobei sie in den USA beliebter ist als in Europa.

Erscheinungsbild: Die Manx ist eine kräftige, rundliche Kurzhaarkatze mit dichtem Haarkleid, kurzen Vorder- und langen Hinterbeinen. Das Hinterteil ist höher als die Schultern. Der Kopf ist groß und breit.

Es gibt vier Varietäten der Manx:

1. **Rumpy** ist die echte Manx, denn sie ist völlig schwanzlos. Wo der Schwanz sein sollte, befindet sich nur eine leichte Einbuchtung.
2. **Rumpy Riser** hat ein, zwei oder drei Schwanzwirbel, die am Ende des Rückgrats meist unbeweglich miteinander verbunden sind, so daß sich dort, wo der Schwanz sein sollte, ein kurzer Höcker befindet.
3. **Stumpy** hat ein, zwei oder drei normale Schwanzwirbel, die einen kurzen, aber beweglichen Stummelschwanz bilden.
4. **Longy** ist eine Manx, die einen halblangen bis fast normal langen Schwanz hat.

Es gibt noch eine fünfte Gruppe, die falsche Manxkatze: Skrupellose Händler amputieren normalen Kätzchen die Schwänze, um die Tiere später als teure Manx zu verkaufen. Diese Form von »Geschäftstüchtigkeit« ist nicht nur eine Erscheinung unserer Zeit, sondern gab es bereits 1903. Damals bot man Besuchern an der Landungsbrücke von Douglas, der Hauptstadt der Isle of Man, schwanzlose Katzen an, was einen Zeitgenossen zu der Bermerkung veranlaßte, daß »man viel mehr schwanzlose Katzen und Kätzchen, als überhaupt geboren werden, an die Touristen verkauft, die sie als Inselsouvenir mit nach Hause nehmen«.

Die typische Manx hat ein kurzes, dichtes Fell. Inzwischen gibt es jedoch auch eine langhaarige Spielart, die Cymric, die in den sechziger Jahren in Kanada gezüchtet wurde.

DIE MANX, lange geliebt und verehrt, gilt heute vielen als genetische Abnormität. Ihre Schwanzlosigkeit kann tatsächlich zu gesundheitlichen Schäden führen, doch behauptet man, diese Schäden durch strenge Zuchtkontrollen vermeiden zu können.

Geschichte: Die Manx gehört zu den ältesten Katzenrassen. Während ihrer langen Geschichte haben sich zahlreiche phantastische Legenden um sie gerankt:

1. Die Manx sei das Ergebnis einer Kreuzung von Hauskatze und Kaninchen. Das habe nicht nur zur Schwanzlosigkeit geführt, sondern auch zu dem hoppelnden Gang, der durch die ungewöhnlich langen Hinterbeine verursacht wird.
2. Die Manx soll als letztes Tier die Arche Noah betreten haben. Obwohl die Flut bereits stieg, mußte ein Paar der Katzen unbedingt noch einmal auf Mäusejagd gehen. Dabei versäumten sie, sich rechtzeitig einzuschiffen. Als es schließlich sehr heftig zu regnen begann, huschten sie in letzter Sekunde – gerade als Noah dabei war, die Tür zu schließen – durch einen schmalen Spalt in die Arche hinein. Doch in dem Moment schlug auch schon die schwere Tür zu und quetschte ihnen die schönen buschigen Schwänze ab. Die Katzen waren vor der Flut gerettet, doch ihre Schwänze waren sie für alle Zeit los.
3. 1588 soll eine Galeone der spanischen Armada an der Felsküste im äußersten Südwesten der Isle of Man Schiffbruch erlitten haben. An Bord waren mehrere schwanzlose Katzen, die jedoch nicht ertrunken sind, sondern sich über Wasser

halten konnten, bis die Ebbe kam und sie an einem Platz, der heute noch »Spanish Head« heißt, an Land gehen konnten. Auf der Insel waren sie isoliert, so daß sie sich als eigene, schwanzlose Rasse erhielten.
4. Nach einer anderen Legende war der Stammvater der Manx ursprünglich ein Tempelkater (mit langem Schwanz) in Tibet. Von dort kam er nach Spanien und geriet an Bord einer Galeone der spanischen Armada. Das Schiff sank nahe der Isle of Man. Der Kater schwamm an Land und ließ sich auf der Insel nieder. Hier zeugte er viele Nachkommen, die wie ihr Vater lange, buschige Schwänze hatten. Irische Soldaten, die Katzenschwänze für Glücksbringer hielten, stahlen die Kätzchen, töteten sie und schnitten ihnen die Schwänze ab. (In einer anderen Version sind es einfallende Wikinger, die mit den Katzenschwänzen ihre Helme schmückten.) Um ihre Kinder vor diesem Schicksal zu bewahren, bissen die Katzenmütter ihren Jungen gleich nach der Geburt die Schwänze ab. Die Soldaten verloren dann das Interesse an den Kätzchen, und die schwanzlose Manxrasse war geboren.
5. Eine mythologische Erzählung berichtet von Samson, der sich ein bißchen Bewegung verschaffen wollte und die Irische See durchschwamm. Als er an der Isle of Man vorbeikam, wurde er von einer Katze eingefangen, die ihn mit Hilfe ihres langen Schwanzes fast ertränkte. Um sich zu retten, riß Samson der Katze den Schwanz ab. Seitdem haben die Katzen der Isle of Man keine Schwänze.
6. Ein altes Gedicht erzählt, daß Noahs Hund den Schwanz der Manx abgebissen habe, als die Arche nach der Sintflut auf dem Berg Ararat landete. Die verstümmelte Katze entkam durch ein Fenster und begann zu schwimmen. Sie schwamm immer weiter, bis sie schließlich die Isle of Man erreichte. Hier ging sie an Land und blieb.
7. Die Manx sei an Bord von Handelsschiffen aus dem Fernen Osten gekommen. (Bereits die Phönizier sollen vor mehr als 2000 Jahren schwanzlose Katzen aus Japan mitgebracht haben.) Diese Geschichte ist wahrscheinlich von der Tatsache beeinflußt, daß es seit der Frühzeit in Japan Stummelschwanzkatzen gegeben hat. Genetisch sind Manx und Japanese Bobtail allerdings nicht miteinander verwandt.
8. Eine andere Version berichtet von einem Paar Kätzchen, das ein Matrose von einer Ostindienfahrt auf die Isle of Man mitgebracht habe.
9. Ein Feudalherr soll, um seine Einkünfte zu erhöhen, eine Steuer auf jeden Katzenschwanz eingeführt haben. Die Bevölkerung der Isle of Man setzte sich dagegen zur Wehr, indem sie allen Katzen die Schwänze abschnitt. Seitdem sind die Katzen hier schwanzlos, und es konnte keine Steuer erhoben werden.

Nur wenige Katzenrassen können so viele spekulative oder unsinnige Erklärungsmodelle für ihre Herkunft vorweisen. Die schlichte und weit weniger interessante Wahrheit ist, daß das Manxgen mit großer Sicherheit vor Jahrhunderten als spontane Mutation auf der Isle of Man entstanden ist. Durch anhaltende Inzucht auf der Insel hat sich die Rasse herausgebildet.

Heute sind die Manxkatzen geradezu ein Symbol der Insel, wo sie Briefmarken und Münzen schmücken. Obwohl die Katzen weltweit gezüchtet werden, war das Inselparlament eine Zeitlang in Sorge, die Manx könne in ihrer Heimat aussterben. Man beschloß daher, eine staatliche Zuchtstätte einzurichten, in der ständig geeignete Tiere vorhanden zu sein hätten. Dazu diente zunächst die Knockaloe Farm, auf der 20 weibliche Katzen und drei Kater gehalten wurden. Da die Katzen auch eine Touristenattraktion sind, richtete man in Douglas noch eine weitere Zuchtstätte ein, die mit rund 30 Tieren im Juli 1964 eröffnet wurde und für die Öffentlichkeit zugänglich ist.

Temperament: Die Manx gilt als lebhaft, ausdauernd, munter, verspielt, anhänglich, gutmütig, flink, geduldig, scheu, gelehrig, ruhig, ausgeglichen, wenig anspruchsvoll und intelligent. Man sagt, sie habe in gewissem Sinn Ähnlichkeit mit Hunden, da sie apportiere und sogar willig an der Leine gehe. Sie läßt sich dressieren und verträgt sich gut mit Kindern und mit anderen Tieren. Ein Autor hebt ihre Widersprüche hervor: »Aktiv und ruhig, scheu und freundlich, umgänglich und zurückhaltend, klug und vertrauensvoll«. Ein anderer betont ihre große Anhänglichkeit; sie lasse einen nie allein.

Kritiker halten ihre Schwanzlosigkeit für eine Deformation, die die Tiere eines ihrer wichtigsten Ausdrucksmittel beraube. Aldous Huxley meinte gar, eine Manx sei wie ein stummer Mensch.

Zucht: Die Manx war schon immer eine seltene Rasse. Das liegt zum Teil daran, daß ihre Würfe zahlenmäßig recht klein sind. Meist kommen nur zwei bis vier

EINE REINWEISSE MANX. Züchter behaupten, daß als Folge einer sorgfältigen Zuchtauswahl die für Manxkatzen typischen Deformationen heute nur noch sehr selten aufträten.

Kätzchen zur Welt. Eine Untersuchung von 237 Würfen ergab eine durchschnittliche Zahl von 3,4 Kätzchen. Ein weiteres Problem stellt der sogenannte Letalfaktor dar. Wenn man zwei Rumpy-Manx miteinander paart, werden die Kätzchen tot geboren. Daher kann nie eine echte Manxkatzenzucht betrieben werden. Um eine völlig schwanzlose Ausstellungskatze zu züchten, paart man meist eine Rumpy mit einer Manx, die entweder einen Stummelschwanz oder einen fast normalen Schwanz hat.

Das Gen, das für die Schwanzlosigkeit der Manx verantwortlich ist, wirkt sich nämlich nicht nur auf den Schwanz, sondern auf die ganze Wirbelsäule aus, wobei die Veränderung von vorn nach hinten zunimmt. Die vorderen Rückenwirbel sind nur etwas verkürzt, doch weiter nach hinten nimmt nicht nur die Länge, sondern auch die Anzahl der Wirbel ab; außerdem sind sie hier stärker miteinander verwachsen. In Extremfällen treten Spaltwirbel (Spina bifida) auf, und wegen der Verformung der Beckenknochen hat die Katze Probleme, Kot abzusetzen. Daher verlangt die Zucht der Manx mehr Sorgfalt und Fachkenntnisse als jede andere Rassekatze.

Manche meinen, daß die Manx als moderne Züchtung niemals offiziell anerkannt worden wäre. Daß sie als Ausstellungskatze zugelassen sei, liege allein daran, daß ihre Geschichte so weit zurückreiche. (Ein Zuchtverein für Manxkatzen wurde bereits 1901 gegründet.) Das wird den heutigen Züchtern nicht gerecht, die sich seit Jahren darum bemühen, die Deformationen zu verringern, ohne daß das Rassemerkmal, die Schwanzlosigkeit, verlorengeht. Einige Autoren behaupten, die Deformationen kämen bei allen Manxkatzen vor, doch das stimmt nicht mehr. Vor kurzem wurden zwei Untersuchungen zum Thema Spaltwirbel bei Manxkatzen veröffentlicht. Danach trat diese Deformation in 15 von 806 Fällen und bei zwei von 417 Jungtieren auf. Andere Mißbildungen, wie die Verformung der Beckenknochen, der Beine, der hoppelnde Gang, kommen auch nur noch selten vor. Wenn man bei der Zucht große Sorgfalt walten läßt, ist die überwiegende Mehrheit der Manxkätzchen heutzutage völlig gesund. Damit ist die Rasse für die Zukunft gerettet.

Farbschläge: Alle Farbschläge und Muster sind zugelassen.

3

Norwegische Waldkatze

Die große, langhaarige Katze heißt in ihrer Heimat, in Norwegen, *(Norsk) Skaukatt* oder *(Norsk) Skogkatt* oder wird kurz *Wegi* bzw. *Wegie* genannt. In den norwegischen Volkserzählungen des 19. Jahrhunderts tritt sie als Trollkatze auf. In Frankreich bezeichnet man sie als *Chat de Bois Norvégien*, als *Chat des Forêts Norvégiennes* oder kurz nur als *Norvégien*. Im Englischen heißt sie *Norwegian Forest Cat*.
Erscheinungsbild: Die norwegische Waldkatze ist eine große, kräftige Langhaarkatze mit üppiger Halskrause, luchsartigen Haarpinselchen an den Ohrspitzen und einem buschigen Schwanz. Die Vorderbeine sind etwas kürzer als die Hinterbeine. Sie ist wie die amerikanische Maine Coon ein Riese unter den Katzen. Die Deckhaare sind glatt und wasserabstoßend, die dichte Unterwolle schützt vor Kälte.
Sagen: Altnordische Volkserzählungen berichten häufig von riesigen Katzen – vielleicht ein Widerhall der wahrhaft beeindruckenden Norwegischen Waldkatze. Ein sagenhaftes Exemplar war so schwer, daß selbst Gott Thor sie nicht vom Boden hochheben konnte. Der Wagen der Freyja, der blauäugigen, blonden Göttin der Liebe und Schönheit, wurde von zwei starken Katzen gezogen. Wer in seine Getreidefelder Schalen mit Milch für diese Katzen stellte, dessen Feldfrüchte standen unter dem Schutz der Göttin. Freyja gab dem Freitag den Namen (eigentlich »Freyjas Tag«) Früher war der Freitag ein beliebter Hochzeitstag; schien an diesem Tag die Sonne, hieß es von der Braut, »sie hat die Katze gut gefüttert«. Damit gemeint war die Lieblingskatze der Göttin, die nun im Gegenzug der Braut das gute Wetter schenkte.

Katzen dienten Freyja, weil ihre Fruchtbarkeit die der Göttin widerspiegelte. Die frühen Christen hielten Freyja für eine Hexe und verbannten sie in die Berge. Wegen ihrer Verbindung mit der Göttin sah man in den Katzen ebenfalls böse Mächte, weswegen sie von den Gottesfürchtigen gefoltert und getötet wurden.
Geschichte: Die wahre Geschichte, wie die Waldkatze nach Norwegen kam, wird vielleicht für immer unbekannt bleiben. Zur Zeit gibt es sechs Theorien:

1. Vor langer Zeit brachten Wikinger schottische Wildkatzen nach Norwegen, wo sie sich allmählich in die heute bekannten Waldkatzen verwandelten. (In Skandinavien gibt es keine einheimischen Wildkatzen.)

Die Norwegische Waldkatze mit ihrem dichten, langen Fell ist eine der größten Rassekatzen. Die alte Rasse ist inzwischen überall in der Welt sehr beliebt.

2. Hauskatzen kamen auf Handelsschiffen nach Skandinavien, wo sie sich mit den früher eingeführten schottischen Wildkatzen vermischten; dabei wurde ihr Fell dichter und ihr Körperbau schwerer.
3. Angorakatzen kamen im 16. Jahrhundert per Schiff aus den Mittelmeerhäfen des Nahen Ostens nach Skandinavien, wo sie sich mit den Nachkommen der eingeführten Wildkatzen kreuzten. Dabei entstand eine angoraähnliche Katzenrasse mit kräftigerem Knochenbau und dichterem Fell.
4. Angorakatzen, die auf Schiffen nach Norwegen kamen, entflohen dort in die kalte Wildnis. Sie wurden durch Anpassung an das Klima größer und größer und bekamen ein immer dichteres Fell – in diesem Fall ohne sich mit den eingeführten Wildkatzen zu vermischen.
5. Russische Langhaarkatzen (heutige Sibirische Waldkatzen) kamen an Bord von Schiffen über die Ost- und Nordsee nach Norwegen.

Gegenüber: Obwohl es viele unterschiedliche Farbschläge der Norwegischen Waldkatze gibt, ist sie doch immer an ihrer Körpergröße und an der üppigen Halskrause zu erkennen.

6. Gewöhnliche Hauskatzen verwilderten und streunten herum. Dabei wurden sie größer und ihr Haarkleid dichter.

Von diesen Theorien sind jene, die eine Mitwirkung schottischer Wildkatzen annehmen, am wenigsten wahrscheinlich. Jede Hauskatzenrasse wird, wenn sie überleben soll, in einem subarktischen Klima größer und bekommt mit der Zeit ein dichteres Fell. Eine darüber hinausgehende Erklärung ist eigentlich nicht nötig.

Auf welchem Weg sie auch immer ins Land gekommen ist – eines steht außer Frage: Die Norwegische Waldkatze hat jahrhundertelang auf norwegischen Bauernhöfen gelebt, ohne daß sie besondere Beachtung gefunden hätte. Erst 1912 wurde erstmals eine Norwegische Waldkatze, ein Kater mit Namen Gabriel Scott Solvfaks, beim norwegischen Katzenverein eingetragen. Danach hat man eine Zeitlang nicht viel von der Rasse gehört, bis Katzenliebhaber in den dreißiger Jahren ihr größere Aufmerksamkeit schenkten. Es folgten Zuchtprogramme, und 1938 wurde der erste Norwegische-Waldkatzen-Verein gegründet. Eine Weiterentwicklung wurde dann zunächst durch den Zweiten Weltkrieg unterbrochen.

Dank der unermüdlichen Bemühungen des Norwegers Carl-Fredrik Nordane stieg die Norwegische Waldkatze in den siebziger Jahren erneut in der Gunst der Katzenliebhaber, und bald war sie auf Ausstellungen in vielen Ländern zu sehen, wo ihre beeindruckende Größe, ihre elegante Gestalt und ihr prächtiges Fell ihre Wirkung nicht verfehlten. 1972 erhielt sie offiziell den Namen Norwegische Waldkatze, und seit 1977 ist sie bei internationalen Wettbewerben zugelassen. Innerhalb weniger Jahre wurde sie als Rassekatze in den USA und in den meisten europäischen Ländern eingeführt.

Temperament: Die Norwegische Waldkatze gilt als kräftig, intelligent, lebhaft, zutraulich, ruhig, ausgeglichen, ausdauernd, flink, beherzt, schalkhaft, extravertiert, zärtlich, gutmütig, verspielt, aufmerksam, ansprechbar, einfallsreich, unabhängig, unternehmungslustig, anpassungsfähig, unerschrocken und anhänglich. Der geschickte Baumkletterer ist jedoch alles andere als eine Stubenkatze.

Farbschläge: In Norwegen ist der beliebteste Farbschlag Schwarz mit Weiß. Außerhalb Norwegens wird allgemein eine Tabbyzeichnung vorgezogen. Nicht zugelassen sind Pointed-Abzeichen (Siamabzeichen) sowie die Farben Chocolate, Lavendel/Lilac, Zimt/Cinnamon und Beige/Fawn.

4

Perser

Die ungewöhnlich langhaarige Perser, eine der ältesten Katzenrassen, war der Star der Ausstellungen Ende des 19. Jahrhunderts. Obwohl ihre Ursprünge im dunkeln liegen, war diese Rasse eine der ersten, für die genaue Standards festgelegt worden sind.

Die Perser gilt als der Inbegriff der Luxuskatze. Überall in der Welt heißt sie »Perser«, nur in Großbritannien wird sie offiziell einfach nur Langhaar (»Longhair«) genannt. Man hat sich dafür entschieden, obwohl man sie außerhalb der Katzenzuchtverbände hier wie überall woanders auch nur Perserkatze (»Persian Cat« oder »Persian«) nennt und obwohl die Bezeichnung Langhaar zu einiger Verwirrung führt, da es ja noch andere Katzenrassen mit langem Fell gibt. Einige Autoren plädieren inzwischen für einen Kompromiß: Sie bezeichnen sie als »Persisch Langhaar« (»Persian Longhair«) und hoffen so, sowohl die britischen Offiziellen als auch die lesende Öffentlichkeit zufriedenzustellen. In Frankreich heißt sie *Persan.*

Erscheinungsbild: Die Perser hat einen einzigartig rundlichen Körper mit einem dichten, seidigen Fell, einem kurzen Hals, einem gedrungenen Rumpf, kurzen Beinen, kräftigen Knochen, einem buschigen Schwanz und einem massigen, breiten Kopf, an dem die büscheligen Ohren sehr tief sitzen. Das Gesicht hat sich bei den modernen Arten abgeflacht, vergleicht man es mit dem Profil, das die Perser im letzten Jahrhundert aufwiesen. Die Unterwolle ist ungewöhnlich dicht; das Fell faßt sich weich und seidig an und glänzt. Besonders üppig sind die Halskrause und das Höschen.

Geschichte: Wie bei den meisten alten Rassen wird auch bei der Perser heftig über ihre Herkunft diskutiert. Da es jedoch dazu keine genauen Informationen gibt, schießen die Spekulationen ins Kraut. Insgesamt neun verschiedene Theorien wurden in der Vergangenheit entwickelt – einige sind absurd, andere klingen plausibel:

1. Die Perser stammt von der wildlebenden langhaarigen Pallaskatze *(Felis manul)* ab.

EINE PERSER BLAU/WEISS BICOLOUR.
Perserkatzen gehören zu einer der ältesten Rassen und sind für viele bis heute der Inbegriff einer Rassekatze.

2. Die Perser stammt von der wildlebenden langhaarigen Sandkatze *(Felis margarita)* ab.
3. Sie ist aus einer Kreuzung von Pallaskatze oder Sandkatze mit den domestizierten Katzen des Nahen Ostens hervorgegangen.
4. Sie stammt von der Europäischen Wildkatze *(Felis silvestris)* ab.
5. Die Rasse ist aus einer Kreuzung von Pallaskatze und Europäischer Wildkatze hervorgegangen.
6. Die Perser stammt von der Russischen Langhaarkatze ab, einer der alten Langhaarkatzenrassen (siehe Sibirische Waldkatze). Man hat vermutet, daß die Perser gar nichts mit Persien (dem heutigen Iran) zu tun hat, sondern vielmehr aus dem kalten Norden Rußlands stammt, wo sie ihr dichtes Fell entwickelt hat. Die Verbindung mit Persien, die der Rasse den Namen gab, wurde eher zufällig oder irrtümlich hergestellt, als die ersten Tiere an Bord von Schiffen aus dem Nahen Osten in den Westen kamen.
7. Sie ist aus einer Kreuzung aus Russisch Langhaar und einheimischen Hauskatzen im Nahen Osten hervorgegangen.

8. Sie entstand aus einer Kreuzung aus Russisch Langhaar und Türkisch Angora. Das würde die Beschaffenheit ihres Fells erklären: Die Dichte käme von der russischen Katzenart, die seidige Weichheit von der Angora.
9. Die einfachste Erklärung ist, daß eine spontane Mutation im Iran das lange Haar hervorgebracht hat. Allerdings bleibt unklar, warum eine derartige Mutation (langes, dichtes Haar) ausgerechnet in dem heißen Klima des Iran (früher Persien) ein Selektionsvorteil gewesen sein soll, es sei denn, die Mutation ist in den Bergregionen des Landes aufgetreten, wo die Temperaturen niedriger sind.

Von diesen neun Theorien scheiden die ersten fünf, die von Wildarten ausgehen, mit ziemlicher Sicherheit aus. Die sechste übersieht, daß es Berichte gibt, nach denen Katzen von Persien nach Europa gebracht worden sind. Die restlichen drei klingen alle ganz plausibel. Sehr wahrscheinlich kamen auf die eine oder andere Weise Katzen mit dichtem, langem Fell aus dem kalten Norden in den heutigen Iran, wo sie trotz der gewaltigen Temperaturunterschiede überlebt haben.

Dennoch ist die Vorstellung, daß eine langharige Rasse in Persien selbst entstanden ist, nicht ganz von der Hand zu weisen. Der deutsche Autor Hermann Dembreck hat eine historische Untersuchung mit vielen Einzelheiten über einen derartigen Ursprung vorgelegt. Allerdings wird dabei nicht ganz deutlich, was auf genauen Quellen beruht und was er sich zusammengereimt hat. Kurz zusammengefaßt, behauptet er folgendes:

Als der Perserkönig Kambyses 525 v. Chr. Ägypten eroberte, nahmen seine Krieger zahlreiche heilige Katzen mit nach Hause. Dort waren die Winter strenger, so daß die Tiere im Laufe der Generationen ein längeres Haarkleid entwickelten. Im Jahr 331 v. Chr. eroberte Alexander der Große Persien; Großkönig Darius und sein Hofstaat mußten ins Hochland fliehen und nahmen die wertvollen Katzen mit sich. In 2000 Meter Höhe errichteten sie ihre Festungen. Und hier, in der kälteren Luft, wuchs den Katzen über Generationen ein noch längeres Haar. Das neue persische Zentrum lag nordwestlich von Meschhed, der heutigen Hauptstadt des Verwaltungsgebiets Chorasan im nordöstlichen Iran. Dieses Bergland war dicht bewaldet, und durch die Wälder streiften einheimische Wildkatzen, die sich mit den Festungskatzen paarten. Die daraus entstandene Art hatte einen kräftigeren und robusteren Körperbau.

Die Ausbreitung des Islam griff im 8. Jahrhundert auch auf persisches Gebiet über. Muslime brachten die Katzen, die sie hier vorfanden, in andere islamische Länder. Bis zum 15. Jahrhundert hatten sich Tiere auch nach Anatolien und in die dortige Hauptstadt Ankara verbreitet. Hier veränderte sich das Aussehen der Katzen ein wenig, denn ihr Fell wurde glänzender. Jetzt wurden sie nach der Stadt Ankara (früher Angora) benannt. Einige dieser Angorakatzen kamen nach Europa, wo sie großes Aufsehen erregten, denn es waren die ersten Langhaarkatzen, die man hier zu Gesicht bekam. Etwas später folgten ihnen auch die noch flauschigeren Perserkatzen in den Westen.

Welcher Theorie man auch immer zuneigt, eines steht fest: Bis zum 17. Jahrhundert hatte sich eine ungewöhnliche Rasse von Katzen mit dichtem Fell in einer Weltgegend herausgebildet, die man damals Persien nannte. Zu dieser Zeit hat sie der italienische Reisende Pietro della Valle gesehen und war von ihrer Schönheit so beeindruckt, daß er einige Exemplare mit nach Europa nahm, um sie weiterzuzüchten.

Pietro della Valle hatte 1614 in Venedig die Segel gesetzt und war über Ägypten, das Heilige Land und Arabien nach Persien gereist. Hier blieb er fünf Jahre, bis er 1626, nach einem Abstecher nach Indien, über Mesopotamien und die Levante wieder nach Italien zurückkehrte. (Manche behaupten, er habe Angorakatzen aus der Türkei mitgebracht, doch hat er dieses Land offensichtlich nicht besucht.) Die Katzen, die er in Persien gesehen hatte, beschrieb er mit folgenden Worten: »In Persien gibt es eine Katze, die man in Gestalt und Form durchaus mit unseren gewöhnlichen Katzen vergleichen kann, die aber unendlich schöner ist, was den Glanz und die Farbe ihres Fells angeht. Es ist blaugrau und weich und glänzt wie Seide. Der Schwanz ist sehr lang und mit 15 Zentimeter langen Haaren bedeckt.«

Ob Pietro della Valles Zuchtpläne aufgegangen sind, weiß man nicht. Fest steht aber, daß die Perser bis zum 19. Jahrhundert eine sehr gefragte Katze geworden war, vor allem in Frankreich. Ihre einzige ernsthafte Konkurrentin war die Angorakatze aus der Türkei.

Lange Zeit war der Besitz einer Langhaarkatze das Privileg der Reichen und Mächtigen. Und diese aristokratische Vergangenheit haftet den Perserkatzen noch heute an, auch wenn sie inzwischen längst die bürgerlichen Wohnzimmer erobert haben: Nach wie vor gelten sie als Luxusgeschöpfe. In gewisser Weise stimmt diese Einschätzung sogar, denn die heutige Perser ist kaum mehr in der Lage, sich selbst zu versorgen, und beansprucht täglich ein gerütteltes Maß an Pflege.

Die Wirkung der Perser auf den ersten Katzenausstellungen in Großbritannien war so groß, daß sie schon bald die Szene beherrschte und ihre langhaarige türkische Rivalin in den Schatten stellte.

Bereits 1903 konnte Frances Simpson sagen: »Ich mag ja unrecht haben, wenn ich alle Langhaarkatzen als Perser einstufe, aber die Unterschiede [...] zwischen Angora und Perser sind so gering, daß man es mir verzeihen möge, wenn ich die Klasse nicht beachte, die man gemeinhin Angora nennt und die allmählich aus unserer Mitte verschwunden zu sein scheint.« Dann widmet sie sich auf nicht weniger als 127 Seiten den verschiedenen Farbschlägen der Perserkatzen. Ohne Frage hatte um die Jahrhundertwende die Perser das Spiel gewonnen und galt von nun an als die »Aristokratin der Katzenfamilie«. Und bis heute steht sie unangefochten auf Platz eins der beliebtesten Rassekatzen, und das, obwohl Preise für ein reinrassiges Exemplar geradezu schwindelerregende Höhen erreicht haben.

Im Laufe der Zeit entwickelten die Züchter immer neue Farbschläge und Fellmuster, bis es mehr als 60 verschiedene Varianten gab. Gleichzeitig wurde der Körperbau der Perser immer ausgeprägter, das Fell noch länger und das Gesicht flacher und breiter. Das Ausmaß der Veränderungen ist von Land zu

WEGEN IHRER UNBESTREITBAREN SCHÖNHEIT hat die Perser zahlreiche Bewunderer gefunden. Die tägliche Fellpflege allerdings ist recht mühsam.

Land unterschiedlich, was bei internationalen Wettbewerben von Perserkatzen bisweilen zu erheblichen Meinungsverschiedenheiten und heftigen Debatten führt.

Aufwendige Plege: Die Perser ist die Rassekatze, die die meiste Pflege braucht. Die langen Haare müssen täglich entwirrt und das Fell sanft, aber gründlich gebürstet werden. Andernfalls verfilzt das seidige Haarkleid und bildet Knoten, die der Katze Unbehagen bereiten. Auch die Augen, die leicht tränen, müssen täglich gesäubert werden.

So prachtvoll und majestätisch eine gepflegte Perser aussieht, ein so jämmerliches Bild bietet sie, wenn der Halter seiner Verpflichtung zur täglichen Fellpflege nicht ausreichend nachkommt. Bevor man sich also für eine Perser als Hausgenossen entscheidet, sollte man sich sehr genau überlegen, ob man ausreichend Zeit hat, das Tier täglich zu bürsten und das Fell sauber und gepflegt zu halten. Denn nur dann wird eine Perser nicht nur ein wahres Schmuckstück sein, das jeder bewundert und gern streichelt, sondern auch eine glückliche Katze.

Temperament: Die Perser gilt als fügsam, ruhig, intelligent, zurückhaltend, sanft, unbeschwert, ausgeglichen, gutmütig, zärtlich und freundlich. Offenbar hat die selektive Zucht in den letzten 100 Jahren die Rasse ziemlich verändert. Denn 1889 zeichnete Harrison Weir noch ein ganz anderes Bild vom Charakter der Perserkatzen, denen er auf Ausstellungen begegnet war: »Mein Begleiter wurde häufig bei dem Versuch verletzt, Fell, Gebiß etc. der [...] Perserkatze zu untersuchen.« Und er fährt fort: »Ihre Wesensart ist weniger vertrauenswürdig als die der Kurzhaarkatzen [...] Gelegentlich sind sie mir geradezu wild vorgekommen. Sie beißen und schnappen eher wie Hunde denn wie Katzen.« Diese Beschreibung steht in deutlichem Widerspruch zum Temperament der modernen Perser, die heute als die friedlichste aller Rassekatzen gilt.
Farbschläge: Es sind alle Farben und Muster zugelassen.
Eine interessante Besonderheit in Großbritannien ist, daß seit den ersten Katzenausstellungen die verschiedenen Farbschläge der Perser als eigene Rassen eingestuft werden. Man gründete eigene Vereine für die einzelnen Farbschläge und

AUF DEN ERSTEN KATZENAUSSTELLUNGEN in Großbritannien galten die wenigen bekannten Farbschläge der Perser als eigene Rassen.
Inzwischen werden Perser in allen Farben und Fellmustern gezüchtet.

DIE CHINCHILLA-PERSER ist eine der bezauberndsten Katzen überhaupt. Sie wurde zum erstenmal 1894 auf einer Katzenausstellung vorgestellt. Seit 1901 gibt es einen eigenen Zuchtverein. In den sechziger Jahren war eine Katze dieser Art das gehätschelte Schoßtier eines Gangsters in mehreren James-Bond-Filmen.

tat so, als gäbe es mehr Unterschiede zwischen den einzelnen Perserkatzen als ein bloßes Farbgen. Zu der Zeit, als es nur wenige Farbschläge gab, war das nicht weiter von Bedeutung. Doch heute, da fast jede Farbe und jedes Fellmuster gezüchtet wird, mutet diese Praxis sonderbar an.

Weitere Perserkatzen: In jüngerer Zeit hat es Züchtungen gegeben, die auf der Perserkatze basieren. Es handelt sich dabei um folgende Rassen (Einzelheiten siehe das jeweilige Stichwort):

1. Colourpoint-Perser
2. Peke-face
3. Exotisch Kurzhaar

5

Russisch Blau

Diese alte Kurzhaarrasse hatte früher viele Namen: Blau, Malteserkatze, Malteser Blau, Archangel Blue (Archangelskkatze), Kartäuser Blau, Foreign Blue, Russisch-Amerikanisch Blau, Spanisch Blau, Russisch Blau und Russisch Kurzhaar. Ein weiterer Name ist »American Blue Cat«. Diesen Namen verdankt sie, wie Rush Shippen Huidekoper 1895 schrieb, »der Tatsache, daß in Amerika Malteserkatzen jahrelang sehr beliebt waren und mit größerer Sorgfalt als jede andere Rasse gezüchtet wurden, so daß sie einen besonderen Typus von guter Qualität bildeten«. Huidekoper erwähnte aber auch, daß diese Tiere als Russische Katzen bezeichnet wurden. Verwirrenderweise nannte Harrison Weir 1889, also nur vier Jahre später, die Russisch Langhaar so. Obwohl einige Autoren nach wie vor von der Russischen Katze reden, wenn sie Russisch Blau meinen, sollte man das besser nicht tun, um Verwechslungen zu vermeiden. Schließlich hat man sich in den vierziger Jahren offiziell auf die Bezeichnung »Russisch Blau« geeinigt. In Frankreich heißt sie *Bleu Russe*, im Englischen *Russian Blue Cat*.

Erscheinungsbild: Ursprünglich war die Russisch Blau eine robuste Katze mit einem kräftigen Körperbau und durchschnittlichen Proportionen. Durch Einkreuzungen von Siamkatzen sind sie länger und schlanker geworden. Charakteristisch für die Russisch Blau ist das glänzende, plüschartige, dichte, aber kurze blaugraue Fell und der keilförmige Kopf.

Geschichte: Wie bei allen alten Katzenrassen gibt es auch hier zahlreiche Theorien über die mutmaßlichen Ursprünge:

1. Nach der ältesten Überlieferung, die der Katze auch den geographischen Namensbestandteil eintrug, stammt die Rasse aus den kalten nördlichen Gebieten Rußlands. Um sich dem rauhen Klima anzupassen, hat sie kein langes, pelzartiges, sondern ein kurzes, dichtes Fell entwickelt. Es ist genaugenommen ein Doppelfell. Das Deckhaar ist ungewöhnlich kräftig, die Unterwolle erstaunlich wasserabstoßend. Früher wurden die Tiere wegen ihres Pelzes gejagt, und wenn man sie gehalten hat, so weniger als Haustiere oder Mäusejäger, sondern als geschätzte Lieferanten warmer Kleidung. Man nimmt an, daß sie sich in dieser Rolle über

Die Russisch Blau gehörte zu den ersten Ausstellungskatzen.
Ihr besonderes Merkmal ist das plüschartige, dichte blaugraue Fell.

Skandinavien verbreitet haben, wo sie von den Wikingern hoch geschätzt wurden, die sie schließlich auch nach Britannien und anderswohin brachten.

2. Nach einer anderen Legende sind sie als Schiffskatzen von Archangelsk – daher ihr Name »Archangel Blue« – über das Weiße Meer nach Schweden und von dort nach England gekommen.

3. Eine dritte Version besagt, daß die Russisch Blau vom Norden Norwegens nach Großbritannien gekommen sei. Bestimmt stammen die ersten blauen Katzen, die England erreicht haben, von dort, aber sie waren wohl keine echten Russisch Blau. Sie werden vielmehr als »Kurzhaar Blau Tabby« beschrieben.

4. Eine andere Quelle berichtet, sie seien in Archangelsk von englischen Matrosen aufgesammelt worden, die sie zu Hause verkaufen wollten. Einmal heißt es, dies sei zur Zeit Elisabeths I., also im 16. Jahrhundert, geschehen, dann wieder, das habe sich im Jahr 1860 abgespielt.

Auf den ersten Katzenausstellungen Ende des 19. Jahrhunderts war die Russisch Blau eine regelmäßig vertretene Kurzhaarrasse. Harrison Weir schrieb 1889, daß sie zur Britisch Kurzhaar Blau gehöre, räumt aber ein, daß die »Katzen aus Archangelsk eine dunklere, reinere Farbe als die englischen Kreuzungen [...] und größere Ohren und Augen haben. Auch Kopf und Beine sind größer und länger, das Fell ist äußerst kurz und ziemlich wollig, aber leuchtend und glänzend.«

Frances Simpson berichtet 1903 von den anhaltenden Spannungen zwischen den Verfechtern von Britisch Kurzhaar Blau und Russisch Blau. Die Besitzer der Russisch Blau traten nachdrücklich für zwei unterschiedliche Klassen ein: »Ein Besitzer von Russisch Blau wird enttäuscht sein, wenn er sieht, daß auf der Liste nur ›Russisch Blau‹ aufgeführt ist, er daraufhin seine Katze zum Wettbewerb anmeldet und von einer blauen Kurzhaar geschlagen wird, die Fehler gerade in jenen Punkten aufweist, in denen seine Russisch Blau einwandfrei ist.« Simpson lieferte eine genaue Beschreibung beider Rassen. 1912 wurde die Russisch Blau schließlich als eigene Rasse anerkannt.

Im Zweiten Weltkrieg verschwand die Russisch Blau fast ganz in Europa. In Großbritannien gab es nur eine Züchterin, Marie Rochford, die noch reinrassige Russisch Blau hatte, von denen die Nachkriegsrasse abstammt. Da nur wenige reinrassige Tiere vorhanden waren, hat man leider andere Linien eingekreuzt, vermutlich in der Absicht, die Rasse zu verbessern. Dabei bevorzugte man Siam Blue Point, mit dem Ergebnis, daß die Russisch Blau zunehmend schlanker und länger wurde und immer weniger jener Katze glich, die einmal schwer und kräftig gewesen war. 1950 mußte die offizielle Beschreibung der Rasse umformuliert werden; dabei wurde aus der Katze kaum mehr als eine einfarbig blaue Siam.

Diese Entwicklung wollten Züchter in den sechziger Jahren rückgängig machen, um wieder die ursprüngliche Gestalt der Russisch Blau zu erreichen. Das Ausmaß dieser Rückzüchtung ist unterschiedlich groß. So ist heute beispielsweise die britische Spielart etwas schwerer und hat einen runderen Kopf als die amerikanische.

Die Russisch Blau kam bereits früh, um die Jahrhundertwende, nach Amerika. Einige nennen die Jahre 1888 bis 1890, andere setzen die Zeit etwas später an. Die erste Eintragung bezieht sich auf einen Kater mit Namen Blue Royal, der 1907 von Clinton Locke aus Chicago importiert wurde. Wie in Großbritannien gab es auch hier zunächst einige Verwirrung über das Verhältnis von Russisch Blau zu einheimischen blauen Kurzhaarkatzen.

Nachdem die Russisch Blau auf einigen Katzenausstellungen in den USA gezeigt worden war, verschwand die Rasse zunächst wieder. Erst als in den späten vierziger Jahren die »orientalisierte« Russisch Blau über den Atlantik kam, wuchs das Interesse an dieser Rasse wieder.

Berichten eines Autors zufolge war die Rasse sowohl am russischen Hof als auch am Hof der Queen Victoria sehr beliebt.

Temperament: Die Russisch Blau gilt als scheu, zurückhaltend, intelligent, ruhig, schüchtern, reserviert, friedlich, sanft, robust, artig, unabhängig, unaufdringlich, schlau, körperlich gewandt, anmutig, wendig, eigenwillig, ruhig, sensibel und anhänglich.

Farbschläge: Bei der sogenannten blauen Farbe handelt es sich tatsächlich um ein Silbergrau. Lediglich in Großbritannien werden auch die Farbschläge Weiß und Schwarz anerkannt; allerdings erscheint die Züchtung solcher Varianten bei einer Rasse, die nach ihrer Farbe benannt ist, eher unsinnig.

6

Sibirische Waldkatze

Man nimmt an, daß von dieser alten Rasse alle modernen Langhaarkatzen einschließlich der Angora und der Perser abstammen. Verschiedentlich wird sie auch einfach Sibirische Langhaarkatze genannt. Sie ist in Nordrußland verbreitet, vor allem in der Gegend von Sankt Petersburg. Ein dichtes Fell schützt sie vor den dortigen strengen Wintern. Im Englischen heißt sie *Sibirian Forest Cat.*

Erscheinungsbild: Die Sibirische Waldkatze ist ein kräftig gebautes Tier mit langgestrecktem Körper, einem breiten, runden Kopf und kräftigen Beinen. Das lange Fell hat eine dichte Unterwolle. Die Halskrause ist üppig und der Schwanz buschig. In mancherlei Hinsicht ähnelt sie der Norwegischen Waldkatze, und ohne Zweifel sind beide Rassen eng miteinander verwandt.

Geschichte: Es sieht so aus, als sei die Sibirische Waldkatze seit Jahrhunderten in Rußland verbreitet. Ende des 19. Jahrhunderts kam sie in den Westen. Damals bezeichnete man sie als Russisch Langhaar. Man kreuzte sie mit anderen beliebten Langhaarrassen wie der Angora und der Perser, so daß ihr unverwechselbarer Charakter bald verlorenging. Im frühen 20. Jahrhundert hatte die Perser mit ihrem weicheren Fell die Sibirische Waldkatze in der Gunst verdrängt, so daß man diese für lange Zeit nicht mehr auf Katzenausstellungen sah.

Die Rasse gab es jedoch wohl weiterhin in ihrer Heimat. Allerdings galt sie dort als nichts Besonderes, so daß keiner auf die Idee kam, sie als Rassekatze zu behandeln. (Nach einer jüngeren Untersuchung haben 64 Prozent der Katzen von Sankt Petersburg das Gen für langes Haar.) Die Folge war, daß sie als Rasse in Vergessenheit geriet. Selbst heute kommt sie außerhalb ihrer Heimat nur selten vor. Doch das scheint sich langsam zu ändern. 1987 brachten Katzenfreunde ein junges Pärchen aus der Gegend von Sankt Petersburg nach Berlin, gaben der Rasse den Namen »Sibirisch« und begannen mit der Zucht. Der Kater hieß Tima, die weibliche Katze Mussa. Nach einigen Monaten kam der erste Wurf zur Welt. Bis 1990 war eine ganze Anzahl von ihnen in Deutschland und in anderen Ländern Europas registriert, wobei der Name Sibirische Katze oder Sibirische Waldkatze verwendet wurde.

Seitdem ist das Interesse an ihr auch in Rußland selbst gewachsen, wo sie bald

Die Sibirische Waldkatze ähnelt der besser bekannten Norwegischen Waldkatze. Beide kommen aus kalten Regionen und haben ein entsprechend dickes, langes Fell entwickelt. Man vermutet, daß von der Sibirischen Waldkatze alle Langhaarrassen abstammen.

als Rassekatze an Bedeutung gewann. Heute wird ein Geburtsregister für Sibirische Waldkatzen beim Kotofej-Katzenverband in Sankt Petersburg geführt.

Da Rußland wahrscheinlich die Heimat aller domestizierten Langhaarkatzen war, bevor sie in die Türkei, nach Persien und schließlich von dort in die ganze Welt kamen, ist die Wiederkehr dieser nordischen Katzen zu begrüßen. Eine gründliche Untersuchung ihres genetischen Materials könnte vielleicht Aufschluß über die Ursprünge der anderen Langhaarkatzenrassen liefern.

Temperament: Die ursprüngliche russische Katze soll gesundheitlich sehr robust gewesen sein und konnte sich auch bei strengster Kälte im Freien aufhalten. Es heißt jedoch, sie sei weniger lebhaft und weniger zutraulich gegenüber dem Menschen als andere Rassen gewesen. Von den jüngsten Züchtungen der Sibirischen Waldkatze heißt es, die Tiere seien bezaubernd, ruhig, freundlich, etwas scheu, gewitzt, fügsam, lebhaft, robust, zutraulich, anhänglich, entspannt und aktiv.

Farbschläge: Üblich ist Tabby, gewöhnlich mit einer weißen Halskrause und weißen Pfoten. Doch da sich nun auch russische Züchter für diese Rasse interessieren, werden zur Zeit viele neue Farbschläge herangezüchtet.

7

Türkisch Van

Die Katze stammt vom Vansee in der Osttürkei, nahe der Grenze zum Iran. Sie wird auch Van-Katze, Schwimmkatze oder Türkische Schwimmkatze genannt. In der Türkei heißt sie *Van Kedi.*

Erscheinungsbild: Die Türkisch Van sieht wie eine etwas größere Angorakatze aus. Sie hat das gleiche seidige Fell ohne Unterwolle, was sie glänzend, elegant und langgestreckt erscheinen läßt. Das Fell ist reinweiß mit Ausnahme des Kopfes und des federigen Schwanzes, die kastanienrot gefärbt sind. Auf dem Schwanz sind fünf bis acht blasse Ringe zu sehen. (Zur Kontroverse um die kastanienroten Markierungen siehe unten.) Auffällig ist, daß die Augen oft verschiedenfarbig sind – das eine bernsteinfarben, das andere blau. Dieses Merkmal, das wunderbare Fell und ihre Vorliebe für Wasser haben sie schnell zu einem Publikumsliebling werden lassen.

Legende: Nordöstlich vom Vansee erhebt sich der Ararat, auf dem nach der biblischen Erzählung die Arche Noah gelandet sein soll. Als die Flut zurückging, sollen sich die Katzen bergabwärts auf den Weg in die alte Stadt Van gemacht haben. Beim Verlassen der Arche seien sie von Gott gesegnet worden, und der kastanienrote Fleck an der Stirn bezeichne die Stelle, wo der Herr sie berührt habe.

Geschichte: Archäologische Befunde liefern Hinweise dafür, daß es in der Türkei seit mehr als 7000 Jahren domestizierte Katzen gibt. Jüngere Ausgrabungen des Britischen Archäologischen Instituts in Ankara, die in Haçilar durchgeführt wurden, haben jungsteinzeitliche Tonfigürchen ans Licht gebracht, die offensichtlich Frauen zeigen, die mit Katzen spielen.

Sehr viel später, in der Zeit von 75 bis 387 n. Chr., war die Gegend um den Vansee, damals Teil des antiken Armenien, von den Römern besetzt. Auf Standarten und Rüstungen dieser Zeit, die heute im Louvre ausgestellt sind, sieht man eine große, einfarbig helle Katze mit dunklen Ringen am Schwanz – vielleicht ein Hinweis darauf, daß die Türkisch Van schon damals hier heimisch war.

Wie auch immer man diese Abbildungen interpretiert, mit Sicherheit waren Van-Katzen in der Gegend jahrhundertelang bekannt und als Haustiere sehr geschätzt. Im Westen dagegen erfuhr man von dieser Rasse erst 1955. In diesem Jahr besuchten zwei britische Fotografinnen, die für den türkischen Fremdenverkehrsverein tätig waren, das Gebiet um den Vansee. Laura Lushington und Sonia Halliday erhielten ein Katzenpärchen mit Namen Van Attala und Van Güzelli Iskenderün. Fasziniert von diesen ungewöhnlichen Katzen, nahmen sie die beiden mit nach England.

Die Tiere wurden im Westen als »Schwimmkatzen« bekannt, und zwar wegen einer Eigenart dieses ersten Pärchens. Als Laura Lushington auf ihrer Fahrt durch die Türkei bei großer Hitze an einem Fluß anhielt, um sich etwas abzukühlen, folgten ihr die Kätzchen freiwillig ins Wasser. 1962 schrieb sie über den Vorfall: »Zu meinem Erstaunen kamen sie ins Wasser und schwammen weit hinaus – sie schienen es richtig zu genießen. Deswegen, so vermute ich, wurden sie bei meiner Rückkehr von der Presse ›Schwimmkatzen‹ genannt.« (1965 führte Frank Manolson die Türkisch Van in seinem Katzenlexikon unter der Bezeichnung Türkische Schwimmkatze [»Turkish Swimming Cat«] und bemerkte dazu etwas sarkastisch, sie sei die Lösung für alle, die keine Labradorhunde mögen und sich vor Ottern fürchten, aber unbedingt eine pelzige Zierde für ihren Swimmingpool haben müssen. Tatsächlich zog es die Katzen zum Wasser, weil der türkische Sommer extrem heiß ist.)

Nach der unvermeidlichen langen Quarantäne kamen die beiden Tiere in das Haus von Laura Lushington in Buckinghamshire. Bald stellte sich heraus, daß die Katzen zu einer ungewöhnlich schönen Rasse gehörten, die bei den Züchtern im Westen unbekannt war. Um ein seriöses Zuchtprogramm durchführen zu können, erwarb man später in der Osttürkei noch fünf weitere Tiere.

Es dauerte recht lange, nämlich 14 Jahre, bis die Türkisch Van offiziell als Rasse anerkannt wurde. Zwar hatten Fotos – vor allem jene, die die Katzen schwimmend zeigten – die Türkisch Van in der Öffentlichkeit sehr bekannt gemacht, doch die konservativen Katzenexperten taten sich schwer mit ihnen.

Die Besitzerinnen mußten sich verpflichten, Van-Katzen auch an andere Züchter abzugeben, damit der Wettbewerb bei Ausstellungen gewährleistet sei. Und da die ursprünglichen türkischen Katzenhalter keine Aufzeichnungen über die Abstammung ihrer Tiere gemacht hatten, mußten die britischen Besitzer über vier Generationen Reinzucht betreiben, bevor die Tiere als Rassekatzen anerkannt wurden. Das geschah schließlich im Jahr 1969.

Die Türkisch Van kam erst spät, nämlich 1982, nach Amerika; dort wurde sie 1985 offiziell registriert.

Damit könnte die Geschichte dieser attraktiven Rasse ein Ende haben, wäre da nicht plötzlich ein unerwartetes Problem aufgetaucht. Eine sonderbare Entdeckung machte der Katzenexperte Roger Tabor 1991 bei den Dreharbeiten zur Fernsehserie *The Rise of the Cat* (Der Ursprung der Katzen). Er besuchte den Vansee und sprach mit Einheimischen über die Rasse. Dabei stellte er fest, daß für Bewohner der Region eine echte Van-Katze ganz weiß ist, ohne dunkle Zeichnung an Kopf oder Schwanz. Es gab zwar einige Exemplare mit kastanienroter Fellzeichnung, wie man sie im Westen kannte, doch galten diese als zweitklassig. Für die Menschen am

Gegenüber: EINE TÜRKISCH VAN AM VANSEE in ihrer Heimat in der Osttürkei. Als sie in den Westen kam, wurde sie zunächst unter dem Namen »Schwimmkatze« bekannt.

EINE TÜRKISCH VAN mit ihren Jungen. Die kastanienroten Fellzeichnungen sind für Ausstellungen im Westen entscheidend. In der Türkei dagegen werden reinweiße Tiere bevorzugt.

Vansee liegt der Hauptunterschied zwischen ihren Katzen und der typischen Angora aus der westlichen Türkei in den Augen der Tiere. Die Angora hat blaue Augen, die vollkommene Van-Katze dagegen hat ein blaues und ein bernsteinfarbenes Auge.

Wen das nicht überraschte, war die Van-Katzen-Züchterin Lois Miles. Sie hatte bereits 1989 darauf aufmerksam gemacht, nachdem sie mit dem türkischen Kulturattaché in Van Verbindung aufgenommen hatte, um herauszufinden, wie angesehen die Rasse in ihrer Heimat sei. Sie war beunruhigt über die Tatsache, daß alle 300 Van-Katzen, die damals im Westen registriert waren, von einer einzigen kleinen Gruppe abstammten, die in den fünfziger Jahren eingeführt worden war. Diese Katzen, bekannt als »die prächtigen Sieben«, hatten nur ein beschränktes Genmaterial für die weitere Entwicklung der Rasse mitgebracht, und keine von ihnen stammte aus der Stadt Van selbst.

Lois Miles wollte eine echte Türkisch Van *aus* Van. Ihr war bewußt, daß es Schwierigkeiten mit den Ausstellungsrichtern im Westen geben würde; aber wollte man korrekt vorgehen, mußte die Katze ganz und gar weiß sein und verschiedenfarbige Augen haben. 1992 überredete sie zwei Freunde, John und Pamela Hulme, die schon vier Türkisch-Van-Katzen besaßen und jedes Jahr Istanbul besuchten, die lange Reise durch die Türkei bis zum Vansee zu unternehmen, um neues Erbmaterial ausfindig zu machen. Die beiden waren einverstanden. Aber als sie den Vansee erreichten, war es zunächst schwierig, reinrassige Zuchttiere zu finden. Doch dann hatten sie das große Glück, auf einen einheimischen Professor names Yusef Vanli zu stoßen, der sie darauf aufmerksam machte, daß an der Yüzüncu-Yil-Universität vor kurzem ein Van-Katzen-Forschungszentrum eingerichtet worden sei. Genaue Untersuchungen der dort beschäftigten Wissenschaftler hatten überraschenderweise ergeben, daß 1992 nur noch 92 reinrassige Van-Katzen in der ganzen Türkei lebten. Daher war es noch wichtiger, daß diese Rasse außerhalb der Türkei weitergezüchtet wurde. Die Hulmes ließen sich von Professor Vanli bei einer Familie einführen, die vier Generationen reinweißer Katzen mit verschiedenfarbigen Augen hatte. Sie ließen sich eines von den drei kleinen Kätzchen, die die Familie hatte und die für die Reise noch zu jung waren, reservieren. Drei Monate später kam John Hulme mit Lois Miles zurück, um es abzuholen. Es war eine weibliche Katze mit Namen Garip (= allein), die nun in Layla umgetauft wurde. Sie wurde nach Heathrow geflogen und kam in Quarantäne. Nun wartete man auf den Tag, an dem sie der Inzuchtlinie des Westens neues Vanblut zuführen würde.

Wie Roger Tabor hatte Lois Miles bemerkt, daß die Türken ganz weiße Katzen vorzogen. Sie nahm an, daß das Pärchen, das 1955 nach Großbritannien gekommen war, ganz zufällig kastanienrote Fellzeichnungen am Kopf und am Schwanz gehabt hatte. Und ausgerechnet sie waren zum charakteristischen Merkmal der Rasse geworden. Den Türken muß es wie ein schlechter Witz erschienen sein, daß gerade jene Katzen, die bei ihnen als zweitklassig galten, im Westen zum offiziellen Standard erhoben worden sind.

Mit der Ankunft Laylas könnte sich die Situation bald ändern, vorausgesetzt, man knüpft im Westen an die alte östliche Tradition an. Layla hat inzwischen mit drei Würfen 16 Kätzchen zur Welt gebracht; und bei einer ihrer weiblichen Nachkommen hat sich ebenfalls Nachwuchs eingestellt. Darunter sind auch einige Tiere, die dem türkischen Ideal entsprechen: Sie sind einfarbig weiß und haben verschiedenfarbige Augen. Die Zukunft der Rasse bleibt spannend. Lois Miles wurde bislang die Erlaubnis verweigert, ihre echten, reinweißen Türkisch-Van-Katzen als solche auszustellen. Man wird sehen, wie lange es dauert, bis die Verantwortlichen im Westen die groteske Situation zur Kenntnis nehmen.

Temperament: Die Türkisch Van gilt als anpassungsfähig, zutraulich, unabhängig, ausgeglichen, umgänglich, leise, freundlich, intelligent und maßvoll verspielt. Die ersten Van-Katzen, die auf Ausstellungen gezeigt wurden, waren dafür bekannt, daß sie schwierig zu halten waren. Das hat sich mittlerweile geändert. Die Einwohner von Van beschreiben die Katze als »stolz und mutig wie ein Löwe«, aber auch als »liebenswerte, zutrauliche Haustiere, die erstaunlich alt werden«.

Farbschläge: Die offiziell anerkannte Van-Zeichnung besteht aus zwei Flecken am Kopf, die durch eine Blesse getrennt sind, und einem dunkel gefärbten Schwanz. Charakteristisch ist Weiß und Kastanienrot (Auburn); statt letzterem sind aber auch die Farben Creme, Schwarz und Blau sowie die entsprechenden Schildpattmuster zugelassen.

8

Japanese Bobtail

Die stummelschwänzige Katze aus dem Fernen Osten wird japanisch *Mi-Ke* genannt, was soviel wie »drei Farben« bedeutet. Von ihren englischsprachigen Besitzern werden die Tiere kurz, aber liebevoll *Bobs* oder *JBTs* genannt.

Erscheinungsbild: Die Japanese Bobtail ist eine Kurzhaarkatze mit einem hageren, muskulösen Körper und schlanken Beinen. Die Hinterbeine sind etwas länger als die Vorderbeine, wodurch der hintere Teil des Körpers höher ist. Der einzigartige Schwanzstummel ist fünf bis zehn Zentimeter lang, gekrümmt und unbeweglich. Das Fell am Schwanz ist dicht und weich, so daß dieser an eine Puderquaste erinnert. Der zierliche Kopf läuft leicht spitz zu und hat schräggestellte Augen.

Trotz der äußeren Ähnlichkeit mit der Manx sind die beiden Rassen genetisch ganz verschieden.

Geschichte: Es ist eine alte Rasse, die ursprünglich nicht auf Japan beschränkt, sondern in vielen Gebieten des Fernen Ostens verbreitet war, so etwa in Malaysia, Birma und Thailand. Aus dem 19. Jahrhundert gibt es Beschreibungen einer malaiischen Katze, die ziemlich genau an die Japanese Bobtail erinnern. Der Zoologe St. George Mivart, der sich mit den verschiedenen Katzenrassen seiner Zeit beschäftigte, schrieb 1881: »In Pegu [einem Teil Birmas], Siam und Burma gibt es eine Katzenrasse, die Malaiische Katze, deren Schwanz nur halb so lang wie gewöhnlich und oft in eine Art Knoten verdreht ist, so daß er nicht gerade gerichtet werden kann. [...] Diese Verdrehung wird durch eine Deformation der Schwanzknochen verursacht.« Diese Information gibt auch Lydekker im Jahr 1896. Nach der Beschreibung könnte die Malaiische Katze mit der Japanese Bobtail verwandt oder identisch sein.

Meinungsverschiedenheiten gibt es darüber, wann die Stummelschwanzkatze Japan erreicht hat. Die einen sagen, sie sei vor etwa einem Jahrtausend aus China eingeführt worden, vermutlich auf Betreiben des japanischen Kaisers Ichijo, der ein großer Katzenfreund war. Andere sprechen von der Zeit vom 6. bis 9. Jahrhundert, da es sehr frühe Holzschnitte und Tempelmalereien – vor allem aus dem Gotokuji- und dem Nikotempel – gibt, die Katzen zeigen.

DIE JAPANESE BOBTAIL mit ihrem typischen, an eine Puderquaste erinnernden Schwanz ist eine alte Rasse des Fernen Ostens, die einst auch in Birma, Thailand und Malaysia verbreitet war.

Jahrhundertelang war die Japanese Bobtail den Adligen vorbehalten, die mit den Katzen an der Leine spazierengingen. Erst seit Beginn des 17. Jahrhunderts durften auch andere Bevölkerungsgruppen die Tiere halten. Der Grund für diesen Sinneswandel lag in einem Erlaß, daß alle Katzen des Adels freizulassen seien, damit sie als dringend benötigte Mäusefänger zum Einsatz kämen. Von da an gab es die *Kazoku Neko,* die japanische Familienkatze.

Die beliebteste Varietät ist die *Mi-Ke* (»drei Farben«, eigentlich »drei Felle«). Sie ist weiß mit schwarzen und roten Flecken. Wenn sie sitzt, hebt sie oft eine Pfote, eine Geste, die Glück bringen soll. Man hat in ihr die legendäre »heranwinkende Katze« wiedererkannt.

Ein weiterer Umstand, der zur Beliebtheit der stummelschwänzigen Katze beigetragen haben könnte, liegt in dem japanischen Aberglauben, daß langschwänzige Katzen Menschengestalt annehmen und ihre Besitzer behexen können.

Im Westen wurde die Japanese Bobtail bekannt, als amerikanische Soldaten sie Ende des Zweiten Weltkrieges entdeckten. 1968 sandte die Amerikanerin Judy Crawford, die 15 Jahre in Japan gelebt und in dieser Zeit die Katzen gezüchtet hatte, ein Paar in die USA. Das weibliche Tier war eine Schildpatt mit Weiß und hieß Madame Butterfly, der Kater Richard war rot mit Weiß. Sie kamen zu der bekannten Züchterin Elizabeth Freret, die diese Rasse bereits kennen- und schätzen gelernt hatte. Das Pärchen bekam bald Junge, die Elizabeth Freret 1969 auf einer amerikanischen Katzenausstellung vorführte; dort stießen sie auf großes Interesse. Judy Crawford selbst kehrte bald darauf mit 38 Japanese Bobtails nach Amerika zurück, setzte ihre Zucht hier fort und gewann für ihre Katzen viele Freunde. 1978 wurde die Rasse in den USA anerkannt. In Europa ist sie bislang noch sehr selten.

Inzwischen gibt es die Rasse auch als Langhaarkatze (siehe Japanese Bobtail Langhaar).

Temperament: Die Japanese Bobtail gilt als freundlich, anhänglich, intelligent, zutraulich, verspielt, extravertiert, lebhaft und neugierig. Sie soll, wenn sie sich wohl fühlt, »melodisch singen«, was unter den Katzenrassen einzigartig ist.

Farbschläge: Folgende Farbschläge sind am beliebtesten, auch wenn viele andere Farbkombinationen ebenfalls zugelassen sind: Schwarz und Rot mit Weiß *(Mi-Ke)*, Schwarz und Rot mit Creme (Schildpatt), Schwarz mit Weiß, Rot mit Weiß, Schildpatt mit Weiß, Weiß, Schwarz, Rot.

Der Schwanz der Japanese Bobtail ist nicht nur verkürzt, sondern auch gekrümmt. Sie ist nicht mit der schwanzlosen oder kurzschwänzigen Manx verwandt.

9

Kartäuser

Diese französische Rasse stammt aus dem 14. Jahrhundert oder ist sogar noch älter. Sie wird auch als »Chartreuse«, »Klosterkatze« und als »Blaue Katze von Frankreich« erwähnt. In Frankreich heißt sie *Chat des Chartreux* und im Englischen *Chartreux Cat.*

Erscheinungsbild: Die Kartäuser ist eine schwere, kräftige Katze mit breitem Kopf, mit kurzem Haar in einheitlichem Blaugrau, mit gold-, kupfer- oder orangefarbenen Augen und feingliedrigen Beinen. Mit liebevollem Spott bezeichnete sie ein amerikanischer Züchter als »eine Kartoffel auf Zahnstochern«.

Geschichte: Die Herkunft der Kartäuser liegt im dunkeln. Wie bei vielen anderen alten Katzenrassen gibt es über ihre Abstammung eine ganze Reihe widersprüchlicher Geschichten:

1. Sie soll eine Kreuzung aus einer ägyptischen und einer Manulkatze sein. Für diese phantastische Annahme gibt es jedoch nicht den geringsten Beweis.
2. Mönche des Kartäuserordens sollen sie im 17. Jahrhundert vom Kap der Guten Hoffnung in Südafrika nach Frankreich mitgebracht haben. Der römisch-katholische Orden wurde 1084 gegründet. Das Mutterkloster, La Grande Chartreuse, liegt nördlich von Grenoble im Südosten Frankreichs, nahe der Grenze zu Italien. Der Orden wurde nicht nur durch seinen gelben und grünen Kräuterlikör berühmt, sondern auch durch eine eigene Rasse von Klosterkatzen. Den ältesten Hinweis liefert Bruslons *Universal Dictionary* von 1723, in dem es heißt: »Die Katzen werden Kartäuser genannt, weil die Mönche dieses Namens sie als erste gehalten haben.«

Dreißig Jahre später schwingt schon ein leichter Zweifel mit: »Die Kartäuserkatzen heißen vielleicht nach den gleichnamigen Mönchen, die als erste diese Rasse besaßen« (Chevalier de Jancourt *Grand Encyclopédie* von 1753). Leider gibt es keine Urkunden, die belegen, daß die Mönche diese Rasse gehalten haben. Befragt nach der Geschichte der Kartäuserkatze, antwortete 1972 der Prior von Grande Chartreuse: »Der Kartäuserorden hatte am Kap der Guten Hoffnung niemals eine Niederlassung. Was die Katzenrasse angeht, die in Grande Chartreuse gehalten worden sein soll, so schweigen unsere Archive. Nichts stützt die Annahme, daß es eine solche Katzenrasse irgendwann in unserer langen Geschichte gab.«

3. Sie soll aus dem Nahen Osten stammen; von hier hätten zurückkehrende Kreuzritter sie zu den Kartäusern gebracht. Tatsächlich gibt es Berichte über blaugraue Katzen in Syrien, Zypern und Malta – Gegenden, in denen sich Kreuzritter aufhielten –, was für diese Hypothese spricht.

4. Die Kartäuser sei vor rund 450 Jahren aus dem Nahen Osten nach Europa gekommen; hier war sie vor allem bei Pelzhändlern wegen der feinen, dichten Qualität ihres wolligen Haarkleids hoch geschätzt.

5. Eine Vorform der Rasse sei in Nordeuropa und Sibirien beheimatet gewesen, wo das dicke, wollige Fell die Tiere vor der eisigen Kälte schützte. Später hätten sich daraus die Russisch Blau und die Kartäuser entwickelt. Sollte das zutreffen, dann wären die berühmten »Blauen Katzen von Frankreich« gewöhnliche Hauskatzen gewesen. Ein altes Lexikon, in London in den achtziger Jahren des 18. Jahrhunderts veröffentlicht, legt die Vermutung nahe, daß damals die meisten Katzen in Frankreich blau waren. Denn dort heißt es kategorisch: »Alle Katzen in Frankreich sind blaugrau.«

Sollte eine der beiden letzten Geschichten zutreffen, dann erhebt sich die Frage, was diese Katze mit dem Kartäuserkloster zu tun hatte. Eine Antwort könnte ein Hinweis des *Universal Dictionary* (1723) von Bruslon liefern. Dort wird eine feine Wolle erwähnt, die aus Spanien nach Frankreich importiert wurde und die man als »Chartreux-Wolle« bezeichnete. Bedenkt man das feine, wollige Haarkleid der Kartäuserkatzen, so könnte es gut sein, daß man sie nach jener Wolle benannt hat.

Welche Überlieferung auch immer der Wahrheit entspricht, fest steht, daß die Rasse im 18. Jahrhundert von Buffon in seiner *Natural History* beschrieben und abgebildet wurde; auch ihr Name ist dort überliefert. Und britische Autoren des 19. Jahrhunderts wußten ebenfalls um diese Katzenrasse: »Ein bläuliches Grau ist keine gewöhnliche Farbe; sie werden ›Kartäuserkatzen‹ genannt und gelten als hochgeschätzte Raritäten« (Charles Ross, 1868).

Seit den zwanziger Jahren unseres Jahrhunderts haben sich französische Züchter der Kartäuser angenommen. 1928 begannen die Schwestern Léger auf der kleinen Insel Belle-Île-sur-Mer die Katzen zu züchten. Die Stammeltern waren der Kater Coquito und die Katze Marquire. Bereits 1931 konnten die Schwestern Léger ihre Zuchterfolge in Paris ausstellen. Leider wurden ihre Bemühungen durch die Wirren des Zweiten Weltkrieges unterbrochen.

Da nur sehr wenige Exemplare den Krieg überlebt hatten, entschied man sich, die Zucht mit gewöhnlichen französischen blaugrauen Katzen ohne Stammbaum fortzusetzen, bis die ursprüngliche Gestalt und der alte Typ der Kartäuser wieder erreicht waren. Diese Katzen bildeten dann den Grundstock für die moderne Kartäuserzucht.

Gegenüber: DIE KARTÄUSER ist eine alte französische Rasse unbekannter Herkunft. Manchmal wird sie auch Klosterkatze genannt, da sie mit dem Kartäuserorden in Verbindung gebracht wird.

Temperament: Die Kartäuser gilt als freundlich, gutmütig, zutraulich, verspielt, selbstbewußt, robust, geduldig, ruhig, anhänglich, sanftmütig und friedlich. Es heißt, sie möge Kinder und Hunde. Sie ist meist träge, bis eine Maus sich blicken läßt: Dann verwandelt sie sich ein wildes Raubtier.
Verwandte Rassen: Es gibt noch andere blaugraue Katzenrassen, deren Verwandtschaft mit der Kartäuser jahrelang diskutiert wurde: Russisch Blau, Britisch Kurzhaar Blau, Malteserkatze, Europäisch Kurzhaar Blau und Exotisch Kurzhaar Blau.

Andere blaufarbene Rassen sollten nicht mit den obengenannten verwechselt werden: Burma Blau, Korat, Foreign Kurzhaar Blau, Perser Blau.
Farbschläge: Nur eine Farbe ist zugelassen: einheitliches Blaugrau.

Wegen ihrer Fellfarbe bezeichnete man die Kartäuser auch als »Blaue Katze von Frankreich«. Genetisch ist das typische Blaugrau ein verdünntes Schwarz.

10

Siam

Die Siam ist die bekannteste alte Katzenrasse aus dem heutigen Thailand. Sie ist bereits in einem Buch mit Gedichten über Katzen abgebildet, das irgendwann zwischen 1350 und 1767, vermutlich im 16. Jahrhundert, in Ayutthaya, der alten Hauptstadt von Siam, geschrieben wurde. Dort ist eine hellfarbene Katze zu sehen, deren Schwanz, Ohren, Füße und Gesicht schwarz gefärbt sind. Diese *Vichien Mat*, wie sie bezeichnet wurde, ist nur eine von 17 Varietäten, die in den Gedichten erscheinen. Später nannte man sie einfach Siamkatze, weil sie das erste dieser höchst ungewöhnlichen Exemplare war, das man im Westen zu sehen bekam. Da die Überlieferung sie mit dem siamesischen Königshaus in Verbindung brachte, bezeichnete man sie auch als »Palastkatze«, als »Siamkönigskatze« oder als »Königskatze von Siam«. In Frankreich heißt sie *Siamois*, im Englischen *Siamese Cat*.
Erscheinungsbild: Die blauäugige Siam hat eine sehr charakteristische Gestalt: Sie ist schlank, langgestreckt und grazil. Die ersten Exemplare, die in den Westen kamen, hatten noch zwei weitere, ungewöhnliche Merkmale: Sie schielten und hatten einen Knickschwanz. Beides konnte durch selektive Züchtung beseitigt werden. Die Schlankheit wurde dagegen noch verstärkt, was zu einem Katzentyp geführt hat, von dem manche meinen, er habe sich zu stark von seiner Urform entfernt.

Typisch für die Siam war immer die Musterung des Fells: Der Körper ist hell, die Extremitäten (Gesicht, Ohren, Beine und Schwanz) sind dunkel. Ein solches Colourpoint-Muster ensteht auf merkwürdige Weise. Man versteht es am besten, wenn man sich eine dunkelhaarige Katze vorstellt, die ein Gen besitzt, das die Färbung des Fells verhindert, wenn die Körpertemperatur über eine bestimmte Marke ansteigt. Wo also die Körpertemperatur am niedrigsten ist – am Kopf und an den Gliedmaßen –, kann sich die Pigmentierung normal entwickeln. Wo dagegen die Temperatur am höchsten ist, nämlich am Rumpf, findet keine Färbung statt, und das Fell bleibt hell.

Wenn Siamkätzchen geboren werden, kommen sie aus dem warmen Mutterleib und sind daher überall blaß. Wenn sie älter werden, färben sich der Kopf und die Extremitäten allmählich dunkler. Da bei älteren Siamkatzen der Körper etwas kühler wird, dunkelt auch das Fell entsprechend nach.

Daß die Pigmentierung des Fells bei der Siam temperaturabhängig ist, läßt sich leicht beweisen: Muß die Pfote einer Siamkatze wegen einer Verletzung für längere Zeit verbunden bleiben, verblaßt das Fell dort, wo der Verband sitzt. Und jede Siam, die unter hohem Fieber leidet, bekommt ein helleres Fell.

Legenden: Sie beschäftigen sich hauptsächlich mit dem besonderen Aussehen der Siam:
1. Den Knickschwanz und die schielenden Augen, die so verblüffend für alle waren, die die ersten Siamkatzen zu Gesicht bekamen, soll ein betrunkener Mönch zu verantworten haben. Dieser Mönch tat Dienst in einem Tempel, der einen goldenen Becher barg, aus dem einst Buddha getrunken haben soll. Oft verschwand der Mönch tagelang und überließ es seinem Siamkatzenpaar, den heiligen Becher zu bewachen. Der Siamkater war die Eskapaden des Mönchs schließlich leid und machte sich auf die Suche nach einem anderen heiligen Mann. Die Katze mußte nun allein den wertvollen Becher bewachen. Sie starrte dabei so angestrengt und unverwandt darauf, daß sie zu schielen begann. Nach Tagen war sie so erschöpft, daß sie ihren Schwanz um den Becher legte und in einen tiefen Schlaf sank. Als der Kater mit einem neuen Mönch zurückkam, bewachte die Katze noch immer den Becher, doch hatte sie in der Zwischenzeit fünf Kätzchen zur Welt gebracht, die alle schielten und Knickschwänze hatten.
2. Der Knickschwanz entstand, als ein buddhistischer Mönch einen Knoten in den Katzenschwanz knüpfte, weil er irgend etwas Wichtiges nicht vergessen wollte.
3. Eine Prinzessin wollte in einem Fluß ein Bad nehmen, zog ihre Ringe auf den Schwanz einer Katze und machte einen Knoten, damit die Ringe nicht herunterrutschten.
4. In einer anderen Version macht die Katze selbst einen Knoten in ihren Schwanz, um zu verhindern, daß die Ringe ihrer Herrin verlorengehen.
5. Die blauen Augen verdanken die Siam dem selbstlosen Mut, mit dem sie einst einen heiligen Altar verteidigt haben. Bei einem Überfall wurden die Priester aus ihrem Tempel vertrieben. Doch dann stießen die Eindringlinge auf die Katzen, die drohend auf den Altarstufen saßen. Aus Angst vor den Zähnen und Krallen der Tiere ließen sie den Altar unberührt. Als die Priester zurückkehrten, waren sie von der Treue der Katzen sehr beeindruckt. Von diesem Tag an waren die einst rotglühenden Augen der Siamkatzen himmelblau, zum Zeichen dafür, daß sie dem Himmel gedient hatten, als sie den Barbaren widerstanden.

Geschichte: Es gibt fünf Vermutungen über den Ursprung der Rasse:

1. Die Siam stammt von einer ostasiatischen Wildkatzenart ab. Zoologisch würde sie sich dann von allen anderen domestizierten Katzenrassen unterscheiden. Das würde die großen Unterschiede in Stimme und Temperament erklären. Zwar wurde diese These erst 1992 aufgestellt, doch ohne jeden wissenschaftlichen Beweis.
2. Altägyptische Händler haben ihre domestizierten Katzen mit in den Fernen Osten genommen, wo sie sich zur Rasse der Siam entwickelten. Dieser direkte Weg könnte die besonderen Merkmale der Rasse ausreichend erklären.

Für die Allgemeinheit gibt es nur einen einzigen Farbschlag der Siam: Seal Point wie hier. Tatsächlich existieren jedoch noch weitere Varietäten.

3. Der König von Siam erhielt eine äußerst seltene reinweiße Katze zum Geschenk. Sie wurde mit den dunklen Tempelkatzen gekreuzt, woraus die Siam hervorging.
4. Als vor etwa 300 Jahren Siamesen und Vietnamesen über das Reich der Khmer siegten, kamen vietnamesische Katzen ins heutige Thailand, wo sie sich mit Birmakatzen vermischten. Daraus ist die Siam entstanden.
5. Vor Jahrhunderten kam es in Thailand (früher: Siam) zu einer natürlichen Mutation, bei der das gänzlich dunkelbraune Fell der einheimischen Katze temperaturabhängig wurde, und zwar derart, daß die typischen Abzeichen entstanden.

Da es für keine dieser fünf Hypothesen Beweise gibt, wird man wahrscheinlich niemals genau erfahren, welchen Ursprung diese Katzenrasse hat.

Es wurde oft auf den besonderen Rang hingewiesen, den die Siam einst eingenommen hat. Sie durfte nur im Palast des Königs von Siam gehalten werden, und wer sie dort stahl, dem drohte die Todesstrafe. Das alles scheint ziemlich übertrieben. Schaut man genauer hin, stellt sich heraus, daß diese Katzen auch in vielen fürstlichen Häusern und in den Bezirken heiliger Tempel anzutreffen waren. Die Siam war also nicht nur eine Königskatze. Dennoch galt sie als etwas Besonderes. Nach einer überlieferten Erzählung sollten diese Katzen nicht nur Paläste und

Villen von Ratten und Mäusen freihalten, sondern auch die Seelen der Hausbewohner aufnehmen, wenn diese ihr irdisches Leben beendeten. Starb ein Mitglied der königlichen Familie, wurde ihm eine seiner Lieblingskatzen mit ins Grab gegeben. Das war nicht so grausam, wie es zunächst klingt, denn im Dach der Grabkammer gab es genügend Löcher, durch die eine kräftige Katze entkommen konnte. Wenn dies geschah, dann hatte sich die Seele des Verstorbenen erfolgreich in der Katze reinkarniert, der Verstorbene war wiedergeboren.

Die Rolle, die die Katze im religiösen Leben dieser Menschen spielte, war wahrscheinlich der Grund dafür, daß ein fremder Besucher keine Siam mitnehmen durfte. Nur wenn man einen Fremden ganz besonders ehren wollte, bot man ihm eine dieser Katzen als außergewöhnliches Geschenk an. Vorausgesetzt diese Überlieferung stimmt, dann können nur sehr wenige Katzen das Land verlassen haben.

Es gibt Berichte, nach denen Siam gelegentlich in europäischen Zoos als Kuriositäten ausgestellt wurden. Man weiß auch, daß einige wenige als Haustiere gehalten wurden, denn sie traten bereits auf der allerersten englischen Katzenausstellung 1871 auf. Leider gibt es keine ausführlichen Beschreibungen dieser Katzen. Und wie sie nach Europa gekommen sind, bleibt vollends ein Rätsel.

Die Schwierigkeit bei diesen frühen Erwähnungen ist, daß man damals einzelne Tiere oft nach ihrem Herkunftsland benannt hat. Also könnte »Siamkatze« nur bedeuten, daß sie aus Siam stammte, ob sie auch wie eine Siam aussah, bleibt offen. Das früheste Zeugnis, daß tatsächlich eine echte Siam mit charakteristischen Abzeichen ausgestellt wurde, stammt aus dem Jahr 1879. Damals berichtete der Londoner *Daily Telegraph* von einem »Paar junger [Katzen] siamesischer Herkunft mit schwarzem Maul, schwarzen Ohren und Füßen und ebensolchem Schwanz; das Fell ist ansonsten gelblich-braun«.

Als nächstes wird die Katze in St. George Mivarts Standardwerk über Katzenanatomie aus dem Jahr 1881 erwähnt: »Die Siamkönigskatze ist gleichförmig rehfarben, kann jedoch sehr dunkel getönt sein. Tendenziell ist sie um das Maul noch dunkler [...] Sie hat bemerkenswert blaue Augen [und] einen kleinen Kopf.«

Etwas später, 1889, schreibt Harrison Weir: »Es ist sogar in Siam sehr schwierig, reinrassige Tiere zu bekommen. Den Katalogen des Kristallpalastes für die Jahre 1871 bis 1887 entnehme ich, daß 15 weibliche und nur vier männliche Tiere ausgestellt wurden, von denen einige nicht reinrassig waren. Ich habe immer Verständnis dafür gehabt, daß [Siam] nicht ausgeführt werden dürfen. Man kann sie nur als außerordentlichen Gunstbeweis erhalten, denn der König von Siam achtet sehr streng darauf, daß alle diese Tiere als Königskatzen in Siam bleiben.«

Die erste dokumentierte Ausfuhr einer Siamkatze bestätigt die Angaben Weirs. Es war ein Geschenk für das Weiße Haus in Washington, genauer gesagt, für Lucy Webb Hayes, die Frau des amerikanischen Präsidenten. Es war eine Katze mit Namen Siam, die der amerikanische Konsul in Bangkok, David Stickles, 1878 in die USA schickte. Das Tier reiste mit dem Schiff von Bangkok nach Hongkong und weiter nach San Francisco und wurde dann auf dem Landweg quer durch Amerika nach Washington gebracht. Anfang 1879 traf die Katze im Weißen Haus ein. Doch obwohl sie die beste Nahrung aus der Küche des Weißen Hauses erhielt, wurde die Siam bereits im September desselben Jahres krank und starb einen Monat später. Trotz ihres nur kurzen Aufenthaltes im Präsidentenpalast wurde sie sehr bekannt und weckte großes Interesse für diese exotische neue Rasse.

Der erste bekannte Export einer Siam nach Großbritannien, über den ausführlich berichtet wurde, fand 1884 statt. Damals kam Edward Blencowe Gould, Vizekonsul (nicht Generalkonsul, wie es meist heißt) in Bangkok, in den Besitz eines Pärchens. Er soll es direkt von König Rama V. Chulalongkorn (1868-1910) erhalten haben (er war der Sohn jenes Königs von Siam, der durch das Musical *Der König und ich* im Westen bekannt geworden ist). Als der Konsul seinen Abschiedsbesuch bei Hofe machte, fragte man ihn, was er sich als Geschenk wünsche. Er wählte zwei Königskatzen. Der König war entsetzt, hielt aber dennoch sein Versprechen.

Manche betrachten diesen Bericht als reine Erfindung, in die Welt gesetzt, um der neuen Rasse eine besondere Aura zu verleihen. Brian Vesey-Fitzgerald lehnt die Geschichte rundweg ab: »Wir können auf diese Königsgeschenk-Geschichte ganz und gar verzichten.« Besonders ereifert sich Milo Denlinger: »Es gibt keine Aufzeichnung von Mr. Gould selbst, worin er behauptet, die beiden Katzen seien ihm vom König von Siam widerstrebend als Geschenk übergeben worden. Doch viel romantisches Geschwafel wurde darüber veröffentlicht. Wahrscheinlich hat er sie auf irgendeinem Basar in Bangkok gekauft.«

Diese unromantische Sichtweise wird teilweise von einem Brief gestützt, den Goulds Schwester, Lilian Velvey, sehr viel später, nämlich 1930, schrieb: »Es ist schon sonderbar, wenn ich bedenke, daß meine einstige Königin Mia, eine sehr schöne Katze, meinen Bruder einmal drei Tikal oder rund 7 Pence gekostet hat.« Obwohl das mindestens die Hälfte der Legende zerstört, sollte man sich vor Augen halten, daß in dem Brief nichts über den Kater Pho steht. Es könnte ja immerhin sein – auch wenn es unwahrscheinlich ist –, daß Gould den Kater vom König erhielt und dann eine weibliche Katze an einem weniger vornehmen Ort erwarb, um ein Zuchtpaar zu haben.

Wie auch immer der Vizekonsul die Katzen erhalten hat, fest steht, daß er sie seinem Bruder, Owen Gould, übergab, der sie als Geschenk für ihre Schwester mit nach England nahm. Mia und Pho sind die ersten offiziell registrierten Siam. Die Kätzchen des ersten Wurfs erhielten die exotischen Namen Duen Ngai, Kalahom und Karomata und wurden von Lilian Velvey 1885 auf der Katzenausstellung im Londoner Kristallpalast gezeigt. Sie hatten großen Erfolg und gewannen die ersten Preise für die beste Kurzhaarkatze und für die beste Katze der Ausstellung, und das bei 480 Meldungen. Dadurch stieg die Nachfrage nach Siamkatzen. Im letzten Jahrzehnt des 19. Jahrhunderts wurde das königliche Ausfuhrverbot, wenn es denn jemals existiert hat, gelockert, so daß immer mehr Siam nach Großbritannien kamen. Zwischen 1885 und 1890 war auch Lilian Velvey an dem Handel beteiligt, zumal ihr Bruder, der Konsul, eine eigene Siamzucht in Bangkok aufgemacht hatte.

Trotz (oder gerade wegen) des Erfolges, den Lilian Velvey 1885 mit ihren Katzen hatte, begegnete man den immer zahlreicher auftretenden Siam mit gemischten Gefühlen. Einer, der die Rasse auf einer der ersten Ausstellungen gesehen hatte, meinte gar, es sei »eine unnatürliche, alptraumhafte Katze«. Ein anderer schrieb 1889 in einer Zeitschrift: »Alle sind sich darin einig, daß das Zusammensein mit fast jeder anderen Katze angenehmer und weniger riskant ist.« Harrison Weir jedoch, der die

ersten Katzenausstellungen organisierte, meinte im gleichen Jahr: »Von den schönen domestizierten Katzenarten, die auf den Katzenausstellungen gezeigt wurden, verdiente keine größere Aufmerksamkeit als die ›Königskatze von Siam‹.«

Im Januar 1901 wurde der Siamese Cat Club gegründet, um die Zucht zu fördern und zu schützen. Seine Mitglieder nahmen unverzüglich Verbindung mit der siamesischen Botschaft in London auf, um mehr über ihre Lieblingskatzenrasse herauszufinden. Die Botschaft erklärte am 17. September 1901 zur Überraschung vieler: »Die beige Katze mit dunklen Abzeichen und blauen Augen ist im ganzen Land selten. Nur in Bangkok, wo es mehr begüterte Leute gibt, die sich ein solches Hobby erlauben können, werden recht viele dieser Katzen gezüchtet [...] Der König von Siam hält keine eigene Rasse, noch gibt es eine Rasse, die nur dem Palast vorbehalten ist [...] Es gibt keine Königskatze von Siam [...], noch gibt es einen religiösen Bezug zu irgendeiner Katze in Siam [...] Solche Vorstellungen sind wahrscheinlich darauf zurückzuführen, daß die Bevölkerung ganz allgemein tierlieb ist, also auch Katzen gut behandelt.«

Wenn diese Erklärungen zutreffen und nicht nur die unbewiesenen Behauptungen eines engstirnigen Botschaftsbürokraten sind, dann stehen sie im Widerspruch zu allen früheren Berichten, die den exotischen Hintergrund dieser Katzenrasse betonen. Eine ähnliche und gleichermaßen nüchterne Betrachtungsweise lieferte 30 Jahre später ein gewisser Dr. Hugh Smith: »In Siam war ich mit der Situation der Katzen gut vertraut [...] Es gibt keine ›Palastkatzen‹ [...] Es gibt keine ›Königskatzen‹ [...] Jeder kann eine Siam haben, und tatsächlich halten dort viele Leute außerhalb der Paläste und auch viele Fremde solche Katzen als Haustiere [...] Es gibt keine ›Tempelkatzen‹ [...].«

Allen, denen die nüchterne Klarstellung nicht paßt, liefern die Äußerungen eines gewissen A. N. M. Garry einen Hoffnungsschimmer. Er besuchte Siam 1930 und bemerkte: »Da ich den späteren König [von Siam] in Eton kennengelernt hatte, erhielt ich eine Sondergenehmigung für den Palast von Bangkok [...] und sah eine oder zwei dieser ›Königskatzen‹ [...].« Danach gab es im Palast zumindest Katzen. Ein Major Walton bestätigt diese Aussage. Er war in den vierziger Jahren mit dem Prinzregenten von Siam befreundet und erhielt von ihm, als er das Land verließ, ein Siampärchen als Geschenk. Das läßt nun wieder vermuten, daß es doch eine besondere Verbindung zwischen den Katzen und dem Königshaus gegeben hat. Doch handfeste historische Beweise stehen nach wie vor aus.

Gegen Ende des 19. Jahrhunderts gelangten einige europäische Siamkatzen in die USA. Unter der Schirmherrschaft von Mrs. Clinton Locke aus Chicago, der »Mutter der amerikanischen Katzenzucht«, wurden sie bald mit großem Erfolg auf Katzenausstellungen gezeigt. 1899 gründete sie den Beresford Cat Club, in dessen erstem Zuchtbuch aus dem Jahr 1900 die ersten beiden amerikanischen Siamkatzen eingetragen sind: der Wettbewerbssieger mit Namen Siam und eine weibliche Katze Sally. Ihre vollständigen Namen lauteten Lockhaven Siam und Lockhaven Sally Ward, was bedeutet, daß Mrs. Locke selbst die Besitzerin war.

Gegenüber: EINE SIAM SEAL POINT mit Championstatus in ihrer ganzen Pracht.
Im 20. Jahrhundert ist die Rasse schlanker geworden.

Die Sterblichkeit der Siamkatzen war damals hoch. Vor allem der Streß der langen Reisen setzte ihnen zu. Trotzdem waren um die Jahrhundertwende reiche Amerikaner bereit, 1000 Dollar für eine importierte, aus britischer Zucht stammende Siam zu zahlen. Rechnet man diese Summe in den heutigen Geldwert um, dann gehören diese Siam zu den teuersten Katzen aller Zeiten. Doch vermutlich hat das noch ihre Attraktivität erhöht und sie bald zu den Lieblingen der amerikanischen High Society gemacht.

Temperament: Die Siam gilt als unberechenbar, anspruchsvoll, laut, diebisch, eigensinnig, entschlossen, lebhaft, aktiv, flink, ausdrucksvoll, dominant, anmutig, anhänglich, zutraulich, treu, intelligent und einfallsreich.

Von anderen Katzenrassen unterscheidet sie sich am deutlichsten durch ihre Stimme. Keine andere Katze ist so laut. Ein Besitzer beklagte sich einmal über seinen Siamkater mit den Worten: »Dieses ewige laute Gejaule und Miauen kann einen in den Wahnsinn treiben. Solange er wach ist, redet er [...] mit seiner rauhen und durchdringenden Stimme. Ständig ändert er Klangfarbe, Tonhöhe und Lautstärke.« Das mag manche aufregen, aber für viele Siamkatzenbesitzer macht gerade das den einzigartigen Charme diese Rasse aus.

Farbschläge: Als die Siam nach Europa kam, hatte sie nur eine einzige Abzeichenfarbe: Seal Point. Das blieb so bis in die dreißiger Jahre unseres Jahrhunderts. Selbst heute, nachdem viele verschiedene Varietäten entwickelt wurden, gilt dieser Farbschlag im öffentlichen Bewußtsein noch immer als *die* Siamfarbe.

Die Geschichte der anderen Farbschlägen ist kompliziert. In der Frühzeit sprach man meist von »mangelhaft Seal«, wenn eine Variante auftauchte. Manchmal jedoch war ein Züchter von der Veränderung so angetan, daß er sie bewußt weiterentwickelte. Viele dieser Varianten wurden erst sehr spät anerkannt. Die Blue Point zum Beispiel, die bereits 1894 bekannt war, wurde erst 1936 akzeptiert. Eine andere frühe Variante, die Chocolate Point, erhielt den offiziellen Segen erst 1950. Und Lilac Point mußte gar bis 1960 warten.

Siam mit Tabby-Point-Zeichnung wurden schon 1902 erwähnt, aber erst 1966 zusammen mit Cream Point, Red Point und Tortie Point anerkannt. Diese vier Farbschläge (sowie andere, die später dazugekommen sind) sind in den USA bei reinrassigen Siam nicht zugelassen. Die Tiere werden dort als »Colourpoint Shorthair« (Colourpoint Kurzhaar) bezeichnet.

Inzwischen gibt es Seal Point, Chocolate Point, Blue Point, Lilac Point, Cinnamon Point, Creme Point, Red Point und Fawn Point. Diese Farben können auch als Tabby Point auftreten. Als Schildpatt sind Mischungen von Rot und Seal, Chocolate und Cinnamon sowie Kombinationen von Creme mit anderen Farben zugelassen.

Andere Siamlinien: Siamkatzen waren auch die Vorfahren einer Reihe jüngerer Züchtungen, bei denen die Originalgestalt in irgendeiner Form abgewandelt wurde. Dazu zählen:

1. BALINESE (Siam Langhaar)
2. JAVANESE (Siam Langhaar mit Points in anderen als den klassischen Farben)
3. ORIENTALISCH LANGHAAR (Siam Langhaar ohne Points)
4. ORIENTALISCH KURZHAAR (Siam Kurzhaar ohne Points)

5. **Colourpoint Kurzhaar** (Siam Kurzhaar mit Points in anderen als den klassischen Farben)
6. **Havanna** (Siam Kurzhaar, durchgehend braun)
7. **Foreign White oder Orientalisch Kurzhaar Weiss** (Siam Kurzhaar mit durchgehend weißem Fell)
8. **Seychellois** (Siam Kurzhaar mit gesprenkeltem weißem Fell).

Dazu kommen noch drei Züchtungen, die zwar starke Siamelemente aufweisen, aber dennoch deutlich von der Siam abweichen:

9. **Ocicat** (Siam Kurzhaar/Abessinier)
10. **Schneeschuhkatze** (Siam Kurzhaar/Amerikanisch Kurzhaar Bicolour)
11. **Tonkanese** (Siam Kurzhaar/Burma)

Hinweis: Durch die Zucht hat die moderne Siam inzwischen eine sehr extreme Körperform bekommen. Daher versucht man jetzt, wieder zur alten, kräftigeren Gestalt mit runderem Kopf zurückzukehren. Diese Siamzüchtungen werden als Thai bezeichnet (siehe dort).

11

KORAT

Die Korat stammt aus Thailand (früher: Siam), wo man sie Si-Sawat nennt. Ihre Ursprünge reichen möglicherweise bis ins 14. Jahrhundert zurück, denn sie wird bereits in einem Katzenbuch aus der Zeit des Reiches von Ayutthaya beschrieben. Dieses Buch entstand in der Zeit zwischen 1350 und 1767 und wird heute in der Nationalbibliothek von Bangkok aufbewahrt. In den siebziger Jahren unseres Jahrhunderts hat ein thailändischer Fachmann, Pichai-Ramadi Vasnasong, die Korat als eine der acht »Siamkatzen« beschrieben (wobei er den Begriff Siamkatzen unüblich im Sinn von »Katzen aus Thailand« gebrauchte): »1. Die Koraj. Besser bekannt als Si Sawat (purpurgrau, die Farbe der Sawatnuß).« Die thailändische Schreibweise Koraj wurde von europäischen Züchtern in Korat geändert, da die thailändische Aussprache des »j« unserem »t« entspricht.

Erscheinungsbild: Die Korat ist eine mittelgroße, muskulöse Kurzhaarkatze mit großen Ohren und einem herzförmigen Kopf. Die leuchtendgrünen Augen sind ungewöhnlich groß und beherrschen das Gesicht. Das silberblaue Fell ist glänzend und fein, liegt flach am Körper an und ist gut für heiße Länder geeignet. Die Haare haben ein zartes Silbertipping, das im Fernen Osten anschaulich als Meeresschaum bezeichnet wird.

Geschichte: Das Wort »Sawat« bedeutet soviel wie Glück oder Wohlstand. In Thailand gilt eine solche Katze als Glücksbringer für ihren Besitzer und stand daher jahrhundertelang in hohem Ansehen. Wegen der Symbolik ihrer Farben spielt die Korat eine Rolle in Zeremonien, die Regen beschwören sollen: Am Ende der Trockenzeit werden die Katzen auf Prozessionen mitgeführt, wobei man sie mit Wasser begießt. Verschiedentlich wurde die Korat auch »Wolkenfarbene Katze« genannt. Da ihre Augen die Farbe von jungem Reis haben, glaubte man überdies, daß sie die Ernte günstig beeinflusse. Und seit alters erhält eine Braut am Hochzeitstag ein Koratpärchen, das ihr in den folgenden Jahren Glück bringen soll. Außerdem soll die Korat durch den Glanz ihres Fells Geschenke aus Silber versinnbildlichen.

Gegenüber: WIE BEI DEN ANDEREN SOGENANNTEN BLAUEN KATZEN, etwa der Kartäuser und der Russisch Blau, ist das Fell der Korat tatsächlich grau.

DIE KORAT ist eine alte thailändische Rasse,
die in ihrer Heimat Si-Sawat genannt wird. In den sechziger Jahren unseres Jahrhunderts wurde sie
von der Amerikanerin Jean Johnson weitergezüchtet.

Man erzählt, daß sie ihren jetzigen Namen um die Jahrhundertwende von König Rama V. Chulalongkorn erhalten habe. Als er fragte, woher die schöne Katze stamme, erfuhr er, daß man sie in Korat *(Cao Nguyen Khorat),* einer der Ostprovinzen des Landes, entdeckt habe. Dieser König soll auch einen Mönch mit dem wohlklingenden Namen Somdej Phra Buddhacharn Buddhasarmahathera beauftragt haben, eine Kopie des bereits erwähnten alten Katzenbuchs anzufertigen, in dem sich die aufschlußreichen Illustrationen der verschiedenen einheimischen Katzenrassen befinden.

Dieses *Smud Khoi* (Papyrusbuch) ist ebenfalls im Nationalmuseum von Bangkok ausgestellt und enthält die poetische Beschreibung der Korat: »Die Haare sind weich, mit Wurzeln wie Wolken und Spitzen wie Silber./ Die Augen glänzen wie Tautropfen auf einem Lotosblatt.«

Und weiter heißt es: »Die Katze ›Ma-led‹ hat eine Körperfarbe wie ›Doklao‹.« »Maled« heißt der silbergraue Same der wildwachsenden thailändischen Frucht »Look Sawat«. »Doklao« ist der Name für die Blüte einer einheimischen Pflanze, die silbrige Spitzen hat. »Si-Sawat« bedeutet »Farbe des Sawatsamens«. Damit wird immer wieder auf die ganz spezifische Farbe der Korat verwiesen. Das bedeutet für diese Rasse, daß jedes Tier, das eine Farbabweichung aufweist, nicht als echte Korat gilt.

Weil diese Rasse so hoch geschätzt war, wurden keine Koratkatzen verkauft. Die Folge war, daß die Katzen über Thailand hinaus lange Zeit kaum bekannt waren. Nur gelegentlich erhielt ein Würdenträger oder ein Adliger aus besonderem Anlaß eine Korat als Geschenk.

Erstmals wird 1896 eine Korat im Westen erwähnt, und zwar wurde damals ein Exemplar auf der Londoner Holland House Show gezeigt. Der bekannte Ausstellungsrichter C. A. House schrieb einige Jahre später, daß sie einem Mr. Spearman gehört habe, einem jungen Engländer, der soeben aus Siam zurückgekommen war. Es ist unbekannt, wie sie in seinen Besitz gelangt ist. Allerdings steht außer Frage, daß er sie persönlich aus ihrer Heimat mitgebracht hatte. Trotz Spearmans Beteuerungen, daß es sich um eine eigene Rasse handele, entschied der damalige Richter, der bekannte Katzenkünstler Louis Wain, anders und disqualifizierte sie, da er sie törichterweise für eine blaue Siam hielt.

Danach verschwand die Rasse spurlos für viele Jahre. Erst 1959 hörte man wieder von ihr. Damals erhielt der amerikanische Botschafter in Thailand ein Paar Koratkatzen, Nara und Darra, als Geschenk. Die Tiere kamen zu der Amerikanerin Jean Johnson, die diese Rasse schon kennen- und schätzen gelernt hatte, als sie 1947 Thailand besucht hatte. Sie hatte nach einer typischen Siam Ausschau gehalten, doch dann zeigte man ihr eine Korat mit dem Hinweis, daß diese und nicht die einheimischen Colourpoint-Farbschläge die wichtigste Katzenrasse des Landes sei. Zwölf Jahre später hatte sie nun endlich ein Paar und konnte mit der Zucht beginnen. Anfang der sechziger Jahre kamen weitere Exemplare in die USA. Hier galten als echte Korat zunächst nur die Katzen, deren Vorfahren nachweislich aus Thailand stammten. 1966 wurde die Rasse schließlich offiziell anerkannt.

Nach Europa kamen die ersten Tiere für die Zucht 1972. Am Morgen des 11. März, um 10.30 Uhr, erreichten die Katze Saeng Duan, seit fünf Wochen schwanger, und der Kater Sam, der mit Saeng Duan nicht verwandt war, Großbritannien. Am Ostersonntag kamen in der Quarantäne sechs Kätzchen zur Welt – die ersten Korat, die in Großbritannien geboren wurden. 1982 wurde die Korat in den Standard der FIFe aufgenommen und damit als Rassekatze anerkannt.

Temperament: Die Korat gilt als intelligent, neugierig, gutmütig, aktiv, leise, behutsam, scheu, kräftig, anhänglich, zurückhaltend, ruhig, freundlich, intuitiv, flink, lebhaft und verspielt.

Von den Katern heißt es, sie seien gute Väter, wenn man sie mit ihren Kätzchen allein läßt. Sie achten streng auf ihr Revier und reagieren mit Fauchen und Knurren auf fremde Eindringlinge. Der Sage nach sollen die Kater manchmal auf den Schultern der Krieger mit in die Schlacht genommen worden sein, wo sie sich grimmig auf die Feinde gestürzt hätten.

Farbschläge: Alle Koratkatzen sind blaugrau wie Schiefer.

12

Burma

Die Burma ist eine Kurzhaarrasse, die nach der Heimat ihrer Stammeltern benannt ist. Tatsächlich waren ihre Vorfahren wohl nicht nur über Birma (englisch: Burma), sondern über ein größeres Gebiet des Fernen Ostens einschließlich Thailands verbreitet. Im Englischen heißt sie *Burmese Cat, Burmese* oder kurz *The Burm.* Weniger bekannt ist der Name »Kupferkatze«; so bezeichnet sie der thailändische Katzenexperte Pichai-Ramadi Vasnasong, der sie als achte der verschiedenen Siamkatzen (im Sinne von Katzen aus Siam) beschreibt: »Sie heißt Kupfer – was Fremden geläufiger ist als Burma«.

Es gab den Vorschlag, die Burma wegen ihrer sehr dunkelbraunen Fellfärbung »Zibeline« oder »Zobelkatze« zu nennen, doch hat sich diese Bezeichnung nicht durchgesetzt.

Erscheinungsbild: Die Burma ist eine muskulöse, kräftige, kompakte Kurzhaarkatze mit einem glänzenden, fülligen dunkelbraunen Fell. Die Unterseite ist etwas heller als der übrige Körper. Der Übergang von hellen zu dunklen Stellen ist jedoch fließend. Der runde, gewölbte Kopf mit weit auseinanderstehenden Ohren hat ein kurzes Gesicht mit goldgelben Augen.

Geschichte: Die Rasse wird bereits als Su-pa-lak oder Thong Daeng im alten thailändischen Katzenbuch erwähnt, das zwischen 1350 und 1767, zur Zeit des Reiches von Ayutthaya, entstanden ist. Dort wird sie als tapfere und fürsorgliche Katze beschrieben. Und weiter heißt es dort: »Eine prächtige Erscheinung von schönster Gestalt/Mit der Farbe von Kupfer ist diese Katze wunderschön/Die leuchtenden Augen sind wie ein Lichtstrahl.«

Nach der Überlieferung wurden diese schönen braunen, goldäugigen Katzen – vermutlich die Vorfahren unserer Burma – als heilige Tiere in den Tempeln, Klöstern und Palästen Birmas gehalten. Verwöhnt von den Reichen und Frommen, hatten diese verehrten Katzen Priesterschüler als eigene Diener, die sie umsorgten und über die Sicherheit ihrer Schutzbefohlenen wachten und die streng bestraft wurden, wenn sie ihre Pflichten vernachlässigten.

Man achtete darauf, daß sich die Tiere nicht mit anderen, überall herumstreunenden Katzen paarten. Gelegentlich wurden einzelne Exemplare als besondere

Geschenke an Würdenträger übergeben, die zu Besuch weilten. Ansonsten verließen sie selten ihre birmanische Heimat.

Ein gewisser Major Finch, der im Zweiten Weltkrieg im Fernen Osten stationiert war und seine Freizeit nutzte, um buddhistische Tempel zu besuchen, will viele Exemplare dieser heiligen braunen Katzen gesehen haben. Er nannte sie »Rajahs«, doch aus seiner Beschreibung geht hervor, daß es Burmakatzen waren. Er behauptete, es handele sich bei ihnen um die wahren »Königskatzen«, die an den Höfen bereits in Ehren gehalten worden seien, lange bevor die helle Siam auftauchte. Er vertrat tatsächlich die Meinung, die Siam stamme von der Rajah ab. Jene habe in alten Zeiten nur als schwach gefärbte, halbalbinotische Art der heiligen kräftig braunen Katze gegolten.

Es sei dahingestellt, ob das alles stimmt oder nur eine romantisch verklärte Legende ist. In den dreißiger Jahren jedenfalls fand jenes Schlüsselereignis statt, das die Geschichte der Rasse entscheidend beeinflussen sollte. Damals kam die Stammutter der modernen Burma in die USA. Mit ihr begann ein sorgfältig durchgeführtes Zuchtprogramm. Doch obwohl das noch nicht allzu weit zurückliegt, ist nicht ganz klar, wie die Katze nach Amerika gekommen ist. Es gibt vier widersprüchliche Versionen:

1. Sie kam 1933 aus Rangun und wurde in den USA als braune Siam verkauft.
2. Sie wurde Anfang der dreißiger Jahre von Indien nach Amerika gebracht.
3. Ein Matrose brachte sie 1934 nach New Orleans, wo er sie an eine Zoohandlung verkaufte. Er behauptete, er habe sie in Birma erworben und sie sei eine Burmakatze. Schließlich hat sie der pensionierte amerikanische Marinearzt Joseph C. Thompson gekauft.
4. Der bekannte Tierhändler Frank Buck hat sie bei einem einheimischen Zirkus in Rangun gekauft und sie noch in Birma an Dr. Joseph Thompson weiterveräußert. Dieser nahm sie dann 1930 mit nach San Francisco.

Welche dieser Geschichten die richtige ist, wird sich wohl nicht mehr klären lassen. Fest steht nur, daß Anfang der dreißiger Jahre eine außergewöhnliche braune weibliche Katze in den Besitz von Dr. Thompson kam. Aufschlußreich ist ein Artikel über die *Herkunft der Burma,* den Dr. Thompson mit drei Kollegen 1943 (im Jahr seines Todes) geschrieben hat: »Die erste Burma, ein weibliches Tier, wurde vom Ko-Autor [das ist Dr. Thompson] im Jahr 1930 aus Birma in die USA gebracht.« Diese Erklärung legt zumindest das Datum fest, läßt aber offen, wie Dr. Thompson die Katze erhalten hat. Die Herkunft des Tieres bleibt also ein Geheimnis.

Die nachfolgenden Ereignisse sind jedoch bekannt. Die braune weibliche Katze erhielt den Namen Wong Mau. Dr. Thompson arbeitete damals in San Francisco als Nervenarzt und verordnete seinen reichen Patienten eine ungewöhnliche Therapie: Er gab jedem eine schwangere Siamkatze in Pflege. Sich um einen Wurf kleiner Kätzchen zu kümmern nahm die Leute derart in Anspruch, daß sie schnell ihre Neurosen vergaßen, sich weniger mit sich und mehr mit ihren Pfleglingen beschäftigten und so schon bald ihr seelisches Gleichgewicht wiedergewannen.

Dr. Thompson war vom Fernen Osten fasziniert und für eine Zeitlang sogar als Mönch in ein tibetisches Kloster eingetreten. Daher bedeutete ihm der Neuankömmling aus Birma recht viel. Wong saß bei den Sitzungen an seiner Seite und wurde bald die wichtigste Katze im Haus des Arztes. Zunächst hielt man sie einfach nur für eine braune Siam. Doch Zuchtversuche ergaben, daß sie tatsächlich eine Kreuzung aus Siam und einer dunklen Rasse war, die man bislang im Westen nicht gekannt hatte. Mit Hilfe einiger befreundeter Erbbiologen konnte Dr. Thompson die braune Art isolieren. Wong Mau wurde zunächst mit einem Siamkater gekreuzt (erstmals 1932 mit Tai Mau) und dann mit einem männlichen Nachkommen rückgepaart. Dabei kamen drei Arten von Kätzchen zur Welt: solche mit Siamabzeichen, braune mit dunkleren Abzeichen (wie die von Wong Mau) und einheitlich braune. Mit letzteren züchtete man nun ganz bewußt eine neue Rassekatze heran: die Burma.

Anfang der vierziger Jahre kamen drei weitere Exemplare von Birma nach Amerika, um die kleine Gruppe der Zuchttiere zu verstärken: Ein Kater und zwei weibliche Katzen verließen 1941 Rangun auf dem Dampfer *Chart* und mußten eine – bedingt durch den Krieg – fünfmonatige Seereise ertragen, auf der sie obendrein noch Fliegerangriffen ausgesetzt waren. 1942 kamen sie nach New York zu Guy Fisher. Nur eine der drei, eine weibliche Katze mit Namen »Tangyi aus der Verbotenen Stadt«, erscheint in allen Zuchtbüchern der damaligen Zeit; sie hat dem Zuchtprogramm wertvolles frisches Blut zugeführt. Leider gibt es wieder einmal keine genauen Angaben zu Tangyis Herkunft in Birma. Doch diese drei Katzen aus Rangun legen die Vermutung nahe, daß die braune Burma in ihrer Heimat eine echte Rasse und daß Wong Mau kein Einzelfall war, wie manche Kritiker unterstellt haben.

Nach einigen anfänglichen Rückschlägen verlief das Zuchtprogramm in den USA so erfolgreich, daß die Burma vom amerikanischen Dachverband der Katzenzüchter CFA offiziell anerkannt wurde. In den späten vierziger Jahren brachten dann die Züchter Sydney und Lillian France aus Derby drei Burmakatzen (einen Kater und zwei weibliche Katzen) von Amerika nach Großbritannien, wo die Rasse 1952 anerkannt wurde.

Zwar gilt heute allgemein Wong Mau als Stammutter der modernen Burma, doch waren schon im 19. Jahrhundert dunkelbraune »Siamkatzen«, die wahrscheinlich zum selben Typ gehört haben, auf englischen Katzenausstellungen zu sehen. 1889 schrieb Harrison Weir, daß es zwei Arten der »Königskatzen von Siam« gebe, eine helle und eine dunkle. »Helles Beige wird bevorzugt, helles Rehbraun, helles Silbergrau oder helles Orange sind zulässig, ebenso dunklere Brauntöne, fast die Farbe von Schokolade [...] Vor allem die letzte ist eine schöne und vorzügliche Varietät; aber die hellbeigen haben den Vorrang.« Er verweist auch auf einen Aussteller, der »eine Siamkönigskatze in Chocolate besitzt [...] Zwar ist diese besondere Farbe sehr schön und selten, doch ich bleibe dabei, daß Hellgrau oder

Gegenüber: DIE BURMA gilt als alte Rasse aus Südostasien,
wo sie einst als heiliges Tier verehrt wurde.
Die heutigen Burmakatzen stammen von einem Exemplar ab, das 1930 in die USA gebracht wurde.

EINE BURMA MIT VERDÜNNTER FELLFARBE. Seit den fünfziger Jahren sind neue Farbschläge entstanden.
Zum ursprünglichen Braun gesellten sich einige zarte,
blassere Tönungen wie Blau und Platinum.

Beige mit deutlichen schwarzen Abzeichen im Gesicht, an Ohren und Beinen für die Varietät charakteristisch ist [...] Ich halte dies für den richtigen Farbschlag und die dunklere Farbe für eine zufällige Abweichung.«

Der Besitzer der Siam Chocolate wird dann von Harrison Weir mit den Worten zitiert: »Auf Ausstellungen schlägt die hellbraune Katze unweigerlich die Chocolate.« Dies hat offensichtlich dazu geführt, daß die helle Siam mit dunklen Abzeichen allgemein bevorzugt wurde und die einheitlich braune schnell verschwunden ist. Soweit bekannt ist, wurde die Chocolate niemals eigens gezüchtet und ist bald spurlos verschwunden. Daß sie jedoch auf diesen frühen Ausstellungen für kurze Zeit gezeigt wurde, deutet darauf hin, daß dieser Katzentyp seit langem existiert, und bestärkt die Auffassung, wonach Wong Mau einer alten Linie des Fernen Ostens entstammt.

Temperament: Die Burma gilt als zutraulich, munter, aktiv, lebhaft, gesellig, neugierig, kräftig, klug, intelligent, reizend, anpassungsfähig, energisch, aufgeweckt, verspielt, laut, sehr anhänglich, ausgelassen, ungestüm, mutig, hartnäckig und anspruchsvoll. Im allgemeinen wird ihr Charakter ähnlich dem der Siam empfunden.

Farbschläge: Die ursprüngliche Farbe der Rasse ist Braun oder Zobel (in den USA auch als Sepia bezeichnet). Später kamen andere Farben hinzu: Blau, Creme, Chocolate (Champagner), Lavendel (Platinum) und Rot, ferner Schildpatt Braun, Schildpatt Chocolate, Schildpatt Lavendel und Schildpatt Blau.

13

Türkisch Angora

Diese alte türkische Langhaarkatzenrasse ist nach der früheren türkischen Hauptstadt Ankara, früher Angora, benannt. Als Angora 1930 zu Ankara wurde, behielten Tiere wie die Angorakatze oder die Angoraziege den alten Namen bei. Nach einer türkischen Legende soll der Staatsgründer der modernen Türkei, Kemal Atatürk, eines Tages als reinweiße Angorakatze wiedergeboren werden.

Erscheinungsbild: Von alters her ist die Türkisch Angora eine blauäugige Katze mit einem weißen langen, weichen Fell. Das Haar ist besonders lang am Hals, an der Körperunterseite und am Schwanz. Das und der Umstand, daß sie keine Unterwolle hat, geben ihr ein schlankeres Aussehen, was sie zusammen mit dem buschigen Schwanz deutlich von der runderen Perser unterscheidet, deren Fell schwerer wirkt. Angorakätzchen entwickeln nur langsam das typische Fell der erwachsenen Tiere; erst im Alter von zwei Jahren hat es sich voll herausgebildet. Vielleicht wegen der großen Hitze in ihrer Heimat verlieren Angorakatzen im Sommer sehr viel Fell, so daß sie dann fast wie Kurzhaarkatzen aussehen.

Geschichte: Über die Herkunft der Angora gibt es drei unterschiedliche Vermutungen. Zum einen sollen Chinesen und Tataren sie vor langer Zeit aus der wildlebenden Pallaskatze *(Felis manul)* gezüchtet und später in die Türkei gebracht haben. Allerdings gibt es für diese These keinerlei wissenschaftlichen Beweis.

Überzeugender klingt die Vermutung, die Angora stamme von einer alten russischen Katzenrasse ab, die ein ungewöhnlich langes Haarkleid gegen die eisige Winterkälte entwickelt hatte. Katzen dieser Art seien an Bord von Handelsschiffen nach Kleinasien und von dort sogar bis in den Iran gekommen. In diesen wärmeren Gebieten hätten sie sich dann zu Angora- und Perserkatzen entwickelt. Diese Annahme würde erklären, warum ausgerechnet Langhaarkatzen nach heißen Ländern benannt wurden.

Nach einer dritten Hypothese ist die Angora im 15. Jahrhundert aus den kalten Bergen Ostpersiens in die Türkei gelangt. Dort hat sich ihr Haarkleid leicht verändert: Dichte und Wolligkeit nahmen ab (siehe auch Stichwort Perser).

In der Türkei hat es bald mehrere Farbschläge der Angora gegeben, jede mit eigenem Namen. Rot Tabby etwa hieß *sarmen,* Silber Tabby *teku*. Eine weiße

DIE ANGORA ist eine der ältesten Katzenrassen. In der Türkei ist sie mindestens seit dem 15. Jahrhundert bekannt. Sie kam im 16. Jahrhundert als erste Langhaarkatze nach Westeuropa.

Katze mit einem blauen und einem bernsteinfarbenen Auge wurde *Angora kedi* genannt. Von manchen wurde dieser Farbschlag allen anderen vorgezogen, und Puristen halten ihn nach wie vor für die »einzige echte Angorafarbe«.

Die Angora ist in der Türkei seit dem 15. Jahrhundert als eigene Rasse bekannt und war die erste Langhaarkatze, die nach Westeuropa kam. Türkische Sultane sandten sie im 16. Jahrhundert als Geschenke an die Höfe in England und Frankreich. Um die gleiche Zeit brachte auch der französische Naturforscher Nicholas Claude Fabri de Pereise einige dieser Katzen als Neuheit aus der Türkei mit nach Frankreich. Im 17. und vor allem gegen Ende des 18. Jahrhunderts gesellte sich die Perser hinzu, deren Fell sogar noch länger ist und die dann im 19. Jahrhundert die elegante Angora verdrängte, so daß diese im Westen fast ganz von der Bildfläche verschwand.

In den sechziger Jahren unseres Jahrhunderts versuchten britische Züchter, die Angora aus orientalischen Langhaarkatzen wieder herauszuzüchten. Die Tiere hatten zwar bald das weiche Fell und den buschigen Schwanz der Angora, die typische Kopfform jedoch war nicht zu erreichen. Der charakteristische keilförmige Kopf der Orientalen widerstand allen Züchtungsversuchen und blieb das

Unterscheidungsmerkmal zwischen diesen neuen Angorakatzen und dem Original. Außerdem schlug bei dieser Neuzüchtung die lautere Stimme der orientalischen Vorfahren durch.

Glücklicherweise war die ursprüngliche Rasse nicht ganz ausgestorben. Noch gab es einige reinrassige Tiere in der Gegend von Ankara. Und nun setzte sich der dortige Zoo dafür ein, die echte Angora dem Untergang zu entreißen. Der Zoo nahm einige Exemplare auf und startete mit ihnen ein Zuchtprogramm, bei dem nur weiße Katzen mit blauen, bernsteinfarbenen oder zweifarbigen Augen zugelassen waren. Einige der Nachkommen dieser Zuchtkatzen wurden auch ausgeführt; daher konnten in den sechziger Jahren zwei nicht miteinander verwandte Katzenpaare Nordamerika erreichen, wo sie den Grundstock zu einer neuen Zucht bildeten. Die Nachkommen dieser Katzen werden heute als Türkisch Angora bezeichnet, um sie von den durch genetische Rekombination entstandenen britischen Angorakatzen zu unterscheiden.

Die Wiedergeburt der Türkisch Angora in den sechziger Jahren ist vor allem den Bemühungen von Walter und Leisa Grant zu verdanken. Sie besuchten 1962 Ankara und erwarben mit Erlaubnis des Stadtkommandanten vom dortigen Zoo ein Zuchtpärchen. Der weiße Kater Yildiz (»Stern«) hatte zwei unterschiedlich gefärbte Augen, die ebenfalls weiße Katze Yildizcik (»Sternchen«) hatte bernsteinfarbene Augen. 1966 brachten die Grants ein weiteres weißes Pärchen, Yaman und Marvis, in ihren Besitz; dieses Mal hatte der Kater bernsteinfarbene und die Katze zweifarbige Augen. Mit diesen vier Tieren begann die Wiedereinführung der alten Türkisch Angora, die 1970 in Amerika als eigene Ausstellungsklasse zugelassen wurde. In den siebziger Jahren kamen dann weitere Katzen aus dem Zoologischen Garten von Ankara, diesmal nach Großbritannien und Schweden. Seitdem ist die Rasse wieder in vielen Teilen Europas zu Hause.

Temperament: Die Türkisch Angora gilt als artig, freundlich, zugänglich, anspruchsvoll, sanft, ruhig, angenehm, zutraulich, aufmerksam, anhänglich und intelligent; sie ist manchmal scheu und zurückhaltend, dann wieder extravertiert und gesellig. Sie bewegt sich anmutig, wenn auch selten, und ist die ideale Stubenkatze.

Eine der ältesten Beschreibungen der Rasse stammt aus dem Jahr 1834 von William Jardine: »Angorakatzen werden hierzulande häufig als Salonkätzchen gehalten. Sie gelten als sanfter und freundlicher als gewöhnliche Katzen [...] Wir haben nicht viel über ihre Nützlichkeit gehört.« Charles Ross lieferte 1868 eine andere frühe Beschreibung des Charakters dieser Rassekatze: »Die Angora ist eine wunderschöne Rasse mit silbrigem Haar von seidener Textur [...] Sie alle sind wunderbare Geschöpfe mit freundlichem Wesen. In Paris sah Mr. Wood eine Katze, die zwei Teller Mandelplätzchen in einem Rutsch aufaß. Diese Katzen haben einen sonderbaren Geschmack. Ich kannte einen Kater, der fühlte sich zu Gin und Wasser hingezogen und hatte eine ausgesprochene Vorliebe für Curry. Er aß auch Erbsen, Grünzeug und (in Maßen) Saubohnen.«

Farbschläge: Ursprünglich war die Türkisch Angora weiß mit blauen, bernsteinfarbenen oder zweifarbigen Augen. Heute sind viele andere Farbschläge anerkannt, so die Farben Weiß, Schwarz, Blau, Creme, Rot, Schwarz Smoke, Blau Smoke, mit Tabbyzeichnung gestromt und getigert sowie in Schildplatt und als Bicolour.

Puristen bestehen bei der Angora auf einem reinweißen Fell. Aber schon in früherer Zeit gab es in der Türkei mehrere Farbschläge, darunter auch Rot Tabby *(sarmen)*.

14

MAINE COON

Die Maine Coon, die erste echt amerikanische Rasse, ist eine große, robuste Katze, die Kälte nicht scheut – ähnlich der Norwegischen und der Sibirischen Waldkatze in der Alten Welt. Der Name Maine Coon ist alt und wurde schon 1903 von Frances Simpson gebraucht. Die Katze wurde auch als Amerikanische Coon, als Maine- oder Maine-Trick-Katze, als Amerikanisch Langhaar, Amerikanische Waldkatze, American Shag und American Snughead bezeichnet. Der »freundliche Riese mit dem Gesicht eines Luchses«, wie sie einst beschrieben wurde, ist ein großartiger Jäger, der obendrein auch noch schön ist.

Erscheinungsbild: Die Maine Coon gehört zu den Schwergewichtlern unter den Rassekatzen und kann bis zu 14 Kilogramm auf die Waage bringen. Der Körper ist langgestreckt, der Kopf verhältnismäßig klein. Die Maine Coon ist sehr muskulös und hat starke Knochen. Das dichte Haar ist lang, schwer und seidig und bildet eine Halskrause und ein Lätzchen; der lange Schwanz ist buschig mit prächtig langem, wehendem Haar.

Geschichte: Wie bei vielen alten Katzenrassen gibt es auch hier eine ganze Reihe von Geschichten und Legenden, die die Herkunft der Maine Coon erklären sollen:

1. Sie ist eine Kreuzung aus Hauskatze (oder Wildkatze) und Waschbär. Das ist zwar zoologisch unmöglich, doch könnte die Maine Coon dieser Legende den Namen verdanken, denn der Gemeine Waschbär heißt englisch *raccoon*. Die Vorstellung rührt vermutlich daher, daß die Katzen ursprünglich Tabbys mit geringelten Schwänzen waren und es liebten, auf Bäumen herumzuklettern. Das machte sie den Waschbären ähnlich und nährte die Spekulationen über ihre unwahrscheinliche Abstammung.
2. Es handelt sich um eine Kreuzung aus Hauskatze und Polarluchs. Diese Vorstellung ist ebenfalls absurd, wurde aber von einigen Autoren ernsthaft in Erwägung gezogen. Zwar trifft es zu, daß es in der Vergangenheit bei den Katzenartigen Hybridisierungen gegeben hat. Doch nichts am Köperbau oder im Verhalten der Maine Coon verweist auf nichtdomestizierte Vorfahren.

EINE BRAUNGETIGERTE MAINE COON mit Weiß.
Die außergewöhnlich zähe und kräftige nordamerikanische Langhaarrasse ist witterungsunempfindlich und erfreut sich wachsender Beliebtheit.

3. Sie stammt von sechs Angorakatzen ab, die der französischen Königin Marie Antoinette gehört haben. Ein Kapitän namens Samuel Clough von Wiscasset, Maine, soll die Tiere zusammen mit anderer wertvoller Habe der Königin an Bord seines Schiffes *The Sally* nach Maine gebracht haben. Da Marie Antoinette beabsichtigte, den Wirren der Französischen Revolution zu entfliehen, hatte sie ihre wertvollsten Besitztümer vorausgeschickt, unter anderem Möbel, Kleider, Tapeten, Porzellan, Silbergeschirr, Schmuck und eben auch ihre sechs geliebten Langhaarkatzen. Doch bevor die Königin selbst das Land verlassen konnte, wurde sie inhaftiert und später enthauptet. Ihre Katzen entwischten in Maine in die Freiheit oder wurden ausgesetzt und schlugen sich in Neuengland durch. Die anderen Besitztümer der Königin wurden verkauft, und es heißt, daß noch heute einige ihrer Möbel in Wiscasset zu sehen seien. So unbewiesen diese Geschichte auch ist, so spricht für sie zumindest die Tatsache, daß eine Kreuzung aus Angora und einheimischen Tabbys dem Erscheinungsbild der Maine Coon wohl nahekommen würde.
4. Sie stammt von Norwegischen Waldkatzen (Skogkatts) ab, die Marie Antoinette während der Französischen Revolution nach Amerika vorausgeschickt hatte, da sie hoffte, sie könne in die Neue Welt entkommen. Die These, die französische Königin

EINE MAINE COON in Schildpatt Silber Smoke mit Weiß. Diese Rasse darf sich als einzige eines eigenen farbigen Hochglanzmagazins rühmen, des *Maine Coon International.*

habe Norwegische Waldkatzen besessen, wird damit begründet, daß ihr größter Bewunderer am französischen Hof der schwedische Diplomat Graf Axel von Fersten war, der ihr die skandinavischen Katzen als exotisches Geschenk überreicht haben soll. Leider fehlt auch für diese Geschichte jeder Beweis.

5. Sie stammt von Angorakatzen ab, die Marie Antoinette dem Marquis de La Fayette geschenkt hat, als dieser in den Nordamerikanischen Unabhängigkeitskrieg zog.

6. Sie stammt von Perser- und Angorakatzen ab, die ein englischer Kapitän mit Namen Coon nach Neuengland brachte. Mit seinem Handelsschiff und in Begleitung seiner »Katzenarmee« soll er angeblich regelmäßig die Häfen an der Küste angelaufen haben. Wenn er an Land ging, sind ihm immer einige Katzen gefolgt und haben sich mit einheimischen Katzen eingelassen. Auf diese Weise entstand die Langhaarkatzenrasse von Nordamerika, die dann nach dem Kapitän benannt wurde. (In einigen anderen Versionen der Geschichte ist Kapitän Coon ein Chinese.)

7. Sie stammt von Norwegischen Waldkatzen ab, die als Schiffskatzen bereits mit den Wikingern nach Nordamerika gekommen sind. Die Wikinger sollen nämlich schon 500 Jahre vor Kolumbus nach Nordamerika gesegelt sein. (Manche behaupten sogar, Kolumbus habe die Neue Welt nur entdecken können, weil er einige alte Karten der Wikinger von Nordamerika zu Gesicht bekommen hätte.) Gestützt wird diese These durch die auffällige Ähnlichkeit von Norwegischer Waldkatze und Maine Coon. Eine Ausstellungsrichterin, die beide Arten in Berlin sah, erklärte, daß ihrer Meinung nach beide zur selben Rasse gehören. (Man könnte jedoch auch argumentieren, daß ihr ähnliches Aussehen auf die gleichen klimatischen Bedingungen zurückzuführen sei – beide Rassen sind gleichermaßen an die Kälte angepaßt.)

8. Sie stammt von russischen Steppenkatzen (Russisch Langhaar) ab, die von Matrosen an Bord von Handelsschiffen nach Maine gebracht wurden.

9. Sie stammt von einer französischen Katzenrasse in den Pyrenäen ab, die der Maine Coon sehr ähnlich sieht. Frühe französische Forschungsreisende sollen die langhaarigen Katzen mit in die Neue Welt gebracht haben, um die wertvollen Mäuse- und Rattenjäger als Tauschobjekte im Handel mit den Indianern anzubieten. (Die nordamerikanischen Indianer kannten vor der Ankunft der Europäer keine domestizierten Katzen.)

10. Es handelt sich um eine Kreuzung aus einheimischen Hauskatzen, die in den Wäldern Neuenglands verwildert sind, und Angorakatzen, die Matrosen nach Neuengland mitgebracht hatten und die dort entkommen waren. Damals brachten Matrosen gerne ungewöhnliche Dinge aus fernen Ländern mit, um sie in ihren Heimathäfen zu verkaufen. Und Angorakatzen konnten seit dem 17. Jahrhundert auf Fahrten in die Türkei erworben werden.

11. Vorfahren der Maine Coon waren Angorakatzen, die britische Matrosen in den fünfziger Jahren des 19. Jahrhunderts als Schiffskatzen mitgeführt hatten. Einige entkamen von den Schiffen und haben sich mit den einheimischen Katzen vermischt. Die Schwäche dieser Geschichte liegt darin, daß man als Schiffskatzen wohl eher die zähen Britisch Kurzhaar verwendet hätte als die sehr teuren Langhaarimporte aus der Türkei.

12. Sie sind Nachkommen einheimischer Hauskatzen, die verwildert sind. In den kalten Wäldern haben sie allmählich einen schwereren Körper und ein dichteres Fell als Schutz vor der Kälte entwickelt.

Von allen Erklärungen ist die letzte die einfachste und wohl wahrscheinlichste. Dennoch kann es durchaus sein, daß gelegentlich Langhaarkatzen aus dem Ausland auf dem einen oder anderen der angeführten Wege nach Amerika gekommen sind und sich mit den einheimischen Katzen gekreuzt haben.

Die Maine Coon hat die besondere Ehre, als erste Rasse bei Wettbewerben ausgestellt worden zu sein. Die erste offizielle Katzenausstellung fand 1871 in London, die erste amerikanische Ausstellung nach allgemeiner Auffassung aber erst 1895 in New York statt. Doch bereits vorher gab es regelmäßige Maine-Coon-Ausstellungen. Seit den frühen sechziger Jahren des 19. Jahrhunderts veranstalteten Farmer in Neuengland auf dem Jahrmarkt von Skowhegan eine jährliche Katzenausstellung, zu der von überall her Maine Coon gebracht wurden, die um den Titel »Maine State Champion Coon Cat« wetteiferten.

Als das Zeitalter der großen Katzenausstellungen Ende des 19. Jahrhunderts begann, konnte die Maine Coon bereits auf mehr als 30 Jahre Erfolg zurückblicken. Entsprechend war sie sehr bekannt und beliebt. Doch das sollte sich ändern. Als die Katzenausstellungen immer größeren Zulauf erhielten, tauchten die ersten exotischen Perser und Siam auf und beherrschten – wie in Europa, so auch in der Neuen Welt – bald die Szene. Die Maine Coon geriet ins Hintertreffen und trat immer seltener auf den Ausstellungen auf.

Der Grund dafür lag darin, daß sie so bekannt war. Oder wie es ein Liebhaber dieser Rasse vom Anfang unseres Jahrhunderts ausdrückte: »Die Leute von Maine kennen sie nun schon so lange, daß es schwierig ist, sie für [diese Katze] zu begeistern.« Die Farmer waren sicher weiterhin stolz auf die großartige Jägerin, aber die neuen Katzenausstellungen waren eher eine Angelegenheit der Städter. Und die jüngst aus Übersee eingetroffenen Rassen waren seltene Neuheiten, die den modischen Geschmack eines weltläufigen Publikums, das nun zu den großen Ausstellungen strömte, besser trafen.

Auf Interesse stieß die Rasse aus Neuengland erst wieder in den fünfziger Jahren unseres Jahrhunderts. 1953 wurde ein Maine Coon Cat Club gegründet, und seitdem erlebte die Rasse ein glanzvolles Comeback. In den achtziger Jahren wurde sie auch im Ausland bekannt. 1983/84 kam die Rasse nach Großbritannien (die erste Maine Coon in Europa war jedoch eine schwangere Katze, die 1953/54 nach Österreich geschickt worden war).

Temperament: Die Maine Coon gilt allgemein als widerstandsfähig, robust, würdevoll, zurückhaltend, liebenswürdig, freundlich, elegant, treu, zuverlässig, selbstbewußt, zugänglich, beständig, zutraulich, verspielt, intelligent, einfallsreich, scheu, ausgeglichen, leise, lebhaft und gesund.

Farbschläge: Ursprünglich war die Katze ein Tabby. Heute sind fast alle Farben, Farbkombinationen und Muster zugelassen, mit Ausnahme von Colourpoint sowie Chocolate, Zimt, Lavendel und Beige. Besonders geschätzt werden Tabby und Tabby mit Weiß.

15
Abessinier

Typisch für das Fell der Abessinier ist das Ticking: Jedes Haar hat mehrere dunkle Bänder. 1903 schrieb Frances Simpson: »Die Abessinier sollte eine Art rötliches Beige tragen, jedes einzelne Haar ›getickt‹ wie das eines Wildkaninchens – daher der volkstümliche Name ›bunny cat‹ (Kaninchenkatze).« In Frankreich heißt sie *Abyssin,* im Englischen *Abyssinian Cat.*

Erscheinungsbild: Die Abessinier ist eine mittelgroße, muskulöse, aber dennoch schlanke Kurzhaarkatze mit dem charakteristischen Ticking des Fells: Jedes orangebraune Haar trägt mehrere dunkle Bänder, wobei die Bänder zur Haarspitze hin immer dunkler werden. Der Kopf ist leicht keilförmig mit großen Ohren und mandelförmigen Augen, das Fell weich und dicht. Der Schwanz läuft in einer Spitze aus. Jüngst wurde eine Langhaarvariante der Abessinier gezüchtet, die Somali.

Geschichte: Wahrscheinlich verdanken wir die Existenz der modernen Rasse der Abessinier einem bizarren historischen Ereignis. In den sechziger Jahren des 19. Jahrhunderts schrieb der Kaiser von Abessinien, dem heutigen Äthiopien, einen Brief an Queen Victoria von Großbritannien, in dem er unter anderem um ihre Hand anhielt. Natürlich erfolgte keine Antwort. Darüber war der Kaiser so erzürnt, daß er eine ganze Reihe Europäer, unter ihnen den britischen Konsul, unter Arrest stellen ließ.

Die britische Regierung reagierte ziemlich unangemessen und schickte 32000 Soldaten, um die Freilassung der Europäer zu erzwingen. Daraufhin geriet der Kaiser in Panik und erschoß sich ausgerechnet mit der Pistole, die ihm einst Queen Victoria geschenkt hatte.

Die britischen Truppen, die nun nicht mehr kämpfen mußten, machten einem Stammesführer Geschenke und zogen wieder ab. Auf ihrem Rückweg erhielten einige Soldaten von der nunmehr freundlich gesinnten Bevölkerung kleine Kätzchen, die sie mit nach Hause nahmen.

Gordon Stables schrieb 1874, daß die erste bekannte Abessinierkatze den Namen »Zula« (nicht »Zulu«, wie es manchmal heißt) getragen habe und 1868 von der Frau des Captain Barrett-Lennard nach England gebracht worden sei. Diese Zeitangabe stimmt mit dem Ende der britisch-abessinischen Konfrontation über-

DIE ABESSINIER ist bekannt für das Ticking ihres Fells. Vielleicht verdankt sie ihre Existenz als Rassekatze einem sonderbaren Vorfall, in den Queen Victoria und eine Pistole verwickelt waren.

ein. Wahrscheinlich hat sie das Tier von einem der Soldaten erhalten. Gestützt wird diese These durch den Umstand, daß Zula der Name eines nordäthiopischen Hafens ist, in dem das britische Militär 1867 einen ersten Stützpunkt errichtete.

Wegen der geographischen Nähe zu Ägypten wurden schon früh Vermutungen laut, daß die Abessinier von den heiligen Katzen Altägyptens abstamme. Zwar stimmen die Körperproportionen der Abessinier mit denen der kleinen Bronzestatuetten der Katzengöttin Bastet überein, doch gibt es keine stichhaltigen Beweise für diese Theorie.

Weniger romantisch ist die Vorstellung, die Abessinierkatze sei »eher an der Themse als am Nil zu Hause«: Sie sei Ende des 19. Jahrhunderts bewußt gezüchtet worden, indem man wiederholt Britisch Kurzhaar mit geticktem Fell zusammengebracht habe.

Wahrscheinlich liegt die Wahrheit in der Mitte. Es könnte durchaus sein, daß nach dem kurzen »Krieg« mit Abessinien einige ungewöhnliche Katzen mit Ticking, die mit den Katzen des nahen Ägypten verwandt waren, nach England gebracht wurden, wo sie wahrscheinlich mit sorgfältig ausgewählten Britisch Kurzhaarkatzen verpaart wurden, um eine neue Rasse mit Ticking zu züchten.

Die Abessinier soll bereits 1882 als eigene Rasse registriert worden sein, obwohl einige Fachleute heftigen Einspruch dagegen erhoben. 1889 veröffentlichte Harrison Weir ihren Standard. 1896 wurden die ersten Abessinier namentlich im Zuchtbuch des britischen National Cat Club aufgeführt. 1907 kamen die ersten Tiere in die USA.

1929 hat Major E. S. Woodiwiss in England den Abyssinian Cat Club gegründet. Nach einer Unterbrechung im Zweiten Weltkrieg nahm dieser 1947 seine Tätigkeit wieder auf. Nur ein knappes Dutzend reinrassiger Abessinierkatzen hatten die Notzeiten und Zerstörungen der Kriegsjahre überlebt. Doch bald wurde die Zucht wiederaufgenommen. 1989 konnte der Verein mit einer Jubiläumsausstellung sein sechzigjähriges Bestehen feiern.

Temperament: Die Abessinier gilt als intelligent, zutraulich, sanft, anmutig, anschmiegsam, energisch, umgänglich, freundlich, unerschrocken, ruhig, lebhaft, verspielt, aufmerksam und flink. Sie schätzt Licht und Wärme der Sonne. Ihre Bewegungen sind geschmeidig wie die eines Panthers. Sie verlangt nach Freizügigkeit und lehnt räumliche Beschränkungen ab.

Ein Kritiker meinte, die Katze sei schwer zu halten, sie sei undiszipliniert, introvertiert, scheu und vorsichtig. Ein bekannter Katzenrichter dagegen erklärte: »Die ruhige, anspruchslose Abessinier verbindet alle Vorteile und hat keinen der Mängel ihrer Verwandten, vor denen weithin gewarnt wird.«

Farbschläge: Der ursprüngliche Farbschlag wird als »wildfarben« (ruddy) beschrieben. Das war bis 1963 die einzig zugelassene Farbe. Dann folgten Sorrel (Rotbraun) und Rot (nur in den USA). Blau wurde erst 1984 zum Wettbewerb zugelassen. Bis heute kamen als weitere Farben hinzu: Beige, Schildpatt (nur in den USA) und Silber (mit Ticking in allen übrigen Farben).

16

Britisch Kurzhaar

Vorfahren der heutigen Rassekatze waren die englischen Straßenkatzen, deren Ahnen zwischen dem 1. und dem 4. Jahrhundert n. Chr. mit den Römern ins Land gekommen waren. Auf Initiative des englischen Malers und Schriftstellers Harrison Weir wurden diese Straßenkatzen gleichsam geadelt und zu Rassekatzen erhoben, indem man einen Standard festlegte, um sie von den Hauskatzen ohne Stammbaum zu unterscheiden.

Erscheinungsbild: Die Britisch Kurzhaar ist kräftig und muskulös. Sie hat einen massigen, runden Kopf, der auf einem kurzen, kräftigen Hals sitzt. Die Beine sind kurz und stämmig, der Schwanz ist kurz und dick. Das Fell ist dick, sehr kurz und dicht. Die Britisch Kurzhaar wirkt gedrungener und schwerer als die normale Hauskatze.

Geschichte: Wann genau die ersten domestizierten Katzen nach England kamen, ist schwer zu sagen. In römischer Zeit gab es hier auch zahlreiche Wildkatzen, und den Knochenfunden, die aus dieser Epoche stammen, sieht man nicht unbedingt an, ob sie von einem wildlebenden oder einem domestizierten Tier stammen. Es gibt auf den Fundamentziegeln eines römischen Tempels aus dem 3. Jahrhundert in Chelmsford einige Abdrücke von Katzenpfoten, die aller Wahrscheinlichkeit nach nicht von einer Wildkatze stammen, aber ganz sicher weiß man das nicht.

Das älteste bekannte und unumstrittene Exemplar einer Hauskatze wurde bei Ausgrabungen in Lullingstone in Kent entdeckt. Im Keller eines Hauses aus der zweiten Hälfte 4. Jahrhunderts fand man das Skelett einer Katze, die im Feuer umgekommen war. Nach den Knochen und den Zähnen zu urteilen, war es ein domestiziertes Tier und keine Wildkatze, die in Gefangenschaft geraten war.

In den folgenden 1600 Jahren konnten die Hauskatzen als Mäusevertilger überleben, obwohl man sie immer wieder systematisch verfolgte und quälte, da viele fromme Christen sie für Werkzeuge des Teufels hielten. In Viktorianischer Zeit schließlich erhob man sie zu reizenden Hausgenossen.

Gegenüber: Eine Britisch Kurzhaar Rot Tabby. Die stämmige, muskulöse Rassekatze mit breitem Kopf wurde aus der Straßenkatze gezüchtet.

In der Zeit der ersten Katzenausstellungen ab 1871 begann man, durch Auswahl und Kreuzung der besten englischen Straßenkatzen die Rassekatze zu züchten. Anfangs überwog auf den Ausstellungen die Zahl der Kurzhaarkatzen die der exotischen und noch nicht allzu bekannten langhaarigen Exemplare – das Verhältnis betrug etwa zehn zu eins. Das änderte sich jedoch bis 1896: Jetzt hatten die Langhaarrassen die Gunst des Publikums erobert und zogen alle Aufmerksamkeit auf sich.

Um die Jahrhundertwende, so wird berichtet, bildeten die Kurzhaarkatzen nur noch eine »sehr kleine Minderheit«. So beliebt waren die Langhaarkatzen, daß kurze Zeit sogar die Gefahr bestand, die Kurzhaarigen könnten ganz verdrängt werden.

Doch dann fanden sie hingebungsvolle Förderer. 1901 wurde die Short-haired Cat Society gegründet, und seitdem sind die Britisch Kurzhaar von den Ausstellungswettbewerben nicht mehr wegzudenken.

Auf dem europäischen Kontinent machte man zunächst keinen Unterschied zwischen Britisch und Europäisch Kurzhaar. Da die Briten die ersten waren, die die kurzhaarigen Rassekatzen züchteten, hatten sie Vorrang vor den Kontinentaleuropäern, zumal viele der ersten Europäisch Kurzhaar mit Stammbaum genaugenommen importierte Britisch Kurzhaar waren. Doch dann begann man auch auf dem Kontinent, eine eigene Kurzhaarrasse zu züchten, und seit 1980 unterscheidet man zwischen Britisch und Europäisch Kurzhaar. Seitdem haben sich die beiden Rassen zwangsläufig auseinanderentwickelt.

Heute besteht der Hauptunterschied darin, daß die Britisch Kurzhaar gedrungener und kräftiger sind als die Europäisch Kurzhaar und daß sie einen schwereren und breiteren Kopf haben.

Die blaugraue Britisch Kurzhaar ist im Englischen als British Blue bekannt. Weil es der beliebteste Farbschlag war, wollten ihn einige in der Vergangenheit zu einer eigenen Rasse erklären.

1955 schrieb Rose Tenent: »Die British Blue wurde die ›Aristokratin‹ unter den Kurzhaarkatzen genannt.« Dann fährt sie fort: »In den USA heißt sie Malteser und erfreut sich dort seit einiger Zeit als Hauskatze großer Beliebtheit. Auch auf dem [europäischen] Kontinent wird sie immer beliebter; dort hat sie den Namen Kartäuser.«

Das ist ziemlich verwirrend. Denn in der Vergangenheit wurde Russisch Blau ebenfalls Malteser genannt. Darüber hinaus besteht Uneinigkeit über die Beziehung zwischen Britisch Kurzhaar und Kartäuser. Einige Fachleute halten sie für ein und dieselbe Rasse, andere sehen in ihnen zwei verschiedene Rassen. Die Britisch Kurzhaar Blau gilt als die Kurzhaarkatze mit dem plüschigsten Fell. In jüngerer Zeit hat sich die bevorzugte Farbe leicht verändert: Das urspünglich dunkle Schiefergrau ist heller geworden.

Temperament: Die Britisch Kurzhaar gilt als robust, gutmütig, ruhig, freundlich, anhänglich, intelligent, zurückhaltend, nüchtern, schwerfällig, liebenswürdig, unauffällig, ruhig, würdevoll, unabhängig und zärtlich. Sie ist eine ausgezeichnete Jägerin und verträgt sich problemlos mit anderen Katzen, wobei sie es allerdings durchaus versteht, ihren Willen durchzusetzen.

Britisch Kurzhaar Blau ist der beliebteste Farbschlag der Rasse.
Sie wurde die »Aristokratin unter den Kurzhaarkatzen« genannt und ähnelt der Kartäuser.

Farbschläge: Seit langem ist die Britisch Kurzhaar Blau die beliebteste Kurzhaarkatze. Auch Schwarz gehört zu den ältesten Varietäten. Heute sind alle Farbschläge zugelassen, wobei Weiß sich inzwischen ebenfalls großer Beliebtheit erfreut. Auch zweifarbige Katzen stehen hoch im Kurs.

17

Mexikanische Nacktkatze

Diese Rasse existierte um die Jahrhundertwende, ist inzwischen aber offensichtlich ausgestorben.

Erscheinungsbild: Ähnlich der modernen Sphinx hatte die Mexikanische Nacktkatze einen langgestreckten Körper, einen langen Schwanz, einen keilförmigen Kopf und große Ohren. Von der Sphinx unterschied sie sich jedoch in zweierlei Hinsicht: Im Winter hatte sie etwas Haar am Rücken und am Schwanz, das sie im Sommer wieder verlor, und sie hatte lange Schnurrhaare.

Geschichte: 1902 erhielt ein amerikanisches Ehepaar, Mr. und Mrs. F. J. Shinick, die in Albuquerque, New Mexico, wohnten, von einheimischen Pueblo-Indianern ein Paar haarlose Katzen als Geschenk. Von einem Jesuitenpater erfuhren sie, daß es sich um die letzten überlebenden Tiere einer alten Katzenrasse der Azteken handele. Der Kater wurde Dick genannt, die Katze Nellie. Mrs. Shinick berichtete, daß »Nellie einen sehr kleinen Kopf, große bernsteinfarbene Augen und lange Schnurrhaare und Augenbrauen hatte [...] Dick war sehr kräftig und konnte ganz allein einen Hund vertreiben. Ohne Zweifel war sein Mut an seinem Tod schuld [...], denn als er eines Nachts draußen war, haben ihn mehrere Hunde getötet.« Das geschah, bevor Dick geschlechtsreif geworden war, so daß es keine Nachkommen gab, die Rasse also nicht weitergezüchtet werden konnte. Mrs. Shinick suchte in ganz New Mexiko nach einem haarlosen Kater für Nellie, doch ohne Erfolg. Traurig mußte sie zugeben: »Ich fürchte, die Rasse ist ausgestorben.«

Unklar ist, warum sie nicht auf die Idee kam, Nellie mit einem normalen Kater zu verpaaren und sie dann zurückzukreuzen, um die Abstammungslinie zu erhalten. Ebenso ist nicht ganz klar, was sie mit Nellie gemacht hat. Vielleicht hat sie sie an eine englische Katzenfreundin verkauft, denn 1903 zeigt ein Buch von Charles Lane eine Mexikanische Nacktkatze mit Namen Jesuit. Die Bildunterschrift dazu lautet: »Wahrscheinlich das einzige Exemplar, das jemals in England gezeigt wurde. Besitzerin ist Hon. Mrs. McLaren Morrison.« Charles Lane meinte, damit sei bewiesen, »daß [die Rasse] noch nicht ganz ausgestorben ist«. Vermutlich war Jesuit niemand anders als Nellie, die mit einigem Aufwand nach England gebracht worden war, damit sie auf größeren Katzenausstellungen Aufsehen errege. Für diese

Die Mexikanischen Nacktkatzen Dick und Nellie, fotografiert um die Jahrhundertwende. Dick wurde von einer Hundemeute zerrissen, bevor er mit Nellie eine neue Dynastie der haarlosen Katzen begründen konnte.

Vermutung spricht eine Bemerkung von Mrs. Shinick in einem Brief an einen englischen Katzenaussteller aus dem Jahr 1902: »Ich habe Nellie auf 300 Dollar taxiert. Sie ist zu wertvoll, um als Haustier in einer kleinen Stadt gehalten zu werden. Viele vermögende Damen würden sie in Gold aufwiegen, wenn sie wüßten, was für ein seltenes Exemplar sie ist. Ich glaube, in Ihrer Stellung wäre sie eine gute Geldanlage, wenn Sie sie auf Katzenausstellungen und bei anderen Gelegenheiten vorführen würden. Ohne Zweifel ist sie die einzige bekannte haarlose Katze.«

Wenn Nellie tatsächlich den Atlantik überquert hat und zu Jesuit geworden ist, dann hat sie ein größeres Publikum mit der Mexikanischen Nacktkatze bekannt gemacht. Es ist nicht überliefert, ob sie jemals zur Zucht herangezogen wurde; vielmehr scheint die Rasse mit ihr ausgestorben zu sein.

Einige Autoren bezeichnen diese Rasse als »Neue« Mexikanische Nacktkatze, da Naturforscher, die Lateinamerika bereisten, bereits 1830 haarlose Katzen beschrieben haben. Nackte Mutanten sind auch in anderen Weltgegenden aufgetaucht, jedoch bald wieder verschwunden. Nur die moderne Sphinx (siehe dort) gilt heute als Nacktkatzenrasse.

18

COLOURPOINT-PERSER

Die Perserkatze mit den typischen Siamabzeichen wurde in Deutschland früher als Khmerkatze bezeichnet. In den USA nennt man sie *Himalayan,* und in Großbritannien lautet ihr offizieller Name *Colourpoint Longhair.*

Erscheinungsbild: Die Colourpoint-Perser hat die Gestalt einer Perserkatze: stupsnasig, mit abgeflachtem Gesicht, breitem Kopf und kurzem und stämmigem Körper. Sie hat auch das üppige, lange Fell der Perser. Was sie jedoch von der Perser unterscheidet, sind die Siamabzeichen (Colourpoints).

Geschichte: In den zwanziger und dreißiger Jahren wollten Züchter in mehreren Ländern unbedingt eine Katze mit dem typischen Körper der Perser, aber mit Siamabzeichen züchten. Man dachte, man könne von der Siam allein das Fellmuster übernehmen und sonst nichts. 1924 kreuzte man in Amerika eine weiße Perser mit einer Siam und bezeichnete das Ergebnis als »Malayan Persian« (Malaiische Perser). Aus unbekannten Gründen verschwand diese Linie bald wieder. Zur gleichen Zeit versuchte Dr. T. Tjebbes in Schweden, mit Perser und Siam eine Colourpoint-Perser zu züchten. Und 1930 begannen mit dem gleichen Ziel in den USA Dr. Clyde Keeler und Virginia Cobb ein Zuchtprogramm, das sechs Jahre später von Erfolg gekrönt war: 1936 wurde das erste echte Colourpoint-Perserkätzchen geboren. Es erhielt den passenden Namen Debutante.

Nach dem Zweiten Weltkrieg setzte Marguerita Goforth aus San Diego die Arbeit gewissenhaft fort. In den folgenden Jahren wurden große Verbesserungen erreicht, und schließlich wurde die Rasse 1957 in den USA offiziell anerkannt.

In Großbritannien war es Brian Stirling-Webb, der in Richmond/Surrey erfolgreich Colourpoint-Perser erzüchtete. Sie erhielten zwar den einfallslosen Namen »Colourpoint Longhair« (Colourpoint Langhaar), doch waren ihre Eigenschaften so beeindruckend, daß sie bereits 1955 – zwei Jahre eher als in den USA – anerkannt wurden.

Sogar heute noch verweigern einige Verbände diesen Katzen einen eigenen Rassenamen. Allerdings sollte man bedenken, daß die Colourpoint-Perser eben nicht nur Perser sind, sondern auch Erbmaterial von der Siam besitzen – selbst

Die Colourpoint-Perser verbindet die Schönheit der langhaarigen Perser mit den Abzeichen der kurzhaarigen Siam.

wenn es nur gering ist; allein diese Tatsache sollte ausreichen, sie als eigene Rasse anzuerkennen und ihnen einen eigenen Namen zuzugestehen.

Temperament: Die Colourpoint-Perser gilt als fügsam, sanft, intelligent, extravertiert, anhänglich, zutraulich und anspruchsvoll. Ihre Stimme ist etwas lauter als die der reinrassigen Perser, aber viel leiser als die der Siam. Da die Colourpoint-Perser verschiedene Stammeltern hat, wurden ihr sowohl Charakterzüge der Perser als auch der Siam vererbt. Dennoch steht sie in jedem Fall der Perser näher als der Siam. Ein Autor meinte dazu, daß Colourpoint-Perser »eine Heilkur für Leute sind, die das tyrannische, laute und heftige Wesen der Siam erduldet haben«. Andererseits sollen die Colourpoint-Perser unternehmungslustiger als reine Perser sein – vielleicht ein Erbteil der lebhaften Siamkatzen.

Farbschläge: Es sind alle Farben und Muster der Siam zugelassen.

19

KARAKULKATZE

Aus den dreißiger Jahren wird berichtet, daß bei Kurzhaarkatzen in den USA gelegentlich Mutationen aufgetreten sind, die zu einem gekräuselten Fell geführt haben. Diese Exemplare wurden Karakulkatzen genannt. Man hat sie jedoch weder genauer untersucht noch weitergezüchtet. Sie waren offenbar vereinzelte Vorläufer der Rexkatzen, die nach dem Zweiten Weltkrieg als eigene Rassen gezüchtet wurden.

20

Peke-face

Die Peke-face wurde in den USA gezüchtet. Ihren Namen (übersetzt: Pekinesengesicht) verdankt sie ihrem Aussehen, denn ihr Gesicht mit der flachgedrückten Nase erinnert an das eines Pekinesen. Während sie in Amerika immer noch

Die umstrittene Peke-face ist das Ergebnis jahrelanger Züchtung, bei der das Gesicht der Perser immer flacher wurde. Allerdings führt diese Eigenart häufig zu Atemschwierigkeiten.

genügend Befürworter hat, lehnen europäische Züchter diese Rasse ab, weil die extrem kurze Nase zu Atemproblemen führt.

Erscheinungsbild: Die Peke-face ist im Grunde eine Perser, deren Gesicht flacher als sonst ist. Nach dem Standard für diese Rasse soll die Nase kurz und flachgedrückt sein, so daß die Nasenlöcher fast zwischen den Augen sitzen. Anders als die Perser, bei der viele Farbschläge zugelassen sind, gibt es bei der Peke-face nur die Varietäten Rot und Rot Tabby.

Geschichte: Diese Variante der Perser Rot entstand spontan. Die ältesten Berichte stammen aus den dreißiger Jahren dieses Jahrhunderts. Bei amerikanischen und kanadischen Züchtern ist die Peke-face hoch geschätzt und hat auf Katzenausstellungen, wo sie als »Superperser« betrachtet wird, häufig Preise gewonnen.

Deformationen: Wegen ihres flachgedrückten Gesichts leiden die Katzen häufig an verstopften Tränenkanälen und haben daher tränende Augen. Eine weitere Folge der Gesichtsform ist ein extremer Unterbiß, so daß die Tiere Schwierigkeiten beim Fressen haben. Und ein dritter Punkt sind die Atemprobleme, die durch die verkleinerten Nasenhöhlen hervorgerufen werden und die im Alter zunehmen. Die Züchter bemühen sich zwar, diese Mängel zu beheben, was aber vielleicht nicht möglich ist, ohne das abgeflachte Gesicht aufzugeben – und gerade das ist das besondere Merkmal dieser Rasse.

Temperament: Die Peke-face gilt als ruhig, zutraulich, artig, freundlich und umgänglich. Es heißt, sie sei »die ideale Stubenkatze«.

21

Preussisch Rex

Diese Katze wurde Anfang der dreißiger Jahre in Ostpreußen entdeckt. Man weiß nicht viel über sie, außer daß sie, wie andere Rexkatzen auch, das Gen für gelocktes Haar hatte. Sie soll der Überlieferung nach einer Kreuzung aus Russisch Blau und Angora entstammen, einer Frau Schneider gehört und Munk geheißen haben. Sie ist das älteste bekannte Beispiel einer Rexkatze. Da sie nicht systematisch weitergezüchtet wurde, ist sie bald wieder verschwunden (siehe auch German Rex).

22

Balinese

Die Balinese ist die langhaarige Variante der Siam. Daher nannte man die Rasse anfangs auch Siam Langhaar, doch damit waren die Siamzüchter nicht einverstanden, so daß man einen neuen Namen suchen mußte. Die Bezeichnung Balinese wurde aus zwei Gründen gewählt: Erstens ist Bali nicht weit von Siam (Thailand) entfernt, und zweitens erinnern die anmutigen Bewegungen der Katzen an balinesische Tänzerinnen. In Australien nennt man diese Rasse auch *Oriental Longhair,* in Frankreich heißt sie *Balinais,* im Englischen *Balinese Cat.*

Erscheinungsbild: Die Balinese ist schlank und zierlich und wurde »das Mannequin der Katzenwelt« genannt. Mit ihrem langgestreckten, schlanken Körper, den leuchtendblauen Augen und den Colourpoints ähnelt sie der Siam; der einzige und entscheidende Unterschied ist das weiche, seidige, halblange Fell, das sich am Schwanz wie eine Feder spreizen sollte.

Geschichte: Es begann mit einem Zufall. Immer wieder kamen Siamkätzchen zur Welt, die ein längeres Fell hatten als üblich. Sie galten zunächst als unerwünschte Sonderfälle, die von der Zucht ausgeschlossen wurden, bis jemand in Kalifornien auf die Idee kam, die Ausnahme zur Regel zu machen und eine neue Rasse zu züchten. Marion Dorset soll sich bereits in den vierziger Jahren für diese Katzen interessiert haben und arbeitete dann Mitte der fünfziger Jahre einen Zuchtplan für die Langhaarkatzen aus. In den frühen sechziger Jahren beteiligte sich die New Yorker Züchterin Helen Smith an dem wagemutigen Unternehmen; von ihr stammt auch der Vorschlag, die neue Rasse Balinesen zu nennen. 1968 wurde der erste Balinesenclub in den USA gegründet und zwei Jahre später die neue Rasse vom amerikanischen Dachverband CFA anerkannt. In den siebziger Jahren kam die Rasse auch nach Europa, wo sie 1984 den Championstatus erhielt.

Es gibt zwei Theorien, wie das lange Haarkleid bei reinrassigen Siam auftauchen konnte. Die einen sehen darin eine spontane Mutation, andere betrachten es als eine Spätfolge der gelegentlichen Einkreuzung von Angorakatzen.

Hinweis: Nicht miteinander verwechseln sollte man Balinese und Colourpoint-Perser. Beide können grob als langhaarige Siam beschrieben werden. Dennoch sind sie ganz und gar verschieden.

EINE BALINESE LILAC POINT. Die Rasse wurde zunächst Siam Langhaar genannt, was Widerstand bei den Züchtern von Siamkatzen hervorrief, so daß man sie schließlich umbenannte.

Colourpoint-Perser sind modifizierte Perserkatzen mit Siamabzeichen, Balinesen dagegen sind modifizierte Siamkatzen mit langem Fell.

Temperament: Balinesen gelten als extravertiert und lebhaft, intelligent, ungeduldig, überschwenglich, kräftig, akrobatisch, ausdrucksvoll, prächtig, anmutig, anhänglich, freundlich, warmherzig, neugierig und zutraulich. Wie die Siam haben auch sie eine laute Stimme.

Farbschläge: In den USA sind nur Seal Point, Chocolate Point, Blue Point und Lilac Point zugelassen. Alle anderen Farbvarianten erhielten einen eigenen Rassenamen und heißen Javanesen (siehe dort). In Europa sind neben den bereits genannten Farbschlägen auch Cinnamon Point, Red Point und Cream Point zugelassen. Ferner können die Points auch als Tabby (in Basisfarben gestromt) oder als Schildpatt (Mischung von Rot oder Creme mit einer Basisfarbe) auftreten.

23

Ohio Rex

Diese amerikanische Rexkatze ist nach dem Bundesstaat benannt, wo sie 1953 erstmals auftauchte.

Geschichte: Die erste Ohio Rex, ein Katerchen namens Toni, war eine Mutante in einem ansonsten normalen Wurf einer gewöhnlichen Hauskatze, die einer Miss Mary Hedderman in Plainsville, Ohio, gehörte. Toni starb schon bald, doch seine Eltern bekamen noch drei weitere Rexkätzchen. Da man diese Tiere mit dem ungewöhnlichen Fell nicht gezielt weiterzüchtete, starb die Ohio Rex aus.

24

Australian Cat

Diese Katze soll eine Mutation der Siam gewesen sein. 1946 hieß es bereits, sie sei »sehr selten«. Die Australian Cat soll die Gestalt der Siam gehabt haben, aber eine andere Fellfarbe. Die Ohren sollen groß, die Nase lang gewesen sein, die Schnurrhaare waren nur kurz und fehlten manchmal ganz. Sonst weiß man kaum etwas über sie.

25

German Rex

Die German Rex wurde 1946 (andere nennen die Jahre 1947 und 1948, aber das frühere Datum ist wahrscheinlicher) in Ostberlin entdeckt. Ab 1951 nahmen sich Züchter ihrer an, nachdem im Jahr zuvor in Großbritannien die Cornish Rex aufgetaucht war.

Erscheinungsbild: Das Fell der German Rex ähnelt dem der Cornish Rex: Wie diese hat sie keine Leithaare, und die Grannen- und Wollhaare sind ungewöhnlich kurz. Im Gegensatz zur Cornish Rex sind bei der German Rex die Grannenhaare jedoch dicker als die Wollhaare, so daß das Fell plüschiger wirkt.

Geschichte: Kurz nach dem Ende des Zweiten Weltkrieges wurde das erste Exemplar dieser Rasse im Osten des zerstörten Berlin entdeckt. Es war eine verwilderte schwarze Katze, die in den Gärten der Hufeland-Klinik umherstreunte. Die Ärztin Dr. R. Scheuer-Karpin nahm sich ihrer an und nannte sie Lämmchen. Es stellte sich heraus, daß Lämmchen das gleiche Gen für gekräuseltes Fell hatte wie die Cornish Rex: 1. Rex. No. 33; die Devon Rex dagegen trägt 2. Rex. No. 33a.

Lämmchen hatte viele Würfe, doch gebar sie zunächst nur normale Junge. Erst als man sie mit einem ihrer Söhne paarte, brachte sie einen Wurf Rexkätzchen zur Welt. In den folgenden Jahren wurden weitere Tiere mit dem ungewöhnlichen Fell geboren. 1960 kamen zwei weibliche Rexkatzen, Marigold und Jet, als Zuchttiere in die USA, im Jahr darauf folgte ein schwarzer Kater, Christopher Columbus. Diese drei Katzen bildeten zusammen mit bereits eingeführten Cornish Rex die Grundlage für die amerikanische Rexkatzenzucht.

Viele Jahre lang (bis 1979) hat der amerikanische Dachverband CFA nur einen einzigen Typ der Rexkatze anerkannt, und zwar jenen, der aus Kreuzungen von German Rex mit Cornish Rex hervorgegangen ist. Die zweite Rasse, die Devon Rex, erhielt die Anerkennung zunächst nicht.

Da German Rex und Cornish Rex das gleiche Gen haben, also gewissermaßen zur selben Rasse gehören, war es nur eine Frage der Zeit, bis die eine Art die andere in den Schatten stellen würde. In den achtziger Jahren wurde die German Rex in Deutschland noch gezeigt; 1983 wurde sie sogar von der FIFe als eigene Rasse anerkannt, da sie sich von ihrer Körperform her von der Cornish Rex durchaus

Die German Rex wurde nach dem Zweiten Weltkrieg in den Ruinen Ostberlins entdeckt. Ihr Fell ähnelt dem der Cornish Rex, der Körperbau ist jedoch kräftiger.

unterschied und mehr der Europäisch Kurzhaar glich. Dennoch scheint ihr die Cornish Rex den Rang abgelaufen zu haben, denn auf Katzenausstellungen ist die German Rex kaum mehr zu sehen.

Es wird von einem noch früheren Exemplar der German Rex berichtet, das in den dreißiger Jahren in Ostpreußen gelebt hat (siehe Preußisch Rex).

26

Colourpoint Kurzhaar

So bezeichnet man in den USA eine Siam, die andere als die vier klassischen Abzeichenfarben Seal Point, Blue Point, Chocolate Point und Lilac Point trägt.

Erscheinungsbild: Die Colourpoint Kurzhaar hat den typischen schlanken und geschmeidigen Körper der Siam mit kurzem Fell, keilförmigem Kopf, großen Ohren und blauen Augen.

Geschichte: Viele Jahre lang haben Züchter daran gearbeitet, neue Abzeichenfarben für die Siam zu entwickeln. Puristen allerdings beharren auf dem ursprünglichen Farbschlag Seal Point (ein blaß beigefarbenes Fell mit sealbraunen Abzeichen an Maske, Ohren, Beinen und Schwanz) und lassen nur diesen Farbschlag als Siam gelten. Weniger extreme Traditionalisten lassen noch die Chocolate Point zu, andere zählen auch Blue Point und Lilac Point dazu. Doch alle anderen Farbschläge stoßen auf Mißbilligung, und die Tiere gelten nicht mehr im engeren Sinn als Siam; daher wurde für sie der Name Colourpoint Kurzhaar (»Colourpoint Shorthair«) eingeführt.

In Europa sieht man die Sache nicht so streng. Hier gelten sie alle als Siam, egal welche Farben sie tragen, denn von der Gestalt und dem Temperament her sind sie eindeutig dieser Rasse zuzurechnen. Die in Amerika übliche Unterscheidung zwischen Siam und Colourpoint Kurzhaar hängt damit zusammen, daß man Siam mit anderen Rassekatzen kreuzen mußte, um die neuen Abzeichenfarben zu erhalten.

Die ersten ernsthaften Versuche, neue Abzeichenfarben zu entwickeln, gab es nach dem Ende des Zweiten Weltkrieges. 1947 und 1948 hat man rote Tabby-Katzen und Abessinier mit Siam in den klassischen Farben verpaart und die Nachkommen wieder mit Siamkatzen rückgezüchtet. Das Ergebnis waren, wie erwartet, Abzeichen in Rot, Creme und Schildpatt. Einige Tiere jedoch kamen einfarbig auf die Welt; aus ihnen wurde ebenfalls eine neue Rasse gezüchtet: die Orientalisch Kurzhaar.

In den sechziger Jahren wurden dann noch weitere Abzeichenfarben entwickelt; diesmal konzentrierte man sich auf Tabby Points.

Während die Europäer alle Farbschläge in einer Klasse zusammenfassen, nehmen die amerikanischen Verbände überraschenderweise einen sehr viel konservativeren Standpunkt ein und lassen nicht zu, daß die neuen Farbschläge Siam genannt werden. Geht man von der Forderung nach Reinheit der Rasse aus, so scheinen sie mit dieser strengen Unterscheidung recht zu haben. Doch jüngst kam eine Tatsache ans Licht, die wiederum den europäischen Standpunkt zu stützen scheint: Bei der Untersuchung der Katzenpopulation Thailands enteckte der Katzenforscher Roger Tabor »Siamesen mit Tabby- und Schildpattabzeichen unter den dortigen Tempelkatzen«. Reinheit der Rasse scheint also durchaus relativ zu sein.

Temperament: Die Colourpoint Kurzhaar gilt als sprunghaft, keck, anspruchsvoll, neugierig, lebhaft, eifersüchtig, extravertiert und hochmütig, aber auch als sehr zärtlich und außergewöhnlich intelligent. Ihren Charakter beschrieb ein Besitzer mit den Worten: »Sie spielt stets Theater.«

Farbschläge: Alle Colourpoint Kurzhaar haben die typischen Siamabzeichen, aber nicht in den vier klassischen Farben (Seal, Chocolate, Blau, Lilac). Alle anderen Farben sind zugelassen.

Als Colourpoint Kurzhaar (hier eine Seal Tabby Point) bezeichnet man in Amerika eine Siam mit den neuen, nach dem Zweiten Weltkrieg entwickelten Farbschlägen.

27

Kashmir

Die Kashmir ist eine einfarbige Colourpoint-Perser, die in Nordamerika gezüchtet wurde. Sie hat nichts mit der gleichnamigen Gebirgslandschaft im Norden des indischen Subkontinents zu tun. Der Name soll vielmehr ausdrücken, daß die Kashmir der Himalayan (wie die Colourpoint-Perser in den USA heißt) so nahe ist wie Kaschmir dem Himalaya.

Erscheinungsbild: Die Kashmir ist eine einfarbige Perser in Chocolate oder Lilac.

Geschichte: In den dreißiger Jahren begann man, Perser mit Siamabzeichen zu züchten. Diese Colourpoint-Perser erhielten in den fünfziger Jahren Championstatus (1955 in Großbritannien, 1957 in den USA). Bei dem Versuch, die Farbschläge Chocolate Point und Lilac Point zu erzielen, wurden verschiedentlich einfarbige Tiere geboren. Einige Züchter meinten, man solle sie als eigene Rasse betrachten und bezeichneten sie als Kashmir. Sie stießen damit jedoch auf heftigen Widerstand, denn man war der Meinung, es handele sich lediglich um eine kleinere Farbvariante, die keine eigene Kategorie rechtfertige. Einer nannte die Kashmir »den Wachtraum eines Systematikers und eine überflüssige Rassenklassifikation«. Ein anderer hielt sie für eine »ganz unnötige Aspaltung [. . .] nur um eine weitere Rasse zu schaffen«. Die Kashmir blieb und bleibt umstritten. Eine der wenigen größeren Organisationen, die sie als eigene Rasse anerkennen, ist die Canadian Cat Association. Für die meisten jedoch gelten die Kashmir lediglich als Perser in Chocolate oder Lilac.

Jene, die sie als eigene Rasse betrachten, rechtfertigen ihren Standpunkt folgendermaßen: Als die Colourpoint-Perser aus Perserkatzen gezüchtet wurden, übernahmen sie die Abzeichen genetisch von den eingekreuzten Siam. Die zufällig entstandenen einfarbigen Exemplare haben zwar keine Abzeichen, tragen aber doch das genetische Material der Siam in sich. Sie sind also keine reinrassigen Perser, auch wenn sie wie diese aussehen. Mit anderen Worten: Der eigene Rassename steht nicht für das Äußere, sondern für die genetische Ausstattung. Für einige Fachleute ist das jedoch einfach nicht genug.

Temperament: Die Kashmir gilt als freundlich, intelligent, extravertiert, ruhig, selbstbewußt, anhänglich, anspruchsvoll und zutraulich.

28

Orientalisch Kurzhaar

Die Orientalisch Kurzhaar ist eine Siam ohne siamtypische Abzeichen. Sie wurde auch der »Windhund unter den Katzen« genannt.

Erscheinungsbild: Die Orientalisch Kurzhaar hat den Körperbau, nicht aber die Colourpoints und die blauen Augen der Siam.

Geschichte: Als die ersten Siamkatzen in den Westen kamen, hatten sie viele verschiedene Fellmuster. Doch sehr früh, bereits in den zwanziger Jahren, konzentrierte man sich ausschließlich auf einen bestimmten Farbschlag. Offiziell sollte das Fell der blauäugigen Siamrassekatze Seal Points tragen – sie sollte also ein helles Fell mit dunkelbraunen Abzeichen haben. Im Lauf der Zeit kamen andere Farben für die Points hinzu, doch blieben die Markierungen ein Rassemerkmal. Eine Katze ohne diese charakteristischen Abzeichen galt nicht länger als Siam.

Als in den fünfziger Jahren einige Züchter begannen, Siam ohne Abzeichen zu züchten, mußten sie einen neuen Namen finden. Da die ersten Exemplare einfarbig braun waren, bezeichneten sie sie als Havanna (nach der Zigarre). Andere einfarbige Siam wurden in Großbritannien »Foreign Shorthair« (Fremdländisch Kurzhaar) genannt. Tiere, die komplexere Farbmuster hatten, etwa eine Tabbyzeichnung oder ein Schildpattmuster, bezeichnete man als Orientalisch Kurzhaar. Diese Unterscheidung zwischen Foreign Shorthair und Orientalisch Kurzhaar machte man allerdings in Amerika nicht; hier wurden alle Orientalisch Kurzhaar (»Oriental Shorthair«) genannt. In den frühen neunziger Jahren folgte man auch in Großbritannien dieser Linie und bezeichnet nun alle Farbschläge als Orientalisch Kurzhaar, mit einer Ausnahme: der »Foreign White«.

Die Foreign White ist eine reinweiße Siam. Die sehr elegante Rasse entstand, als man Siam mit weißen Kurzhaarkatzen kreuzte. Obwohl weiße Katzen mit blauen Augen meist taub sind, tritt diese Behinderung bei der Foreign White nicht auf. In den USA und auch in Deutschland wird Foreign White als Farbschlag Weiß der Orientalisch Kurzhaar zugeordnet.

Gegenüber: Die Orientalisch Kurzhaar ist eine Siam ohne die siamtypischen Abzeichen. Von ihr gibt es heute eine Vielzahl von Farbschlägen.

Aus der Orientalisch Kurzhaar Spotted Tabby (Getupft) wollte man einst eine neue Rasse züchten. Dieser Plan wurde später aufgegeben.

Ein anderer Farbschlag, die Orientalisch Kurzhaar Spotted Tabby (Getupft), war das Ergebnis von Zuchtversuchen in Großbritannien, den altägyptischen Katzentyp und damit das Erscheinungsbild jener Katzen wiederzuerschaffen, von denen unsere heutigen Hauskatzen abstammen. Ursprünglich sollte es eine eigene Rasse werden, die als Ägyptische Mau bezeichnet wurde. Diesen Namen hat man später wieder aufgegeben, um Verwechslungen mit der amerikanischen Züchtung gleichen Namens zu vermeiden (siehe Ägyptische Mau).

Um Orientalisch Kurzhaar zu züchten, hatte man die Siam mit verschiedenen Kurzhaarrassen gekreuzt. Dabei gelang es, den schlanken, langgestreckten Körper der Siam zu erhalten und nur die Fellfarben der Kurzhaarrassen einzuzüchten.

Temperament: Die Orientalisch Kurzhaar besitzt den Charakter und die Stimme der Siam. Anders als diese soll die Orientalisch Kurzhaar jedoch bereit sein, sich mit Halsband und Leine ausführen zu lassen. Auch soll sie Einschänkungen ihrer Freiheit weniger störend empfinden als andere Rassekatzen, so daß sie besonders für Reisen und Ausstellungen geeignet ist. Dafür ist diese intelligente, wißbegierige Katze nicht gern allein und versucht ständig, Aufmerksamkeit und Zuwendung zu erhalten. Wenn sie etwas will, kann sie sehr fordernd sein, so daß

es kaum möglich ist, ihr einen Wunsch abzuschlagen. Entsprechend kann sie Allüren wie eine Diva entwickeln.
Farbschläge: Alle Farbschläge mit Ausnahme von Colourpoints sind anerkannt.

29

Tonkanese

Die kurzhaarigen Tonkanesen sind aus der Kreuzung von Siam- und Burmakatze hervorgegangen. Bis 1961 trug die Rasse den Namen Golden Siam. Obwohl sie nach dem Golf von Tonkin im Südchinesischen Meer benannt wurde, heißt sie im Deutschen eigenartigerweise Tonkanese (in Frankreich *Tonkinois*, im Englischen *Tonkinese Cat)*.

Erscheinungsbild: Die Tonkanese ist eine Mischung aus Siam und Burma. Sie hat die dunklen Siamabzeichen, doch ist die Grundfarbe des Fells kräftiger als bei der Siam. Auch die Körperform verrät Einflüsse beider Rassen und verbindet die Rundlichkeit der Burma mit der Eleganz der Siam.

Geschichte: In den fünfziger Jahren begann der amerikanische Katzenexperte Milan Greer eine Rasse zu züchten, die er Golden Siam nannte. Er kreuzte als erstes einen Burmakater mit einer Siam Chocolate Point. In seinem eigenen Katzenzentrum »Fabulous Felines« führte er die Zucht über fünf Generationen weiter. Als er mit dem Ergebnis zufrieden war, überließ er die Fortsetzung anderen Züchtern. Eine von ihnen war Edith Lux, die den Namen der Rasse von Golden Siam in Tonkanese umänderte. Sie wollte mit dem neuen Namen die Nähe zur Siam (heute Thailand) und Burma (heute Birma) deutlich machen.

Zusammenfassend beschreibt Milan Greer die Rasse mit den Worten: »Sie hat die besseren Eigenschaften von Siam und Burma. Sie ist die perfekte Verbindung von Verstand und Schönheit [...] Als ich meine neue Rasse betrachtete, stellte ich fest, daß ich ein Fellwunder vollbracht hatte.« Denn die Tonkanese hat ein ganz besonders feines, weiches Fell, das eng am Körper anliegt und wie Seide glänzt.

In den sechziger Jahren setzten sich kanadische Züchter, unter ihnen vor allem Margaret Conroy, für die Rasse ein. 1965 erreichte sie, daß die Tonkanesen erstmals von einem Verband, der Canadian Cat Association, als eigenständige Rasse anerkannt wurden. So bedeutend war ihr Beitrag, daß einige Autoren Tonkanesen für eine kanadische Züchtung halten.

In den USA wurde die Rasse ebenfalls schnell anerkannt. In Europa dagegen wird sie zwar seit 1991 in Großbritannien, nicht aber allgemein akzeptiert.

DIE TONKANESE wurde während der fünfziger Jahre in den USA gezüchtet und hieß zunächst Golden Siam. Sie ist das Produkt einer Kreuzung von Siam und Burma.

Zur Zucht ist zu sagen, daß alle Kätzchen Tonkanesen werden, wenn man eine Burma mit einer Siam kreuzt. Paart man zwei Tonkanesen miteinander, sind nur die Hälfte der Kätzchen Tonkanesen und je ein Viertel Burma und Siam. Aus diesem Grund halten manche Katzenfachleute die Tonkanesen nicht für eine echte Rasse. Ebenso gelten Burmesen und Siamesen aus einem solchen Wurf nicht als rassereine Tiere, da sie nicht den heute gültigen Standards entsprechen. Überhaupt wird es immer schwieriger Siam und Burma miteinander zu verpaaren, um Tonkanesen zu züchten, denn beide Rassen haben sich inzwischen so weit auseinanderentwickelt, daß eine Kreuzung beinahe dem Versuch ähnelt, einen Windhund mit einem Boxer zu verpaaren. Daher bringen die meisten Züchter heute Tonkanesen entweder mit Siam oder mit Burma zusammen oder verpaaren Tonkanesen miteinander.

Interessanterweise war die erste Burma, die in den dreißiger Jahren Amerika erreichte – eine weibliche Katze namens Wong Mau –, keine reinrassige Katze, sondern trug auch das Erbmaterial der Siam in sich. Das heißt, daß die Katze, die die heutige Rasse der Burma begründete, in Wirklichkeit das war, was man inzwischen als Tonkanese bezeichnen würde (Einzelheiten dazu siehe Burma).

Temperament: Tonkanesen gelten als neugierig, außergewöhnlich intelligent, gesellig, unterhaltsam, eigenwillig, geschickt, anhänglich, zärtlich, mutwillig, lebhaft, umgänglich, extravertiert und zutraulich. Anhänger betonen, daß sie von beiden Elternteilen die guten, nicht aber die schlechten Eigenschaften geerbt haben.
Farbschläge: Da die Farben der Tonkanesen einzigartig und rassetypisch sind, werden sie als Mink (Nerz) bezeichnet. Zugelassen sind Natural Mink, Champagne Mink, Blue Mink, Platinum Mink und Honey Mink.

EINER DER VIELEN NEUEN Farbschläge bei Tonkanesen: Blue Mink, ein helles bläulichgraues Fell mit schieferfarbenen Abzeichen.

30

Cornish Rex

Das erste Kätzchen kam 1950 in Cornwall, England, zur Welt. Es wurde zunächst English Rex genannt, bis im nahen Devon eine weitere Rexkatze geboren wurde.

Erscheinungsbild: Die Cornish Rex ist eine schlanke, langbeinige Kurzhaarkatze mit gelocktem Fell; sogar die Schnurrhaare und die Wimpern sind gekräuselt. Die Hinterbeine sind etwas länger als die Vorderbeine, was zum Teil die sonderbare Körperhaltung erklärt (siehe unten). Der Kopf mit den großen Ohren ist keilförmig; der lange und schlanke Schwanz läuft spitz aus.

Das normale Katzenfell besteht aus drei Haararten: Leit-, Grannen- und Wollhaare. Leit- und Grannenhaare bilden das Deckhaar, die Wollhaare das Unterfell. Allgemein heißt es, die Cornish Rex habe keine Leit- und Grannenhaare und ihr Fell bestehe fast nur aus Unterwolle. Das ist nicht ganz richtig. Mikroskopische Untersuchungen haben ergeben, daß die Grannenhaare zwar vorhanden, aber stark zurückgebildet sind, so daß sie wie Wollhaare aussehen. Tatsächlich sind alle Haare, sogar die Wollhaare, bei der Cornish Rex kürzer, wodurch ihr Fell nur halb so dicht wie das anderer Katzen ist. Es ist auch viel feiner, denn jedes Haar hat nur 60 Prozent der Stärke von normalem Katzenhaar. Dieses samtweiche, gelockte Fell gibt der Katze ihr einzigartiges Aussehen.

Besonderheiten: Da das Fell der Cornish Rex keine Leithaare hat und fast nur aus Wollhaaren besteht, leiden die Tiere unter starker Kälte oder Hitze. Daher wären wildlebende Cornish-Rex-Katzen in vielen Klimazonen im Nachteil. Wie die meisten Katzen mit dünnem Fell bzw. wie die Nacktkatzen hat auch die Cornish Rex eine etwas höhere Körpertemperatur (um 1 Grad Celsius). Entsprechend ist auch ihr Grundumsatz höher, so daß sie einen größeren Appetit hat. Wird ihr Fell zu stark gebürstet, können kahle Stellen entstehen. Ganz allgemein braucht diese Rasse mehr Aufmerksamkeit als gewöhnliche Katzen. Ein besonderer Vorteil dieser Katzen ist, daß ihr Fell seltener allergische Reaktionen hervorruft.

Typisch ist auch die sonderbare Köperhaltung: Der Rücken ist gebogen, der Bauch hochgezogen. Damit verbunden ist eine bemerkenswerte Fähigkeit zu springen, selbst aus dem Stand.

Geschichte: Die erste Cornish Rex wurde am 21. Juli 1950 in einem alten Bauernhaus im Bodmin Moor, Cornwall, geboren. Die Mutter des roten Tabby-Katers (eines von insgesamt fünf Kätzchen) war eine gewöhnliche Hauskatze mit Namen Serena. Auf den Rat eines Genetikers paarte die Besitzerin, Nina Ennismore, den Kater später mit seiner Mutter Serena. Der neue Wurf bestand aus zwei Kätzchen mit gelocktem und einem mit glattem Haar. Eine zweite Rückkreuzung ergab weitere Kätzchen mit gelocktem Fell. Damit war die neue Rasse geboren.

Zuvor hatte Nina Ennismore Rexkaninchen gezüchtet. Nach ihnen benannte sie nun die neue Katzenrasse. Doch der Vergleich ist nicht besonders genau. Das erste Rexkaninchen entstand infolge einer Mutation 1919 in Frankreich. Es erhielt den Namen »Castor-Rex«, was schließlich zu Rex abgekürzt wurde. Die besondere Qualität des Fells der Rexkaninchen lag darin, daß es wie Plüschsamt wirkte und daß ihm die Leithaare fehlten. Wenn das dichte, glatte Haar der Kaninchen aber auch nur ein wenig gekräuselt oder gewellt war, galt es als mangelhaft. Daher stimmt der Vergleich mit der Rexkatze nicht, deren Rassemerkmal ja gerade das gelockte Fell ist. Korrekter wäre der Ausdruck »Astrex« gewesen, den man 1932 einer anderen Kaninchenrasse gegeben hat, deren Fell eng gewellt ist. Dennoch hat sich der Name »Rex« für die Katzen durchgesetzt.

Der erste Cornish-Rex-Kater, der Stammvater der Rasse, hieß Kallibunker. Er zeugte zwei Würfe. Dann wurde sein Sohn Poldhu als Zuchttier verwendet, der mit seinen weiblichen Verwandten verpaart wurde und weitere Würfe zeugte.

Überraschenderweise wurde Kallibunker von seiner Besitzerin eingeschläfert. Damit wollte sie ihre immer größer werdende Katzenschar verringern, die bis 1956 auf 40 Tiere angewachsen war. Nina Ennismore war darüber enttäuscht, daß man ihre neue Rasse nicht anerkennen wollte, und sie hatte nicht genügend Geld, ihre große Katzenfamilie zu ernähren. Daher ließ sie die meisten Tiere umbringen, darunter auch Serena und Kallibunker – ein trauriges Ende für diese beiden historisch bedeutsamen Katzen. Dennoch blieben genügend Rexkatzen am Leben, damit die Rasse nicht ausstarb.

Eine von Poldhus Töchtern, Lamorna Cove, kam nach Amerika. Sie war schwanger, nachdem sie mit ihrem Vater rückgekreuzt worden war. 1957 traf sie in San Diego ein und brachte bald darauf vier Rexkätzchen zur Welt. Damit war die Rasse in den USA begründet.

Da die ersten Cornish Rex wenig widerstandfähig waren, hat man immer wieder Nichtrexkatzen eingekreuzt, um die Rasse zu stärken. Dazu wurde Kallibunkers Sohn Champagner-Charlie mit Burma, Siam, Russisch Blau und Britisch Kurzhaar gepaart. Diese Einkreuzungen veringerten die Anzahl der Rexkätzchen pro Wurf auf eines von vier, doch war es für die Entwicklung der Rasse durchaus von Vorteil. Außerdem entstanden auf diese Weise neue Farbschläge. Schließlich wurde die Cornish Rex 1964 in Amerika und 1967 in Großbritannien offiziell anerkannt.

Gegenüber: Die Cornish Rex tauchte 1950 in England auf. Diese Rot Smoke zeigt deutlich das typisch gelockte Fell und den langgestreckten Körper.

Eine Cornish Rex Lilac. Alle Farben und Fellmuster sind bei dieser Rasse zugelassen.

Man fragt sich, wie eine solche schlanke, langgestreckte Katzenart ausgerechnet auf einen Bauernhof in Südengland kommt. Normalerweise sind englische Katzen, bedingt durch das Klima mit seinen kalten, nassen Wintern, kräftiger und schwerer gebaut. Die Cornish Rex dagegen scheint viel eher für ein heißes, trockenes Klima geschaffen. Es gibt daher Vermutungen, die Vorfahren von Kallibunker seien in der Antike mit den Phöniziern, die die berühmten Zinnminen in Cornwall aufgesucht haben, aus Nordafrika oder dem Nahen Osten gekommen. Es gibt zwar keinen Beweis dafür, doch könnte es eine Erklärung für den schlanken, hageren Körperbau dieser bemerkenswerten Rassekatze sein.

Temperament: Die Cornish Rex gilt als individualistisch, verspielt, extravertiert, neugierig, zutraulich, munter, gutmütig, sanft und freundlich. Sie wurde »der Windhund der Katzenzucht« genannt.

Verwandte Rassen: Die Cornish Rex ist mit der German Rex eng verwandt. Beide haben das gleiche Gen für gelocktes Haar. Die Devon Rex dagegen trägt trotz der geographischen Nähe ein anderes Gen.

Farbschläge: Alle Farbschläge sind zugelassen.

31

ITALIAN REX

Die Katze mit gelocktem Fell wurde 1950 in Italien entdeckt und hatte ganz eindeutig ein Rexgen. Sie wurde jedoch nicht weitergezüchtet und ist wohl nach einer Generation ausgestorben.

32

Havanna

Anders als ihr Name vermuten läßt, stammt die gleichmäßig braune Katze nicht aus Kuba, sondern aus England, wo sie 1952 erzüchtet wurde. Es gibt zwei Erklärungen, wie sie zu ihrem Namen kam. Die eine besagt, sie sei nach der Farbe der Havannazigarren benannt, die andere, ihr Name sei von der Kaninchenrasse Havanna übernommen, die die gleiche Farbe habe. Beide Erklärungen widersprechen sich nicht unbedingt, denn jene Kaninchenrasse wurde ebenfalls nach dem Havannabraun der kubanischen Zigarren benannt.

In den späten fünfziger Jahren wurde die Rasse gegen den Wunsch der Züchter umbenannt, da man befürchtete, der Name könne den falschen Eindruck vermitteln, die englische Züchtung stamme von den Westindischen Inseln. Ihr unverfänglicherer Name war nun Chestnut Brown (Kastanienbraun). In England wurde sie bis etwa 1970 unter der vollständigen Bezeichnung »Chestnut Brown Foreign Shorthair« (Kastanienbraun Ausländisch Kurzhaar) ausgestellt. Dann griff man jedoch auf allgemeinen Wunsch den alten Namen Havanna wieder auf, und er ist bis heute gültig geblieben.

Es hat eine ganze Reihe Vorläufer gegeben, die aber keine eigene Rasse begründet haben, etwa die Schweizer Bergkatze (eine gleichmäßig braune Siam, die 1894 ausgestellt, aber bald vergessen wurde) oder die Braune Katze (1930).

Zwei andere Namen für die Rasse waren Berkshire Brown und Reading Brown. Sie knüpften an die Heimat der Rasse im Jahr 1952 an: Reading in Berkshire. Beide Namen wurden jedoch bald zugunsten von Havanna aufgegeben. Ein dritter Name, der anfangs auch im Gespräch war, aber ebenfalls bald verworfen wurde, lautete »Oriental Chocolate Cat« (Orientalisch Braun).

Erscheinungsbild: Da man in Großbritannien die Rasse wiederholt mit Siam rückgekreuzt hat, ist die Havanna hier und auch sonst in Europa im Grunde eine

Gegenüber: Die elegante Havanna. Weil sie aus England und nicht aus Kuba stammt, beschloß ein Komitee, ihren Namen in »Chestnut Brown Foreign Shorthair« zu ändern, ein Name, der nur einem Komitee gefallen konnte. Er wurde später zugunsten von Havanna wieder aufgegeben.

gleichmäßig braune Siamkatze. In den USA, Kanada und Japan waren solche Einkreuzungen geächtet. Daher sieht die Katze dort etwas anders aus: Sie ähnelt weniger der heutigen Orientalisch Kurzhaar oder der Siam, sondern hat noch mehr die ursprüngliche Gestalt wie in den fünfziger Jahren, mit einem runderen Gesicht und einer kürzeren Nase.

Geschichte: Die Havanna war das überraschende Ergebnis einer Kreuzung aus Siam Seal Point – ein Kater namens Tombee – und der Kurzhaarkatze Susannah, die jeweils zur Hälfte Siam Seal Point und Perser Schwarz war. Eines der Kätzchen, die aus dieser Kreuzung hervorgingen, war ein einheitlich brauner Kater, der Elmtower Bronce Idol genannt wurde. Diese erste Havanna wurde am 24. Oktober 1952 geboren. Bald folgte ein weibliches Kätzchen, Elmtower Brown Study, aus der gleichen Verbindung.

Besitzerin dieser beiden Stammeltern der neuen Rasse war eine Mrs. Munro-Smith aus Reading in Berkshire. Eigentlich hatte sie Colourpoint-Perser züchten wollen. Daß dabei die Havanna entstand, war also eher ein glücklicher Zufall, doch erkannte die Züchterin schnell den Wert dieser Tiere.

Die Havanna wurde erstmals 1953 in Großbritannien ausgestellt und erhielt 1958 Championstatus.

1956 kam ein Katzenpärchen, der Kater Laurentide Brown Pilgrim und die Katze Roofspringer Mahogany, zu einem kalifornischen Züchter und begründete die Rasse in Nordamerika. Hier erhielt die Havanna 1959 die offizielle Anerkennung.

Temperament: Die Havanna gilt als intelligent, lebhaft, zutraulich, munter, aufmerksam, verspielt, eigensinnig, stolz, häuslich und extravertiert. Weil das siamesische Element in der europäischen Havanna stärker vertreten ist, ist sie lauter als die amerikanische.

Farbschläge: Das Fell ist gleichmäßig kastanienbraun. Farbvarianten sind nicht zugelassen.

33

Ägyptische Mau

Die Katze mit Tupfen oder sehr kurzen Streifen ähnelt den Katzen, die auf Bildern aus dem alten Ägypten zu sehen sind. Es gibt zwei Arten der Ägyptischen Mau: Eine wurde gezüchtet, die andere ist eine natürliche Rasse, die man auf den Straßen Ägyptens entdeckt hat.

Erscheinungsbild: Die gezüchtete Art hat den Körperbau und das Temperament der Siam und ein Fell mit Tabbyzeichnung. Die natürliche Rasse hat einen runderen Kopf und einen kräftigeren, muskulöseren Körper.

Geschichte: Die Ägyptische Mau hat zwei verschiedene Ursprünge, die getrennt betrachtet werden müssen:

1. In den sechziger Jahren startete die Engländerin Angela Sayer ein Zuchtprogramm mit dem Ziel, die Katze der Pharaonenzeit wiederzuerschaffen. Das Aussehen dieser Katze ist wohlbekannt, denn sie wurde seit dem 2. Jahrtausend v. Chr. auf Wandmalereien genau dargestellt: eine Katze mit langen Beinen, einem schlanken Körper, großen Ohren und einem Fell, dessen Muster zwischen Streifen und Tupfen liegt. Diese Zeichnung findet sich manchmal nicht nur am Rumpf, sondern auch an den Beinen, am Schwanz und sogar an den Ohren. In einigen Fällen sind die kurzen Streifen zu Tupfen verkleinert, in anderen sind sie zu durchgehenden Bändern verlängert. Aber diese Extreme bleiben die Ausnahme. Die übliche Form sind Tupfen oder verkürzte Streifen.

Kurz, die altägyptische Katze sieht wie eine getigerte oder getupfte Siam aus. Und genau diesen Typ wollte Angela Sayer züchten. Die Idee entstand, als man Siam mit Tabbypoints züchtete und dabei einige Exemplare auftraten, die überall am Körper diese kurzen Streifen trugen. Sie wurden von der Siamzucht ausgeschlossen. Doch dann beschloß Angela Sayer, mit einem dieser ausgeschlossenen Exemplare, mit der Katze Panchusan Zerina, eine neue Rasse zu entwickeln. Sie kreuzte sie mit Siam und Havanna und konnte Anfang der siebziger Jahre dieses Zuchtprogramm abschließen.

Bereits früher war der Versuch unternommen worden, die altägyptische Katze wiederzuerschaffen, und diese Linie sollte schließlich das Sayer-Projekt in den

Schatten stellen. Denn diese Linie konnte den Namen Ägyptische Mau exklusiv für sich gewinnen, während Angela Sayers Rasse sich mit dem weniger romantischen Namen Orientalisch Kurzhaar Spotted Tabby (Getupft) zufriedengeben mußte.
2. Eine russische Großfürstin, Natalie Troubetskoy, die in Rom im Exil lebte, lernte 1953 beim ägyptischen Botschafter in Italien ein Katzenpärchen kennen, von dem sie hingerissen war. Diese Katzen, eine weibliche Silber und eine männliche Smoke, wurden nicht als Zuchttiere, sondern als Maskottchen gehalten. Die weibliche Katze war darüber hinaus sterilisiert, so daß sie als Zuchttier auch gar nicht in Frage kam. Mit Hilfe des Botschafters gelang es der Großfürstin jedoch, ein gleichartiges Tier aus Kairo zu erhalten. Das weibliche Silberkätzchen, das den Namen Baba erhielt, wurde mit Geppo, dem Kater des Botschafters, gepaart. Das Ergebnis waren zwei bronzefarbene Kater, Jude und Joseph. Jude starb, doch Joseph, kurz Jo-Jo gerufen, wurde später mit seiner Mutter rückgekreuzt. Das Ergebnis war ein weibliches Kätzchen, Lisa. Baba, Jo-Jo und Lisa waren die ersten Ägyptischen Mau, die auf einer Katzenausstellung gezeigt wurden, und zwar auf der Internationalen Katzenausstellung 1955 in Rom. Im Dezember 1956 verließ die Großfürstin Italien und zog mitsamt ihren Katzen in die USA. Diese drei Ägyptischen Mau begründeten die Rasse in Nordamerika. 1957 wurde Lisa hier erstmals auf einer Katzenausstellung (auf der Empire Cat Show) gezeigt und zog rasch die Aufmerksamkeit anderer Züchter auf sich. 1968 erhielt die Rasse in Amerika erstmals Championstatus. 1978 kamen die ersten Ägyptischen Mau aus dieser Abstammungslinie auch nach Großbritannien.

Was den Namen angeht, sollte erwähnt werden, daß die Großfürstin sich für die Bezeichnung »Ägyptische Katze« ausgesprochen hatte, da das arabische Wort »Mau« Katze bedeutet und, so die Großfürstin, einfach übersetzt werden könne. Doch Natalie Troubetskoy konnte sich nicht durchsetzen; weltweit wird die Rassekatze heute Ägyptische Mau genannt. Allerdings sollte man bedenken, daß es unsinnig wäre, die Tiere als Ägyptische Maukatzen zu bezeichnen, denn das hieße nichts anderes als »Ägyptische Katzenkatze«.

Vergleicht man die Katzen aus beiden Abstammungslinien, entdeckt man die Unterschiede. Die englische Katze ist ein Farbschlag der Orientalisch Kurzhaar. Dagegen ähnelt die italienische eher einer getupften Abessinier. Sonderbarerweise entspricht die englische Züchtung optisch eher den altägyptischen Katzen der frühen Wandmalereien. Die italienische Linie, die letztlich von den Straßenkatzen Kairos abstammt, die wiederum die direkten Nachkommen der Katzen aus pharaonischer Zeit sind, wirkt etwas weniger überzeugend, denn sie ist fast zu elegant und zu perfekt getupft.

Einige Autoren erwähnen noch eine weitere mögliche Herkunft der Ägyptischen Mau. Bereits 1953 soll ein Katzenpaar, Gepa und Ludol, Amerika erreicht haben. Das würde bedeuten, sie wären bereits drei Jahre früher als die Katzen der Großfürstin eingetroffen. Vermutlich handelt es sich jedoch um einen Irrtum, denn es scheint, daß Gepa nur die verstümmelte Form von Geppo ist, dem Namen des Botschafterkaters. 1995 schreibt der amerikanische Züchter Len Davidson, daß später noch weitere Ägyptische Mau nach Amerika importiert worden seien, um

Die Ägyptische Mau ähnelt mit ihrem getupften Fell den Katzen der Pharaonenzeit. Das arabische Wort »Mau« bedeutet Katze.

den Genpool der Rasse zu vergrößern. Er bemerkt dazu: »Früher war es fast unmöglich, diese Katzen aus Ägypten zu beziehen. Erst in den frühen achtziger Jahren gelang es Cathie Rowan, 13 wunderschöne Katzen in die USA auszuführen [...] Da die Ägyptische Mau nicht mit anderen Rassen gekreuzt werden darf, hat diese Aktion die Rasse gerettet. 1991 habe ich selbst vier weitere Mau in die USA gebracht.«

Temperament: Die Ägyptische Mau gilt als ausgeglichen, ruhig, robust, scheu, lebhaft, gesund, kräftig, zurückhaltend, anhänglich, zärtlich, flink und intelligent; sie soll ein gutes Gedächtnis haben und gerne an der Leine gehen. Ursprünglich hieß es von ihr, sie sei unberechenbar, reserviert, nervös, heftig und wild. Doch nach generationenlanger selektiver Zucht hat sich ihr Temperament eindeutig verbessert.

Farbschläge: Silber (mit schwarzen Flecken), Bronze (mit dunklen graubraunen Flecken), Smoke (mit tiefschwarzen Flecken).

34

Japanese Bobtail Langhaar

1954 begannen die Japaner, eine langhaarige Stummelschwanzkatze als eigene Rasse zu züchten. Zuvor schon hatte es häufig langhaarige Tiere unter den Straßenkatzen in den Nordprovinzen gegeben. Aber in der Welt der Katzenzüchter waren sie unerwünscht gewesen. Dann jedoch entschloß man sich zur Reinzucht. Es dauerte nicht lange, und die neue Rasse hatte ihre Anhänger gefunden. In Europa kennt man die Rasse allerdings kaum.

Die Japanese Bobtail Langhaar stammt von einer alten Rasse ab, wurde aber erst in der zweiten Hälfte unseres Jahrhunderts gezielt gezüchtet.

35

Bombaykatze

Wegen der Ähnlichkeit ihres Fells mit dem des indischen schwarzen Panthers wurde die amerikanische Rassekatze nach der Stadt Bombay benannt.
Erscheinungsbild: Die Bombaykatze ist eine mittelgroße, muskulöse schwarze Katze mit glänzendem, sehr kurzem und eng anliegendem Fell. Die Augen sind groß und goldfarben, die Ohren an dem rundlichen Kopf stehen weit auseinander.
Geschichte: Die Rasse wurde 1958 von Nikki Horner in Kentucky gezüchtet. Sie

Die Bombaykatze wurde in den späten fünfziger Jahren in den USA gezüchtet. Genaugenommen ist sie eine schwarze Burma.

kreuzte eine braune Burma mit einer schwarzen Amerikanisch Kurzhaar. Eigentlich wollte sie »einen Minipanther mit kupferfarbenen Augen und einem lackleder-artigen Fell« züchten, indem sie die schwarze Farbe der Kurzhaar mit dem glänzenden Fell der Burma zu verbinden trachtete. Die Bombaykatze erhielt 1976 in den USA Championstatus. Außerhalb Amerikas ist die Bombaykatze selten zu finden.
Temperament: Die Bombaykatze gilt als selbstbewußt, zutraulich, sanft, laut, aber mit angenehmer Stimme, intelligent, sensibel, lebhaft, neugierig, verspielt, geduldig und ungewöhnlich freundlich.
Farbschläge: Die einzige zugelassene Farbe ist Schwarz.

36

CALIFORNIA REX

Diese Rexkatze wurde 1959 in Kalifornien entdeckt.
Erscheinungsbild: Die Katze hat das typische gelockte Fell der Rexkatzen. Da bei der California Rex das Fell jedoch länger ist, wirkt es eher gewellt. Daher nennt man die Tiere in den USA auch »Marcel Cat« (von englisch *marcel wave* = Welle, Locke, nach dem französischen Coiffeur Marcel Gateau).
Geschichte: In einem Tierheim von San Bernadino, Südkalifornien, entdeckte Mrs. F. Blancheri 1959 zwei Katzen mit gelocktem Fell. Sie nannte die weibliche Schildpattkatze, die zwei verschiedenfarbige Augen hatte, Mystery Lady of Rodell. Sie war die Mutter der zweiten Katze, eines rotgestromten Katers. Die Tiere gelangten in den Besitz von Bob und Dell Smith, die ihnen den Namen »The Marcel Cat« gaben. Mutter und Sohn wurden miteinander verpaart. Das Ergebnis war eine weibliche Rot Tabby mit noch längerem Fell. Es stellte sich heraus, daß die California Rex genetisch zur Cornish Rex paßt. Später wurde sie versuchsweise auch mit kurzhaarigen Rexkatzen verpaart, doch scheint das Interesse an der California Rex als Rasse allgemein nachgelassen zu haben.

37

Oregon Rex

Diese Katze wurde erstmals 1959 entdeckt. Sie gehört zu den fünf anerkannten amerikanischen Rexkatzenrassen. Die anderen sind: Ohio Rex, California Rex, Selkirk Rex und Missouri Rex.

Geschichte: 1959 entdeckte Mrs. M. Stringham aus Warrenton, Oregon, eine bekannte Züchterin, in einem Wurf ein schwarzweißes weibliches Kätzchen mit gelocktem Fell; das Fell der übrigen Tiere war normal. Auch die Mutter, eine Schildpattkatze, trug ein normales Haarkleid. Das Rexkätzchen wurde Kinky Marcella genannt; es wurde die Stammutter einer neuen Rexkatzenrasse.

Kreuzungen mit den besser bekannten Cornish Rex und Devon Rex ergaben nur glatthaarige Kätzchen, woraus hervorgeht, daß das entsprechende Gen der Oregon Rex von denen der beiden anderen verschieden ist. Es erhielt daher ein eigenes Symbol: ro.

Nach einer anderen Quelle soll die Rasse erstmals 1944 entdeckt worden sein, ging dann aber wegen der Kriegsumstände wieder unter.

38

American Bobtail

Die Stummelschwanzkatze ähnelt der Stumpy Manx.
Erscheinungsbild: Die American Bobtail ist eine stämmige Langhaarkatze mit verkürztem Schwanz. Das Doppelfell besteht aus Haaren unterschiedlicher Länge: lang und halblang. Der Kopf ist breit und rundlich, die Ohren stehen weit auseinander, die Augen sind recht groß. Der Schwanz ist gerade oder leicht gekrümmt und stets gut behaart. (Dieses Erscheinungsbild bezieht sich auf die unter 2. beschriebene Rasse.)
Geschichte: Die Rasse scheint mehrere Ursprünge zu haben, oder anders gesagt: Mindestens drei verschiedene Rassen tragen diesen Namen.

1. Die amerikanische Zoologin Ida Mellen schrieb 1940: »Die American Bobtail, die in Neuengland, New York, New Jersey und Pennsylvania beheimatet ist (und die auch Kaninchenkatze genannt wird), zählt die Manx zu ihren Vorfahren. Doch schwanzlose Katzen gibt es überall auf der Welt: auf der Krim und in anderen Gebieten Rußlands, in Japan, China, auf dem Bismarckarchipel, auf den Malaiischen Inseln, in Birma und in Thailand [...].« Mehr weiß man von dieser Spielart der American Bobtail nicht.
2. Ein ganz anderes Bild liefert die Entstehungsgeschichte jener Rasse, die in Züchterkreisen heute als die eigentliche American Bobtail anerkannt wird. Ihr Stammvater war ein männliches Tabbykätzchen, das in den sechziger Jahren nahe einem Indianerreservat in Arizona herumstreunte. John und Brenda Sanders entdeckten das Tier mit dem Stummelschwanz in den Ferien, nannten es Yodie und nahmen es mit zu sich nach Hause nach Iowa. Später paarte sich Yodie mit Mishi, der Siamkatze der Sanders. Als der Wurf auf die Welt kam, waren einige Kätzchen mit verkürzten Schwänzen dabei. Eines dieser Kätzchen paarte sich dann später mit einer weißen Katze mit Abzeichen in Creme Point. Diesmal hatten alle Kätzchen des Wurfs Stummelschwänze. Die ungewöhnlichen Tiere zogen die Aufmerksamkeit von Mindy Schultz, einer Freundin der Familie, auf sich. Sie erklärte in den siebziger Jahren die Katzen zur eigenen Rasse und nannte sie »American Bobtail« (Amerikanische Stummelschwanzkatze).

Die American Bobtail, eine amerikanische Stummelschwanzkatze.
Der Stammvater dieser Rasse wurde in der Nähe eines Indianerreservats in Arizona entdeckt.
Allerdings gibt es auch andere Hypothesen zur Herkunft dieser Rasse.

Zunächst hatten diese Katzen ein kurzes Fell, doch dann kreuzte man sie mit Colourpoint-Persern, so daß das Haarkleid der Nachkommen dicker und länger wurde. Mit diesen Kätzchen begann man die heutige Rasse der American Bobtail zu züchten.

Weitere Zuchtversuche führten dazu, daß völlig schwanzlose Katzen auf die Welt kamen, was die Vermutung nahelegt, daß bei der American Bobtail das gleiche Gen wie bei der Manx für den reduzierten Schwanz verantwortlich ist. Denn auch bei der Manx kann der Schwanz unterschiedlich lang sein, von Rumpy (völlige Schwanzlosigkeit) über Stumpy (Stummelschwanz) bis zu Longy (fast normale Länge).

3. Ein Autor hat jüngst behauptet, es gebe noch eine weitere Art der American Bobtail. Sie soll das Ergebnis einer Kreuzung von Hauskatzen mit wildlebenden Rotluchsen in den späten siebziger Jahren sein. 1992 schrieb Amy Shojai: »Rose Estes hat 14 Jahre lang Stummelschwanzkatzen gezüchtet [...] Laut Rose kreuzen sich wildlebende Rotluchse sehr oft mit Siamkatzen, weil der Geruch einer rolligen Siam dem der weiblichen Rotluchse ähnelt.«

Wenn man bedenkt, daß Rotluchse einer anderen Gattung *(Lynx)* als Hauskatzen *(Felis)* angehören und doppelt so groß sind, scheint die Vorstellung einer Kreuzung der beiden – gelinde gesagt – ziemlich abwegig. Dennoch läßt sich nicht von der Hand weisen, was Stanley Young 1958 in seiner ausführlichen Untersuchung über wildlebende Stummelschwanzkatzen geschrieben hat: »Es ist bewiesen, daß sich 1949 in Sandy Creek, Texas, ein männlicher Rotluchs mit einer Hauskatze gepaart hat. Die Nachkommen wurden in der Gegend von mehreren Personen beobachtet.« Er erwähnt auch einen ähnlichen Vorfall, der sich 1954 in South Dakota ereignet hat. Dort hatte sich eine schwarze weibliche Hauskatze mit einem wildlebenden männlichen Rotluchs gepaart; Anfang Juni kamen sieben Kätzchen zur Welt. Drei von ihnen »hatten Stummelschwänze, große Pfoten und Pinselohren. Die Fellfarbe war ein helles Grau; Bauch, Beine und Flanken waren mit schwarzen Flecken gesprenkelt. Die Ohren waren größer, fest und steif. Die Ohrpinsel [...] waren schätzungsweise sechs Millimeter lang. Dieser Wurf Kätzchen lebte bis zum 27. Juni 1954 und wurde dann von einem Hauskater getötet.« Man kann natürlich nicht sagen, ob die Tiere später einmal fruchtbar oder unfruchtbar gewesen wären. Aber immerhin läßt dieser Bericht das, was Amy Shojai von Rose Estes gehört hat, weniger unwahrscheinlich erscheinen.

39

Britisch Angora

In den sechziger Jahren unseres Jahrhunderts beschlossen britische Züchter, die elegante Angora wiederzuerschaffen. Die Rasse war in Viktorianischer Zeit äußerst beliebt gewesen, wurde dann aber von der noch exotischer wirkenden Perser verdrängt. Anfang des 20. Jahrhunderts war die Angora im Westen fast völlig verschwunden. Der nostalgische Wunsch nach ihrer Wiederkehr veranlaßte einige Züchter, sie durch sorgfältige selektive Züchtung mit geeigneten orientalischen Langhaarkatzen neu entstehen zu lassen. Man erreichte zwar das weiche Fell und

Die Britisch Angora entstand in einem Zuchtprogramm der sechziger Jahre.
Zwar wurde das elegante Fell der Angora erzielt,
aber der Körper ist deutlich schlanker und langgestreckter.

den buschigen Schwanz, doch der Körperbau bereitete Schwierigkeiten. Der spitz zulaufende Kopf erinnert stets daran, daß diese neue Britisch Angora ihr Vorbild nur nachnahmt.

Später hat man die echte, die Türkisch Angora, in ihrer Heimat wiederentdeckt und einige Exemplare als Zuchttiere in den Westen gebracht. Das hat zu einiger Verwirrung geführt, denn nun gab es zwei Angorarassen ganz unterschiedlicher Abstammung. Um Mißverständnisse zu vermeiden, bezeichnet man die einen korrekt als Türkisch Angora und die anderen als Britisch Angora (weitere Einzelheiten unter Türkisch Angora).

40

Cymric

Sie ist eine langhaarige Manx. Der Name (auszusprechen: kim-rick) geht auf das keltische Wort für Wales (Cymru) zurück und wurde gewählt, weil Wales nicht weit von der Isle of Man entfernt ist – so wie auch die Cymric der Manx sehr nahe steht. Manche Vereine bezeichnen sie auch als Manx Langhaar (»Longhair Manx«).

Oben und gegenüber: Die Cymric ist eine langhaarige Manx, die erstmals in den sechziger Jahren in Kanada gezüchtet wurde. Allerdings hat man schon früher gelegentlich Manxkatzen mit langem Fell beobachtet.

Erscheinungsbild: Bis auf das lange und dicke Fell gleicht die Cymric in jeglicher Hinsicht der Manx. Das wollige Unterfell ist sogar noch dichter als das Deckhaar. Die Textur des Fells erinnert an die Norwegische Waldkatze.
Geschichte: Auf der Isle of Man haben Manxkatzen häufig Langhaarkätzchen zur Welt gebracht, doch galten sie stets als unerwünschte Abweichungen. Als Mitte der sechziger Jahre in Kanada ähnliche Kätzchen geboren wurden, wußte man sie höher zu schätzen und züchtete mit ihnen eine eigene Rasse. Die treibende Kraft hinter diesem Projekt war Althea Frahm. Die Katzen wurden auf Ausstellungen zunächst »Manxmutanten« genannt, bevor sie als eigene Rasse anerkannt wurden. Die früheste Mitteilung, daß diese Rasse auf einer Katzenausstellung zu sehen war, stammt von der American Cat Association (ACA), und zwar aus dem Jahr 1963.

Kritiker haben vermutet, daß die Cymric aus Kreuzungen von Manx mit Perser oder Maine Coon herrührt. Aber dafür gibt es keinerlei Beweis. Wären diese Langhaarkatzen tatsächlich an der Abstammung der Cymric beteiligt gewesen, hätten sie zweifellos den typischen Körperbau der Manx verändert.
Temperament: Ganz ähnlich wie bei der Manx: zutraulich, verspielt, intelligent, fügsam, freundlich, wachsam, aufmerksam und entspannt. Die Cymric hält sich gerne im Haus auf.
Farbschläge: Alle Farbschläge sind zugelassen.

41

JAVANESE

Sie ist eine langhaarige Siam, eng mit der Balinese verwandt. Um den Namen herrscht einige Verwirrung, denn in verschiedenen Ländern hat er unterschiedliche Bedeutungen:

1. In den USA heißen langhaarige Siamkatzen Balinese, wenn sie einem der vier klassischen Farbschläge (Seal Point, Chocolate Point, Blue Point, Lilac Point), und Javanese, wenn sie einem anderen Farbschlag angehören. (Einige amerikanische Verbände jedoch machen keinen Unterschied und nennen sie alle Balinese.)
2. In Deutschland heißen alle langhaarigen Siamkatzen Balinesen, egal welches Colourpoint-Muster sie haben. Javanese ist hier nur ein anderer Name für die Orientalisch Langhaar.
3. In Großbritannien nennt man Javanese die orientalischen Langhaarkatzen, die man ursprünglich züchtete, um die Angora wiederzuerschaffen.

Erscheinungsbild: Der elegante lange Körper, der keilförmige Kopf, die großen Ohren und die blauen Augen sind das Erbteil der Siam, von der sich die Javanese nur durch das lange, seidige Fell unterscheidet. Und von der Balinese unterscheidet sie sich durch die Farben der Points.
Geschichte: Als man in den sechziger Jahren in Amerika begann, Balinesen zu züchten, wurden von Zeit zu Zeit Kätzchen mit ungewöhnlichen Farbmustern geboren. Wenn diese Farben nicht mit den klassischen Farbschlägen der Siam übereinstimmten, wurden die Tiere nicht als echte Balinesen akzeptiert. Sie wurden jedoch nicht ausgesondert, sondern einer neuen Kategorie, den Javanesen, zugeteilt.

In den sechziger und den siebziger Jahren versuchte man in Großbritannien, die Angora wiederzuerschaffen. Dazu wurden Langhaarvarianten der Orientalisch Kurzhaar verwendet. 1989 erhielt diese Britisch Angora den Namen Javanese, um Verwechslungen mit der Türkisch Angora zu vermeiden. Damals war die amerikanische Javanese bereits wohlbekannt. Um die Verwirrung noch größer zu machen, nannten einige Züchter diese britische Javanese Kuckuckskatze (»Cuckoo Cat«). (Kuckuck war der Kosename eines der Zuchttiere, das als Langhaarkater wie ein »Kuckuck im Nest« unter lauter Kurzhaarkatzen lebte. Er sollte schon kastriert

DIE ELEGANTE, LANGGESTRECKTE JAVANESE. Um den Namen hat es ziemlich viel Verwirrung gegeben.
Je nach Land versteht man darunter eine andere Rasse.
In den USA ist es eine langhaarige Siam mit Points in anderen als den klassischen Farben.

werden, als amerikanische Besucher auf seine Ähnlichkeit mit der Türkisch Angora hinwiesen, die gerade in den USA gezeigt worden war. Daher beschloß man, mit Hilfe dieses Katers die Angora in Großbritannien neu zu züchten.)

Eine weitere Steigerung erfuhr das Durcheinander, als die niederländischen Züchter Ed und Helen van Kessel von der englischen Züchterin Janet Pitman eine blaue Britisch Angora, also eine Javanese, erwarben und ihr einen neuen Rassenamen gaben: Mandarin. Dieser Name wird inzwischen auch in Deutschland verwendet; hier bezeichnet er – wie Javanese – eine Orientalisch Langhaar.

Wie die Balinese niemals auf Bali gelebt hat, so hat auch die Javanese niemals Java gesehen – der Name wurde nur wegen der exotischen Assoziation gewählt.

Temperament: Wie bei der Siam.

Farbschläge: In Amerika sind bei der Javanese im großen und ganzen alle Farbschläge der Colourpoint Kurzhaar anerkannt.

Außerhalb der USA gelten bei der Javanese/Orientalisch Langhaar die Farbschläge der Orientalisch Kurzhaar.

42

Ragdoll

Die umstrittene amerikanische Rasse hat ihren Namen erhalten, weil sie ganz entspannt und schlaff wie eine Stoffpuppe (englisch *rag doll*) im Arm liegt, wenn man sie hochnimmt.

Erscheinungsbild: Die Ragdoll ist eine große Langhaarkatze, die bis auf gewisse farbliche Einzelheiten und den schwereren Körper der Birma gleicht. Wie die Birma hat sie blaue Augen und weiße Handschuhe und Söckchen, ist jedoch insgesamt größer und kräftiger gebaut.

Legende: Einzigartig an dieser Rasse ist, daß sie relativ jung ist, aber dennoch eine legendäre Entstehungsgeschichte hat. Sonst ranken sich Legenden nur um alte Rassen, deren Ursprünge sich im Dunkel der Geschichte verlieren. Die Ragdoll-legende spielt in den frühen sechziger Jahren unseres Jahrhunderts. Damals wurde die schwangere weiße perserartige Katze Josephine, die der Kalifornierin Ann Baker gehörte, von einem Auto angefahren. Das Tier erlitt einen Beckenbruch, und diese Verletzung, so behauptete man, habe dazu geführt, daß ihre Nachkommen ungewöhnlich schlaff und in hohem Maße schmerzunempfindlich waren. Vererbungstechnisch betrachtet ist das natürlich völlig unmöglich, aber die Geschichte wurde wieder und wieder erzählt. Ann Baker selbst bestärkte diese Legende, indem sie eine ihrer Ragdolls vor laufenden Fernsehkameras quer durch den Raum schleuderte.

Auf diese Weise wurde die Rasse über Nacht bekannt. Viele Vereine lehnten sie jedoch ab, weil man befürchtete, die Tiere könnten Mißhandlungen Vorschub leisten. Denn Kätzchen, die keine Reaktionen zeigen, wenn man ihnen etwas zuleide tut, sind nun mal gefährdeter als andere. So sprach die Legende zwar viele an und weckte großes Interesse für diese Rasse, doch bei seriösen Züchtern weckte sie eher Mißtrauen und Ablehnung.

Geschichte: Soweit in Erfahrung gebracht werden konnte, stammt die Rasse aus einer Kreuzung der weißen Perserkatze Josephine mit einem Birmakater. Doch das steht nicht mit letzter Gewißheit fest. Manche glauben, daß die Katze eher eine Angora war und daß irgendwo in der Frühzeit auch eine zobelbraune Burma mitgemischt hat.

Laut Ann Baker waren zwei Söhne Josephines, Blackie und Daddy Warbucks, gezeugt von zwei verschiedenen Katern, die Stammväter der Ragdoll. Der »mitted« Daddy Warbucks, der Inbegriff einer Ragdoll, wurde mit einer der Töchter Blackies gepaart. Ihre Nachkommen, Tiki und Kyoto, waren die ersten »offiziellen« Ragdolls.

Josephine mag durchaus in einen Autounfall verwickelt gewesen sein, doch hatte das keinen Einfluß auf die genetische Ausstattung ihres Nachwuchses. Der Umstand, daß diese Katzen und ihre Nachkommen in bemerkenswerter Weise ihre Muskeln entspannen, wenn man sie hochnimmt, kann nur von einer Intensivierung des sogenannten »Fügsamkeitsfaktors« abhängen, der bereits bei den Stammeltern vorhanden war. Perser und Birma sind für ihre Sanftheit bekannt, und als Ann Baker die beiden Rassen kreuzte, entstand zufällig eine ganz besonders sanfte Katze. Diese Sanftheit, die die Katze schlaff und weich im Arm liegen läßt, wurde dann durch selektive Zucht weiter verstärkt.

Es ist aber ein großer Unterschied, ob eine Katze eine grobe Behandlung geduldig über sich ergehen läßt oder ob sie unfähig ist, Schmerz zu empfinden. Und die Ragdoll ist ebenso schmerzempfindlich wie andere Katzen auch, nur ihre Reaktionen fallen weniger heftig aus. Alle gegenteiligen Behauptungen gehören ins Reich der Legenden und haben der Rasse letztlich eher geschadet als genützt. In Wirklichkeit ist die Ragdoll eine reizende Katze, genetisch gesund und ideal für das Leben in einer Stadtwohnung. Sie ist äußerst gutmütig und eine ideale und anspruchslose Hausgenossin. Als man das erkannt hatte, nahm ihre Beliebtheit rasch zu und wurde sie auch von immer mehr Verbänden anerkannt.

Die kalifornischen Züchter Denny Dayton und seine Frau setzten die Arbeit fort und erreichten es schließlich, daß die Rasse Championstatus erhielt. 1981 erwarb Lulu Rowley aus Norwich vier Ragdolls (Prim, Proper, Lad, Lass) aus der Zucht der Daytons. Damit war die neue Rasse in Großbritannien eingeführt, wo sie sich schnell verbreitete. Im Winter 1995 wurde die Zahl der Ragdolls in Großbritannien auf 3000 geschätzt.

In den neunziger Jahren wurden aus der Ragdoll drei weitere Varianten gezüchtet: Cherubim, Honeybear und Ragamuffin. Die Ragamuffin hat sich durchgesetzt (siehe dort); ob die beiden anderen Rassen offiziell anerkannt werden, bleibt abzuwarten.

Temperament: Die Ragdoll ist die anschmiegsamste aller Rassekatzen. Wie auch immer ihre Abstammungslinie in Wirklichkeit verlaufen sein mag, es steht ganz außer Frage, daß die Ragdoll die entspannteste und sanfteste Katze der Welt ist. Sie zeigt nicht die leiseste Spur von Aggressivität oder Ungeduld. Die einen rühmen das als Tugend, andere sehen in dieser Katze ein »lebendes Spielzeug«, eine »Kissenkatze«, eine »Besudelung des Wesens der Katze«.

Es heißt, Ann Baker halte die britischen Ragdolls nicht für echte Rassekatzen, da sie nicht genügend »schlaff« seien. Der »Schlaffheitsfaktor« sei in ihrem Zuchtbestand sehr ausgeprägt gewesen, sei aber bei den britischen Tieren verwässert.

Gegenüber: Eine Ragdoll Bicolour. Auf Seite 152 dagegen ist eine Colourpoint abgebildet. Zwischen diesen beiden steht eine Ragdoll Mitted.

DIE RAGDOLL, Mischung aus Birma und Perser, ist eine umstrittene amerikanische Rasse, die in den sechziger Jahren gezüchtet wurde. Sie ist äußerst anschmiegsam, weswegen einige Kritiker sie für ein »lebendes Spielzeug« halten.

Es gibt jedoch Stimmen, die Ann Baker widersprechen und in der »verwässerten« Schlaffheit eher einen Vorteil denn einen Mangel sehen.

Farbschläge: Seal Point, Blue Point, Chocolate Point und Lilac Point sowie Bicolour (mit Points in den genannten Farben, mit weißer Flamme in der Maske und Weiß an Brust, Bauch, Halskrause und Beinen) und Mitted (mit Points in den genannten Farben, weißen Pfoten und einem weißen Streifen von der Halskrause unter dem Bauch und zwischen den Beinen hindurch bis zum Schwanzansatz).

43

SCHNEESCHUHKATZE

Die Schneeschuhkatze ist eine neue amerikanische Rasse mit weißen Pfoten, die aus einer Kreuzung von Siam und zweifarbiger Amerikanisch Kurzhaar hervorgegangen ist.

Erscheinungsbild: Der Körper der Schneeschuhkatze ist eine ausgeglichene Mischung aus der langen, grazilen Siam und der kurzen, stämmigen Amerikanisch Kurzhaar. Der Reiz und damit der Schlüssel zum Erfolg dieser Rasse liegt in der Verbindung zweier kontrastierender Farbmuster – der Siamabzeichen und der weißen Flecken der Amerikanisch Kurzhaar. Mit den dunkleren Siamabzeichen an Maske, Ohren, Beinen und Schwanz kontrastieren möglichst symmetrisch verteilte weiße Flecken am Gesicht und an den Pfoten. Pat Turner faßt die vollendete Zeichnung einer Schneeschuhkatze mit den Worten zusammen: »Das bevorzugte Muster zeigt weiße Vorderpfoten bis zum ersten Gelenk, die Hinterpfoten sind weiß bis zum Mittelgelenk, und auf der Stirn markiert Weiß ein umgekehrtes V.«

Geschichte: Wie bei vielen der neueren Rassen begann auch die Geschichte der Schneeschuhkatze mit einem »Versehen«. Bei der Siamzucht tauchten gelegentlich weißgefleckte Kätzchen auf, die unerwünscht waren und ausgemustert wurden. Doch in den sechziger Jahren nahm die Amerikanerin Dorothy Hinds-Daugherty aus Philadelphia, die sich auf die Siamzucht spezialisiert hatte, einige dieser sonderbar gezeichneten Tiere, um sie als eigene Rasse zu züchten. Es gab heftigen Widerstand von seiten der mehr traditionell eingestellten Siamzüchter, und eine Zeitlang sah es so aus, als würde sich die Schneeschuhkatze nicht durchsetzen. Eine andere Züchterin, Vikki Olander, blieb jedoch hartnäckig und schrieb den ersten Standard für die Schneeschuhkatze. Bis 1977 stand sie nahezu allein im Kampf für die neue Rasse. Fast drohte die Schneeschuhkatze wieder zu verschwinden, als sich ein anderer Befürworter, Jim Hoffman aus Ohio, mit Vikki Olander in Verbindung setzte. Gemeinsam organisierten sie einen Werbefeldzug für die Schneeschuhkatze, der schließlich Mitte der achtziger Jahre Erfolg hatte: Die Rasse erlangte Championstatus.

Der britische Züchter Pat Turner sah die Schneeschuhkatze erstmals 1986 auf einer internationalen Ausstellung in New York. Er gründete einen britischen

DIE AMERIKANISCHE SCHNEESCHUHKATZE wurde in den sechziger Jahren gezüchtet.
Sie entstammt einer Kreuzung aus Siam und zweifarbiger Amerikanisch Kurzhaar.
Dadurch kam es zur Verbindung von Siamabzeichen und weißen Pfoten.

Zuchtverband, um die Rasse in Europa bekannt zu machen. Zwar ist sie hier noch immer vergleichsweise selten, doch ihre Schönheit und die Eleganz ihres Körperbaus werden ihr sicher den Weg in die Zukunft ebnen.

Als sie erstmals gezeigt wurde, hieß es gerüchteweise, sie sei eine kurzhaarige Spielart der Birma. Doch das ist nicht wahr. Die beiden weißpfotigen Rassen haben ganz verschiedene Ursprünge. Dennoch wird die Schneeschuhkatze manchmal fälschlicherweise als »Kurzhaar Birma« bezeichnet. Anfangs nannte man sie wegen ihrer weißen Pfoten auch »Silver Laces« (Silberspitzen). Doch heute ist sie allgemein als Schneeschuhkatze (englisch *Snowshoe Cat*) bekannt.

Temperament: Die Schneeschuhkatze gilt als sanft, liebenswürdig, zutraulich, neugierig, anpassungsfähig und unbekümmert. Besitzer haben sie »bombenfest« genannt.

Farbschläge: Das weiße Gesicht und die weißen Pfoten können mit allen Siamabzeichen verbunden sein. In Europa und bei einigen amerikanischen Verbänden sind jedoch nur Seal Point mit Weiß oder Blue Point mit Weiß zugelassen. Wegen des größeren Kontrastes gilt Seal Point mit Weiß als das beste Muster.

44

Devon Rex

Im Jahr 1960 tauchte in der südwestenglischen Grafschaft Devonshire das erste Kätzchen dieser Rasse auf. Zehn Jahre zuvor war in der benachbarten Grafschaft Cornwall die erste Cornish Rex entdeckt worden. Wegen ihrer sonderbaren Kopfform wirkt die Devon Rex wie ein Kobold.

Erscheinungsbild: Das Fell der Devon Rex ist dünn und gelockt, selbst die Schnurrhaare und die Wimpern sind gekräuselt. Die Hinterbeine sind länger als die Vorderbeine. Die Brust ist breit. Der keilförmige Kopf hat volle Wangen und große, tief angesetzte Ohren mit kleinen Haarbüscheln an der Spitze, die an einen Luchs erinnern. Die Nase hat einen ausgeprägten Stop, einen Absatz zwischen Stirn und Nase.

Ungewöhnliche Züge: Trotz ihrer zerbrechlichen Erscheinung sind die Katzen bemerkenswert gesund und robust. Da ihr Fell dünn ist, müssen sie es zum Schlafen warm haben. Aber wenn sie in Bewegung sind, können sie sogar im Schnee spielen. Da ihr Körper viel Wärme verliert, haben sie einen guten Appetit und brauchen eine fettreichere Nahrung.

Das Fell der Devon Rex besteht weitgehend aus Unterwolle mit nur wenigen Leithaaren. Manche Tiere leiden unter kahlen Stellen, vor allem in jungen Jahren. Überhaupt entwickelt sich das an einen Pudel oder ein Lämmchen erinnernde Fell nur sehr langsam und von Fall zu Fall sehr unterschiedlich.

Das Fell der Devon Rex verbindet zwei Vorteile: Es haart kaum. Das bedeutet, daß Menschen, die unter einer Katzenhaarallergie leiden, auf diese Rasse kaum reagieren, wenn sie mit ihr in Kontakt kommen.

Geschichte: Die erste Devon Rex war ein streunender Kater, der in einer stillgelegten Zinnmine bei Buckfastleigh in Devonshire lebte. Da man ihn zur Zucht verwenden wollte, versuchte man mehrfach, seiner habhaft zu werden, doch geschickt konnte er jedesmal entkommen. 1960 paarte er sich mit einer herumstreunenden weißen und schildpattfarbenen Katze. Diese Katze hatte sich mit Beryl Cox angefreundet, die nahe der Zinnmine lebte und auch den sonderbar aussehenden Kater öfter beobachtet hatte. Als die Katze in ihrem Garten ihre Jungen zur Welt brachte, entdeckte Beryl Cox, als sie den Wurf aus der Nähe betrachtete, unter den Tieren ein Katerchen, das das gleiche gelockte Fell hatte wie der verwilderte Kater. Sie nahm es mit ins Haus und zog es mit Sorgfalt groß. Kirlee, wie das Katerchen genannt wurde, sollte der Stammvater der Devon-Rex-Rasse werden.

Da Beryl Cox Fotos von der Cornish Rex Kallibunker gesehen hatte, die zehn Jahre zuvor in der Nähe entdeckt worden war, nahm sie Verbindung zu der Gruppe auf, die diese Rasse züchtete, um ihren Kater mit einer Cornish Rex zu verpaaren. Kirlee zeugte mit mehreren weiblichen Nachkommen Kallibunkers Junge, doch zum Erstaunen aller gingen aus dieser Verbindung nur Kätzchen mit glattem Haar hervor. Das konnte nur bedeuten, daß trotz der geographischen Nähe das Gen, das bei der Devon Rex für das gelockte Fell verantwortlich ist, nicht das gleiche ist wie bei der Cornish Rex. Die beiden rezessiven Gene erhielten daher verschiedene Namen: Gen 1 (Cornish) Rex und Gen 2 (Devon) Rex; Symbole: r und re.

Durch diesen genetischen Unterschied war die Rückpaarung Kirlees mit seinen Töchtern der einzige Weg, eine eigene Rasse zu züchten. Ein ähnliches Inzuchtprogramm war auch bei Kallibunker erfolgreich gewesen. Kirlee hatte ein langes und erfülltes Leben, bis er schließlich 1970 überfahren wurde.

Temperament: Die Devon Rex gilt als freundlich, lebhaft, zutraulich, verspielt, intelligent, eigensinnig, schalkhaft, unternehmungslustig, flink, neugierig und extrovertiert.

Man hat sie »die Komödiantin unter den Katzen« und einen »Affen in Katzengestalt« genannt. Ihre Kletterkünste sind ungewöhnlich. Ein Fachmann meinte: »Sie paßt zu freundlichen Leuten.«

Manche Autoren schreiben ihr einige Eigenschaften der Hunde zu: Sie apportiert, folgt ihrem Besitzer, und wenn sie glücklich ist, wedelt sie mit dem Schwanz. Letzteres wäre für eine Katze sehr ungewöhnlich. Genauere Untersuchungen haben jedoch ergeben, daß sie nur unter besonderen Umständen mit dem Schwanz wedelt: »Einer von seinen [Kirlees] Lieblingstricks war, auf einem Drahtseil zu gehen, wobei er für Beifall mit dem Schwanz wedelte.« Bei anderer Gelegenheit schnurrte und wedelte er mit dem Schwanz, als er bei einem Devon-Rex-Kätzchen zu einem weiteren Liebessprung ansetzte. In beiden Fällen war das »Schwanzwedeln« jedoch weniger ein Zeichen der Freude, sondern diente wohl eher dazu, den Körper auszubalancieren.

Verwandte Rassen: Oberflächlich gesehen ähnelt die Devon Rex anderen Rexkatzen, etwa der Cornish und der German Rex. Und zunächst hat man sie auch für ein weiteres Beispiel dieser Rasse gehalten. Doch als sich herausstellte, daß ihr gelocktes Fell von einem anderen Gen abhing, mußte ihr ein eigener Rassestatus eingeräumt werden.

Seit 1967 ist die Devon Rex als eigene Katzenrasse anerkannt, nur nicht in den USA, wo man bis 1979 lediglich eine einzige Rexrasse auf der Grundlage des

Gegenüber: Die ungewöhnliche Kopfform der Devon Rex läßt sie wie einen Kobold aussehen. Das Gen, das für das gelockte Fell verantwortlich ist, steuert auch das Wachstum der typisch gekräuselten Schnurrhaare.

DIE DEVON REX mit ihrem gelockten Fell tauchte erstmals 1960 in Südwestengland auf, in einer Gegend, die nicht weit von jenem Landstrich entfernt ist, wo zuvor die Cornish Rex entdeckt worden war. Dennoch sind die beiden Rassen nicht miteinander verwandt.

Standards der Cornish Rex gelten ließ. Das Fell der Devon Rex unterschied sich jedoch von dem anderer Rexkatzen. Es besitzt einige Leithaare unter den zahlreichen Wollhaaren und fühlt sich ein wenig rauher an.
Farbschläge: Alle Farbschläge sind zugelassen.

45

Scottish Fold

Die Scottish Fold ist eine vor nicht langer Zeit entdeckte Mutante mit einer einzigartigen Ohrform.

Erscheinungsbild: Die kleinen Ohren der Scottish Fold sind nach unten und nach vorn gefaltet, wodurch der Kopf gerundet erscheint. Der Reiz dieser Form liegt darin, daß der Katzenkopf an ein Puppengesicht erinnert. Die stämmige Katze mit dem breiten Gesicht und großen, runden Augen gibt es in allen Farben und sowohl mit kurzem wie mit langem Fell (siehe Coupari).

Die besondere Ohrform bildet sich etwa 25 Tage nach der Geburt aus. Zu diesem Zeitpunkt wird bei normalen Kätzchen der Ohrknorpel härter und fangen die Ohren an, aufrecht zu stehen. Bei der Scottish Fold findet diese Entwicklung nicht statt. Heute gibt es Unterschiede darin, wie stark die Ohren gefaltet sind. Einige Tiere haben einfach, andere doppelt gefaltete Ohren. Doppelt gefaltete Ohren berühren fast das Fell des Kopfes.

Geschichte: Die erste Scottish Fold wurde 1961 auf einem Bauernhof in Perthshire, Schottland, nahe dem Dorf Coupar Angus, 21 Kilometer nordöstlich von Perth, entdeckt. Ein Schäfer sah, wie eine weibliche Kurzhaarkatze mit eigenartig gefalteten Ohren auf einem nahen Gehöft spielte, und machte die Besitzer, Mr. und Mrs. McRae, darauf aufmerksam. Diese wußten kaum etwas über die Vorfahren der Katze, doch waren sie sich ziemlich sicher, daß ihre Geschwister alle ganz normal gewesen waren. Also mußte es eine vereinzelte spontane Mutation gewesen sein. Die McRaes versprachen dem Schäfer ein Kätzchen aus jedem künftigen Wurf dieser Katze.

Zwei Jahre später brachte Susie, wie die Katze nun hieß, erstmals Nachwuchs zur Welt, darunter auch zwei Kätzchen mit gefalteten Ohren. Eines, ein Katerchen, kam zu einem Nachbarn, der es kastrieren ließ und als Hauskatze hielt. Das andere Tier, eine weibliche Katze, die genau wie ihre Mutter aussah, bekamen der Schäfer und seine Frau, William und Mary Ross.

Drei Monate später war Susie tot. Ein Auto hatte sie auf der Straße in der Nähe des Hofs überfahren. Nun lag das Schicksal der Rasse allein in den Händen der Familie Ross. Glücklicherweise interessierten sich die beiden für Rassekatzen und

Katzenzucht und besaßen bereits eine hübsche Siam. Von den Möglichkeiten, die sich mit ihrem neuen Kätzchen eröffneten, waren sie begeistert. Sie nannten es Snooks und begannen mit ihm zu züchten, mit der Absicht, eine neue Rasse zu kreieren, die sie zunächst als »Lop-eared Cat« (Hängeohrkatze) bezeichneten. Ein Ausstellungsrichter schlug ihnen vor, Verbindung mit der Londoner Züchterin Pat Turner aufzunehmen, die sich für die Vererbung bei Katzen interessierte. Das geschah 1967, und Pat Turner besuchte William und Mary Ross in Schottland. Sie lieh sich einen Kater mit Namen Snowdrift aus, nahm ihn mit nach London und setzte ihn bei Zuchtversuchen ein. Pat Turner war es auch, die die Familie Ross überredete, den Namen »Hängeohrkatze« in »Faltohrkatze« zu ändern, denn – so argumentierte sie – die Ohren der Hängeohrkaninchen seien anatomisch ganz anders geartet als bei dieser Katze, so daß jener Name irreführend sei.

Snowdrift sollte der Stammvater der neuen Rasse werden. In drei Jahren zeugte er 76 Nachkommen, davon hatten 42 die typischen gefalteten Ohren. Er wurde bald berühmt, kam ins Fernsehen und entfachte so etwas wie eine Kontroverse. Denn viele Fachleute verdammten die neue Züchtung als Mißbildung. Es dauerte daher nicht lange, bis es offiziell hieß, Katzen mit Faltohren dürften nicht registriert und zu Katzenausstellungen zugelassen werden.

Während der Widerstand in Großbritannien anhielt, überquerten drei Nachkommen Snowdrifts den Atlantik. In Newtontown, Massachusetts, beschäftigte sich 1970 der Genetiker Neil Todd mit ihnen. Als er seine Studien abgeschlossen hatte, nahm sich die Züchterin Sally Wolfe Peters aus Pennsylvania der drei Katzen an und begann mit der Zucht. 1973 wurde in den USA die erste Scottish Fold offiziell registriert. 1974 gründete Sally Wolfe Peters The International Scottish Fold Association, und 1978 erhielt die Rasse Championstatus für amerikanische Katzenausstellungen. Trotz der Ablehnung, die die Rasse andernorts noch immer hervorruft, zählte die Scottish Fold in den neunziger Jahren in den USA zu den zehn beliebtesten Rassekatzen.

Auch in Deutschland und Belgien sollen Katzen mit gefalteten Ohren aufgetaucht sein, doch scheint man in keinem der beiden Länder die Mutante weitergezüchtet zu haben.

Deformationen: Leider ist das Gen, das die Faltohren verursacht, auch für bestimmte körperliche Mißbildungen verantwortlich. Es handelt sich um ein einzelnes dominantes Gen, das jedoch nur Probleme bereitet, wenn es von beiden Elternteilen vererbt wird (Homozygotie). Wird eine Scottish Fold mit einer anderen Scottish Fold gepaart, haben alle Nachkommen gefaltete Ohren, neigen aber auch dazu, unter zwei Gebrechen zu leiden: unter einem verdickten Schwanz, hervorgerufen durch eine Verschmelzung der Schwanzwirbel, und unter einer übermäßigen Knorpelbildung an den Beingelenken, so daß das Tier schließlich bewegungsunfähig wird.

Gegenüber: Die Scottish Fold wurde Anfang der sechziger Jahre entdeckt. Ihre sonderbare Ohrform halten einige für eine Mißbildung. Dem widersprechen viele Anhänger der Rasse heftig.

DIE NACH VORN GEFALTETEN OHREN der Scottish Fold verleihen dem Kopf ein rundlicheres Aussehen, das an ein Puppengesicht erinnert.

Aus diesem Grund darf die Scottish Fold nur mit normalohrigen Katzen gepaart werden. Die Kätzchen aus diesen Verbindungen haben das Gen für Faltohren nur einmal (Heterozygotie) und sind frei von Mißbildungen. Züchter dieser Rasse müssen daher immer darauf achten, daß sie nicht rasseverwandte Tiere zusammenbringen, wenn sie mit dieser ungewöhnlichen Katze Erfolg haben wollen. Einige kreuzen kurzhaarige Tiere ein, andere langhaarige, je nachdem, welche der beiden klassischen Spielarten der Scottish Fold sie züchten wollen.

Da immer die Gefahr besteht, daß sich zwei Scottish Fold miteinander paaren und es zu Mißbildungen kommt, hat es heftigen Widerstand gegen diese Züchtung gegeben. In Deutschland wurde sie sogar per Gesetz verboten.

In Großbritannien hat die Dachorganisation GCCF die Zulassung der Rasse zu Wettbewerben mit der Begründung abgelehnt, die Form des Ohrs werde »fast zwangsläufig zu ernsten Ohrerkrankungen führen, da die natürliche Durchlüftung des Ohrgangs unterbleibt und es schwierig ist, das Ohr zu reinigen oder medizinisch zu behandeln«. Anhänger der Rasse halten diese Begründung für nicht stichhaltig. Sie vertreten den Standpunkt, daß die Scottish Fold keine stärkere Neigung zu Ohrerkrankungen habe als irgendeine andere Rasse und daß sich ihre Ohren genauso gut sauberhalten lassen. Eine britische Organisation hat ihnen schließlich zugestimmt. 1983 hat der Konkurrent des GCCF, die Cat Association, die Rasse anerkannt. Seitdem ist die Scottish Fold ein regelmäßiger Gast auf Katzenausstellungen.

Temperament: Die Scottish Fold gilt als zutraulich, aufmerksam, intelligent, fröhlich, sensibel, aufnahmefähig, gutmütig, anspruchslos, sanft, liebenswürdig, zurückhaltend, süß, freundlich, friedlich, ausgeglichen, leise, langsam, beharrlich, geschmeidig, neugierig und kräftig.

Farbschläge: Alle Farbschläge sind zugelassen.

Bis heute ist man sich nicht einig, wie die langhaarige Scottish Fold offiziell heißen soll.
Britische Züchter nennen sie Coupari,
nach der Ortschaft, wo man sie entdeckt hat (siehe Coupari).

46

Bengalkatze

Die Bengalkatze hieß ursprünglich Leopardette, bei einigen Autoren auch Bengali. Sie entstammt einer Kreuzung aus wildlebender asiatischer Leopardenkatze *(Felis bengalensis)* mit einer Hauskatze, ist also eine Hybride. Eigentlich hatte man erwartet, daß der gesamte Nachwuchs aus dieser Kreuzung unfruchtbar sein würde. Das traf zwar auf den ersten Kater zu, überraschenderweise aber nicht auf die weiblichen Katzen, so daß sie zur Züchtung einer neuen Rasse herangezogen werden konnten.

Erscheinungsbild: Für eine Rassekatze ist die Bengalkatze ziemlich groß. Die weiblichen Tiere wiegen 4,5 bis 5,5 Kilogramm, die Kater sogar bis zu zehn Kilogramm. Der Körper ist kräftig und muskulös mit langen Hinterbeinen, großen Pfoten und einem charakteristisch getupften Fell – sogar der Bauch ist gefleckt. Die dunklen Tupfen sind für gewöhnlich einfarbig, gelegentlich können aber auch dunkle Rosetten auftreten. Die Schwanzspitze ist schwarz. Der Hauptunterschied zwischen dem Fell der Wildkatze und dem der Hybride findet sich am Ohr und am Schwanz. Am Ohr der Hybride fehlt der kräftige weiße Fleck mit schwarzer Umrandung, und ihr Schwanz ist nicht wie der der Wildkatze getupft.

Geschichte: Man nimmt an, daß es im tropischen Asien über die Jahrhunderte häufig zu Kreuzungen von wildlebenden Leopardenkatzen und Hauskatzen gekommen ist. Aber niemand kümmerte sich um diese Hybriden oder versuchte gar, mit ihnen eine eigene Rasse zu züchten. Doch dann kreuzte 1963 die amerikanische Genetikerin Jean Sugden aus Yuma, Arizona, einen Leopardenkater, den sie in den späten fünfziger Jahren in einer Tierhandlung erworben hatte, mit einer schwarzen Kurzhaarkatze. Ein weiblicher Sproß, Kinkin, wurde mit seinem wilden Vater rückgepaart. Das Ergebnis waren einige einfarbige und einige getupfte Kätzchen. Daraus hätte eine neue getupfte Rasse entstehen können, doch Jean Sugden gab das Projekt auf, als ihr Mann starb.

In den späten siebziger Jahren kreuzte der Genetiker Dr. Willard Centerwall von der University of California im Rahmen einer Untersuchung über Leukämie bei Katzen Leopardenkatzen mit Kurzhaarkatzen. Jean Sugden, die inzwischen einen Mr. Mill geheiratet hatte und in Covina, in der Nähe von Los Angeles, lebte, erwarb

DIE BENGALKATZE ist aus der Kreuzung von wildlebender asiatischer Leopardenkatze (*Felis bengalensis*) und Hauskatze hervorgegangen. Sie ist eine sehr aktive Katze mit wundervoll getupftem Fell.

1981 von Dr. Centerwall acht weibliche Hybriden und begann ein zweites Mal mit der Zucht. Wie schon zuvor wollte sie die Zeichnung der wildlebenden Leopardenkatze mit dem freundlichen Wesen der zahmen Hauskatze verbinden. Die weiblichen Hybriden wurden mit einem verwilderten roten Kater, der unter harten Bedingungen im Rhinozerosgehege des Zoos von Delhi gelebt hatte, und einem braungetupften Kater aus einem Katzenasyl in Los Angeles gepaart. Aus diesen unglaublichen Anfängen entstand die heutige Rasse der Bengalkatzen.

Andere amerikanische Züchter blieben nicht untätig. Dr. Gregg Kent gelang es, einen Leopardenkater mit einer Ägyptischen Mau zu kreuzen. Aber auch Ocicat, Abessinier, Bombaykatze und Britisch Kurzhaar wurden herangezogen.

1983 wurde die Bengalkatze von der TICA (The International Cat Association) als Neuzüchtung registriert. 1984/85 war sie erstmals auf Katzenausstellungen zu sehen, und 1990/91 erhielt sie in den USA Championstatus.

1989 wurde die Zahl der Bengalkatzen auf rund 200 geschätzt. Anfang der neunziger Jahre kamen einige Tiere nach Großbritannien, wo sie damals die teuersten Rassekatzen waren (knapp 7000 Mark). (Ein britischer Tierhalter, der für seine Bengalkatzenfamilie umgerechnet etwa 250 000 Mark ausgegeben hatte, behauptete, ein Angebot von umgerechnet rund 33 000 Mark für ein einziges Tier abgelehnt zu haben.) Seitdem hat die Zahl der Katzen dank wachsenden Interesses und weiterer Zucht deutlich zugenommen, und die anfänglich hohen Preise sind gesunken. Laut TICA waren 1995 weltweit mindestens 9000 Bengalkatzen bei Katzenzüchtervereinen registriert.

Temperament: Die Bengalkatze gilt als intelligent, lebhaft, rege, aktiv, muskulös, geschickt, neugierig, geschäftig, kräftig, entschlossen, extravertiert, gesellig, liebenswürdig, zutraulich, vertrauensvoll und unabhängig. Sie mag Wasser und springt in die Badewanne, um bei ihrem Besitzer zu sein. Sie klettert und springt gern und jagt oft spielerisch durch die Gegend. Ihre Stimme unterscheidet sich von der der normalen Hauskatze und ähnelt stark ihren wildlebenden Vorfahren.

Farbschläge: Es sind alle bräunlichen Schattierungen erlaubt; bevorzugt werden Gold oder Orange. Die Flecken können schwarz, dunkelbraun oder zimtfarben sein. Bei der Zeichnung unterscheidet man Leopardabzeichen (spotted), marmoriert (marbled) oder Schneeleopard (dunkle Flecken auf weißem Grund).

Vor wenigen Jahren war die exotisch getupfte Bengalkatze noch äußerst selten. Da sie immer beliebter wurde, gibt es inzwischen Tausende.

47

Ocicat

Die amerikanische Züchtung war ursprünglich eine Mischung aus drei Vierteln Siam und einem Viertel Abessinier. Später kam noch Amerikanisch Kurzhaar hinzu. Der Name ist eine Wortverbindung aus englisch *ocelot* (Ozelot) und *cat* (Katze). Anfangs waren noch zwei weitere Namen im Gebrauch: Ocelette, weil die Katze wie ein kleiner Ozelot aussieht, und Accicat, weil sie das unbeabsichtigte Ergebnis (englisch *accident* = Zufall) eines Zuchtprogramms mit einem ganz anderen Ziel war. Jemand hat die Katze mit den Worten beschrieben: »Ein Schnurren, eingehüllt in Tupfenmuster.«

Erscheinungsbild: Die Ocicat ist eine große, muskulöse, getupfte Kurzhaarkatze mit einer »durchschnittlichen« Körperform, weder gedrungen noch übermäßig schlank. Mit anderen Worten: eine Rassekatze, die wie eine Wildkatze aussieht. Ursprünglich trat das siamesische Element in der Körperform sehr deutlich hervor, konnte aber durch gezielte Züchtung zurückgedrängt werden.

Geschichte: Die erste Ocicat trat 1964 bei Zuchtversuchen als Zufallsergebnis auf. Denn eigentlich wollte Virginia Daly in Michigan eine Siam züchten, deren Abzeichen das Ticking der Abessinier aufweisen sollten. Dazu kreuzte Virginia Daly eine männliche Siam Chocolate Point mit einer weiblichen Hybride, einer Mischung aus Siam Seal Point und Abessinier.

Unter dem Nachwuchs war unerwarteterweise ein goldgetupftes Katerchen. Es erhielt den Namen Tonga und war die allererste Ocicat. Doch weil Tonga nicht dem Zuchtziel entsprach, wurde er als Hauskätzchen verkauft und kastriert. Aber der Gedanke an die getupfte Katze ließ Virginia Daly nicht los, und mit der Zeit reifte in ihr der Entschluß, eine solche Rasse zu züchten. Sie verpaarte die beiden Katzen erneut, und wieder kamen getupfte Kätzchen auf die Welt, mit denen sie die Zucht fortsetzte und die neue Rasse entwickelte.

Ein anderer amerikanischer Züchter, Tom Brown, griff die Arbeit auf und startete ein langfristiges Zuchtprogramm. 1970 dauerte es bereits fünf Generationen. Andere verbesserten die Rasse, indem sie Amerikanisch Kurzhaar einkreuzten. Dadurch wurde der Körper der Ocicat größer, und es entstand das beeindruckende Tier, das wir heute kennen. 1987 erhielt die Ocicat in den USA

DIE OCICAT ist eine neue amerikanische Züchtung
aus den sechziger Jahren.
Sie verbindet das Aussehen einer Wildkatze mit dem freundlichen Wesen einer Rassekatze.

Championstatus. In den späten achtziger Jahren kamen die ersten Exemplare auf die Britischen Inseln, wo ihre Zahl seitdem ständig gewachsen ist.

In den achtziger Jahren entwickelte Karen Dupuis in Deutschland eine eigene Zuchtlinie. Ihr Stammvater ist der 1984 geborene Nadir.

Temperament: Die Ocicat gilt als zutraulich, freundlich, gesellig, muskulös, lebhaft, akrobatisch, aufmerksam, intelligent, anhänglich, ruhig und lieb. Sie soll außergewöhnlich gelehrig sein.

Farbschläge: Die Flecken stehen in Schwarz, Chocolate, Zimt, Blau, Lavendel und Beige auf einem warmen Hell- oder Gelbbraun oder auf Silber.

48

Amerikanisch Kurzhaar

Die amerikanische Rassekatze hieß ursprünglich »Domestic Shorthair« (Einheimisch Kurzhaar). Sie wurde 1966 offiziell in Amerikanisch Kurzhaar (»American Shorthair«) umbenannt. Der Grund dafür war, ihren Status zu erhöhen und sie von der gewöhnlichen Hauskatze ohne Stammbaum zu unterscheiden.

Erscheinungsbild: Die Amerikanisch Kurzhaar ist eine muskulöse, gedrungene, kräftige Katze mit einem kurzen, rundlichen Gesicht. Ihre Beine sind etwas länger als bei der Britisch Kurzhaar. Meist hat sie auch ein dichteres, dickeres Fell.

Geschichte: Die Amerikanisch Kurzhaar kann auf eine lange Vergangenheit zurückblicken, die ihre Verwandschaft mit der Britisch und der Europäisch Kurzhaar erklärt. Nach der Überlieferung sind die ersten Katzen 1620 mit den Pilgervätern an Bord der *Mayflower* nach Amerika gekommen. Viele weitere Katzen sind ihnen gefolgt und haben sich in kurzer Zeit über die Neue Welt verbreitet. Einige sind verwildert, doch die meisten blieben zahme Haustiere. Da die Katzen in mehreren Wellen und aus unterschiedlichen Teilen Europas in die Neue Welt kamen, war eine ausreichende genetische Vielfalt garantiert, so daß sich die Amerikanisch Kurzhaar zu einer gesunden, kräftigen Rasse entwickeln konnte. Als in der Mitte des vergangenen Jahrhunderts in Kalifornien der Goldrausch ausbrach, waren sie dort als Mäusefänger so begehrt, daß sie für 50 Dollar pro Exemplar gehandelt wurden – für die damalige Zeit eine Menge Geld.

Ende des 19. Jahrhunderts wurden die schönsten Nachfahren dieser vierbeinigen Einwanderer auf Katzenausstellungen gezeigt. Unter ihnen, die nun offiziell »Domestic Shorthair« hießen, waren außergewöhnliche Exemplare. Dennoch spielten sie oft nur eine untergeordnete Rolle, da die fremden Rassen, die aus Europa kamen, sehr viel mehr Aufmerksamkeit erregten. So berichtet beispielsweise Ingeborg Urcia: »Wer die neuen, exotischen Rassen züchtete, schaute auf die amerikanischen Katzen herab. Man tuschelte, daß die Züchter einheimischer Katzen ihre Zuchttiere aus dem Tierheim geholt hätten, und verachtete sie. Auf manchen Katzenausstellungen waren sie noch nicht einmal zu sehen [. . .] Den Züchtern amerikanischer Katzen wurden auf Ausstellungen keine Käfige zur Verfügung gestellt, und für die Kategorie Domestic Shorthair waren keine [Gewinn-] Rosetten oder Trophäen vorgesehen.«

Anfang des 20. Jahrhunderts stieg das Ansehen der Rasse durch die Ankunft einer Britisch Kurzhaar mit dem Namen Champion Belle of Bradford. Jane Cathcart hatte den rotgestromten Kater aus Großbritannien eingeführt. Champion Belle of Bradford war die erste Domestic Shorthair, die in den USA als Rassekatze registriert wurde. Und 1904 wurde die erste echt amerikanische Domestic Shorthair ins offizielle Zuchtbuch eingetragen: der Smoke-Kater Buster Brown, der ebenfalls Jane Cathcart gehörte.

Nach dem Zweiten Weltkrieg begannen Domestic Shorthair auf amerikanischen Katzenausstellungen Preise zu gewinnen. Dieser Umstand war mit ein Grund, warum man sie schließlich in Amerikanisch Kurzhaar umtaufte. Anfang der sechziger Jahre setzte sich eine Gruppe von begeisterten Freunden dieser Rasse für den neuen Namen ein, denn sie hatten den Eindruck, die Bezeichnung »Domestic« behindere den Erfolg dieser Katzen. Die Rechnung ging auf, und seit den siebziger Jahren sind Amerikanisch Kurzhaar von den Katzenausstellungen in ganz Amerika nicht mehr wegzudenken.

Ursprünglich hieß die Amerikanisch Kurzhaar »Domestic Shorthair« (Einheimisch Kurzhaar). Um auf Katzenausstellungen den Eindruck zu vermeiden, es handele sich um eine ganz gewöhnliche Hauskatze, wurde der Name geändert.

DAS WUNDERSCHÖNE FELL dieser Amerikanisch Kurzhaar Silber Tabby Gestromt führt vor Augen, was die Züchter aus den einfachen Anfängen entwickelt haben.

Temperament: Die Amerikanisch Kurzhaar gilt als kräftig, gesund, gewandt, freundlich, intelligent, robust, stark, gutmütig und unabhängig.
Farbschläge: Alle traditionellen Farbschläge sind anerkannt. Die bekannteste und am meisten geschätzte Variante ist das klassische (gestromte) Silber Tabby, das auf einem glänzend silberweißen Untergrund ein klares, kontrastreiches Muster in Lackschwarz zeigt.

49

American Wirehair

Der erste Drahthaarkater wurde 1966 auf einer Farm im Staat New York geboren.
Erscheinungsbild: Das Fell der American Wirehair ist einzigartig. Es besteht aus Haaren, von denen jedes einzelne gekräuselt und an der Spitze umgebogen ist, so daß sich das dichte Fell rauh, ja, fast stachelig anfühlt. Abgesehen von diesem Rassemerkmal, gleicht die Katze mit ihrem kräftigen, muskulösen Körper der Amerikanisch Kurzhaar. Bei einigen Tieren sind – ähnlich wie bei den Rexkatzen – auch die Schnurrhaare gekräuselt.
Geschichte: Am Anfang dieser Rasse stand eine einzelne spontane Mutation. In einem Wurf zweier Farmkatzen, Bootsie und Fluffy, der in einer Scheune in der Nähe von Vernon (nicht Verona, Vermont oder Utica, wie verschiedene Autoren behaupten) im Staat New York zur Welt kam, befand sich ein rotweißes Katerchen, dessen Fell aus ungewöhnlichen, drahtartigen Haaren bestand. Der Farmer nahm Verbindung mit Mrs. William O'Shea auf, einer Katzenzüchterin, die in der Nähe lebte, Rexkatzen hielt und sich mit ausgefallenen Fellmustern auskannte. Sie erkannte sofort die Bedeutung dieses Kätzchens und erwarb es für 50 Dollar, um mit ihm ein Zuchtprogramm zu beginnen. Um eine Partnerin zu haben, erwarb sie aus demselben Wurf ein weiteres Kätzchen mit normalem Fell. Der Kater wurde Adam, die weibliche Katze Tip-Toe genannt (die vollständigen Namen lauteten: Council Rock Farm Adam of HiFi und Tip-Toe of Hi-Fi).

Durch konsequente Zucht kam eine ganze Reihe von Drahthaarkätzchen zur Welt. Einige wurden von anderen amerikanischen Züchtern erworben, und bald verbreitete sich die Nachricht von der neuen erstaunlichen Katzenart im Land. Kurz darauf kamen Drahthaarkätzchen auch zu Züchtern in Kanada und Deutschland. 1969 war die Rasse etabliert. Die CFA erkannte 1977 die American Wirehair offiziell an, und in den neunziger Jahren erhielt sie überall in den USA Championstatus. Sie nahm auch an Katzenausstellungen in Kanada, Deutschland und Japan teil. Dennoch blieb sie weltweit eine seltene Rasse.

Während das Gen, das bei Rexkatzen das gelockte Fell hervorruft, rezessiv ist, ist das Gen für das Drahthaar der American Wirehair dominant. Man gab ihm das Symbol »Wh«.

Die erste American Wirehair wurde 1966 auf einer Farm im Staat New York geboren. Ihr Rassemerkmal ist das rauhe, drahtige Fell.

Anders als bei der Cornish Rex stammt das Drahthaargen nur aus einer einzigen Quelle. Daher können alle heute lebenden Drahthaarkatzen auf Adam zurückgeführt werden. Es gibt zwar Berichte über Rauhhaarkatzen auf Ruinengrundstücken in London gegen Ende des Zweiten Weltkriegs, doch niemand hat diese Katzen weitergezüchtet. Zwei von ihnen wurden – einige Jahre bevor man in Amerika Adam entdeckte – auf der National Cat Club Show vorgeführt, doch betrachtete man sie eher als Kuriosität und nicht als mögliche Zuchttiere.

Temperament: Die American Wirehair gilt als freundlich, intelligent, anpassungsfähig, gutmütig und zutraulich. Es gibt aber auch einige Widersprüche in ihrer Charakterbeschreibung: So wird sie einmal als ruhig und zurückhaltend geschildert, dann wieder als verspielt, närrisch, unabhängig und neugierig. Wegen ihres Aussehens gilt sie auch als der »Punk unter den Katzen«. Man sagt ihr nach, daß sie »ihr Heim und andere Katzen mit eiserner Pfote regiert«.

Farbschläge: Alle Farben und Muster sind anerkannt.

50

Exotisch Kurzhaar

Die Exotisch Kurzhaar ist eine Kurzhaarvariante der Perser und entstand in den fünfziger Jahren.

Viele Leute wünschten sich eine Katze mit dem sanften und ruhigen Wesen der Perser, wollten aber nicht jeden Tag viel Zeit für die Pflege opfern, die das außergewöhnlich lange Haarkleid der Perser verlangt. Die Lösung bestand darin, die Haare genetisch zu kürzen, ohne das Temperament der Katze zu verändern. Als das gelungen war, fand die neue Rasse sehr schnell zahlreiche Anhänger. Manchmal wird sie auch als »pflegeleichte Perser« bezeichnet.

Erscheinungsbild: Die Exotisch Kurzhaar ist eine stämmige Katze mit dem untersetzten Körper, dem schweren Kopf, dem flachen Gesicht, den kurzen Beinen und dem kurzen Schwanz der Perser. Doch das dicke, weiche, plüschartige Fell ist kurz, so daß die Katze einem Teddybären ähnelt.

Geschichte: Die Rasse entstand bei Versuchen, die Eigenschaften der Amerikanisch Kurzhaar zu verbessern, indem man Perser in die Kurzhaarkatzen einkreuzte. Es kam tatsächlich zu einer neuen, »verbesserten« Kurzhaarkatze, die aber so anders als die Amerikanisch Kurzhaar aussah, daß man sich entschied, sie als eigene Rasse zu betrachten. 1966 schlug Jane Martinke den Namen Exotisch Kurzhaar (»Exotic Shorthair«) für die neue Züchtung vor, und unter diesem Namen wurde 1967 auch die erste Katze ausgestellt. Zwei Jahre später gründeten Bob und Nancy Lane den ersten Zuchtverband für Exotisch Kurzhaar und begannen, die Rasse sorgfältig weiterzuzüchten.

Am Anfang hatte man gelegentlich noch andere Kurzhaarrassen eingekreuzt, darunter Abessinier, Burma und Russisch Blau. Doch nachdem der Standard der Exotisch Kurzhaar einmal festgelegt war, durften nur noch Amerikanisch Kurzhaar und Perser eingekreuzt werden.

Ähnliche Kreuzungen hat man in Großbritannien vorgenommen. Dort hießen die Ergebnisse manchmal »British Exotics«, um sie von ihren amerikanischen Gegenstücken zu unterscheiden.

Bei der Klassifizierung der Rasse gibt es immer wieder Meinungsverschiedenheiten. Einige Verbände zählen sie zu den Kurzhaarkatzen (wegen ihres Fells),

Die Exotisch Kurzhaar ist die Kurzhaarvariante der Perser.
Wer eine anschmiegsame Katze mit pflegeleichtem Fell möchte, für den ist sie geradezu ideal.

andere zu den Langhaarkatzen (weil sie in jeder anderen Hinsicht Perser sind). Diese Kontroverse unterstreicht den traurigen Zustand, in dem sich heute das Klassifikationssystem der Rassekatzen befindet.

Temperament: Die Exotisch Kurzhaar gilt als ausgeglichen, friedlich, ruhig, häuslich, robust, intelligent, aufmerksam, aufgeweckt, neugierig und verspielt.

Farbschläge: Alle Farbschläge der Perser sind erlaubt.

51

Sphinx

Die fast völlig nackte Sphinx aus Kanada ist wohl die umstrittenste Katzenzüchtung. Man sagt von ihr, sie sei »so häßlich, daß sie schon wieder schön ist«.
Erscheinungsbild: Die schlanke, langgestreckte Katze hat eine lederartige, fast haarlose Haut – selbst die Schnurrhaare fehlen – und einen langen, spitz auslaufenden Schwanz. Der keilförmige Kopf trägt sehr große Ohren. Der Körper fühlt sich warm an, was ihr den Spitznamen »lederne Wärmeflasche« eingetragen hat. Die Haut »sollte wie Samt aussehen und sich wie Moos anfühlen«. Die Katze wurde in ihrem Äußeren mit E.T. verglichen, dem Außerirdischen in Steven Spielbergs Film von 1982.
Geschichte: Am 31. Januar 1966 brachte Elizabeth, die schwarzweiße Hauskatze einer Mrs. Micalwaith in Toronto, ein haarloses Katerchen zur Welt, das Prune genannt wurde. Ein Universitätsstudent hörte von dem sonderbaren Neuankömmling. Seine Mutter war die Siamzüchterin Yania Bawa, und gemeinsam kauften sie Mrs. Micalwaith die Mutterkatze und ihr nacktes Junges ab. Als der Kater erwachsen war, kreuzten sie ihn mit seiner Mutter rück, um weitere haarlose Kätzchen zu erhalten. Im weiteren Zuchtprogramm wurden auch weibliche Amerikanisch Kurzhaar eingekreuzt. Die haarlosen Nachkommen galten als eigene Rasse und wurden Sphinx genannt. 1971 erhielten die Nacktkatzen Championstatus, doch Schwierigkeiten bei der Aufzucht, vor allem der weiblichen Kätzchen, ließen das Interesse an dieser Rasse bald wieder schwinden, ja es erhob sich sogar heftiger Widerstand gegen die Sphinx.

Später wurde der Rasse der Championstatus wieder aberkannt, und die Nacktkatzen drohten auszusterben. Doch dann wurden einige Exemplare nach Europa ausgeführt, wo die Sphinx neue Befürworter fand. Sie wurde in den Niederlanden und in Frankreich weitergezüchtet, und schließlich kamen einige Tiere auch nach Großbritannien. Noch heute ist die Katze recht selten, doch der Fortbestand der Rasse scheint gesichert. Anfang der neunziger Jahren erteilte ihr die TICA erneut den Championstatus.

Interessanterweise scheint das rezessive Gen, das für die Haarlosigkeit verantwortlich ist, auch die Gestalt zu verändern. Die Mutter der ersten Nacktkatze hatte den Körperbau einer ganz normalen Hauskatze, doch die Sphinx ist ungewöhnlich langgestreckt und grazil. In dieser Hinsicht erinnert sie an die Rexkatzen, bei denen das dünne Fell offenbar auch mit einem schlanken, feingliedrigen Körper verbunden ist.

Die Sphinx ist sehr kälteempfindlich und muß von ihrem Besitzer in wohltemperierten Räumen gehalten werden.

Temperament: Wer dieser Katze leibhaftig begegnet ist, wird bezeugen, daß ihre Sensibilität und ihr liebenswüdiger Charakter ihre bizarre Erscheinung mehr als ausgleichen. Sie ist außergewöhnlich gesellig und zutraulich. Man hat sie auch als eine Mischung aus Affe, Hund, Kind und Katze charakterisiert.

Wer sie nur von Fotografien kennt, kann ihrer Art manchmal nur wenig abgewinnen. So heißt es denn auch von ihr, sie sei die »häßlichste Katze der Welt« oder sie sei »ein Geschöpf mit einem haarlosen Körper, einem Schlangenkopf, einem Rattenschwanz und Fledermausohren«.

Farbschläge: Alle Farbschläge sind zugelassen.

DIE UNGEWÖHNLICHE SPHINX aus Kanada hat mehr heftige Diskussionen ausgelöst als jede andere Züchtung. Sie wird entweder geliebt oder gehaßt, aber niemand bleibt ihr gegenüber gleichgültig.

52

SOMALI

Die Somali ist die Langhaarvariante der Abyssinian. Das getickte Fell ist nicht nur länger, es ist auch weicher und seidiger, und jedes Haar hat mehr Bänder.

Der Name hat keinerlei geschichtliche Bedeutung, im Gegenteil: Wahrscheinlich hat niemals eine Somali das afrikanische Land betreten, nach dem sie benannt ist. Man hat den Namen gewählt, weil Somalia Abessinien (dem heutigen Äthiopien) benachbart ist; auf diese Weise wollte man deutlich machen, daß Somali und Abyssinian eng verwandt sind.

Erscheinungsbild: Abgesehen von dem halblangen Fell, der Halskrause und dem vollen, buschigen Schwanz sieht die Somali wie die Abessinier aus. Häufig heißt es, sie erinnere an einen Puma. Durch das lange, dichte Fell wirkt die Somali jedoch schwerer als ihre kurzhaarige Schwester.

Geschichte: Langhaarige Kätzchen tauchten in den fünfziger und den sechziger Jahren immer wieder in den Würfen kurzhaariger Abessinier auf und waren zunächst keineswegs erwünscht. Sie wurden von der Zucht ausgeschlossen und als Hauskatzen abgegeben. Erst später erkannte man ihren besonderen Reiz und züchtete sie als eigene Rasse. Langhaarige Abessinier aus den USA, Australien und Neuseeland wurden ausgetauscht, um die Rasse zu verbessern.

Die treibende Kraft der Somalizucht war die Amerikanerin Evelyn Mague aus Gillette, New Jersey. Sie gab der Rasse ihren Namen, und ihr Kater George, der 1967 geboren wurde, gilt als der Stammvater der Somali.

In den USA wurde der Somali 1978 von der CFA der Championstatus zuerkannt. Bereits ein Jahr zuvor waren Somalikatzen nach Kontinentaleuropa gebracht worden, wo man ebenfalls mit der Zucht begann.

Langsamer entwickelte sich die Sache in Großbritannien. Britische Züchter haben sich stets gegen Neuheiten gesträubt, und so lehnten sie zunächst auch die Somali ab. Bereits 1971 wurden zwei langhaarige Abyssinian auf einer Katzenausstellung in London gezeigt, doch weckten sie bei den Fachleuten keine Begeisterung, im Gegenteil: Man lehnte sie als Zuchttiere ab. Erst 1981, als die Rasse andernorts schon längst anerkannt war, wurde das erste Pärchen in Großbritannien eingeführt. Ihm wurde jetzt die gebührende Aufmerksamkeit zuteil, und man begann nun

DIE SOMALI ist eine langhaarige Abyssinian, gezüchtet in den späten sechziger Jahren in den USA. Auf das europäische Festland kam sie in den siebziger, nach England in den achtziger Jahren.

endlich auch in Großbritannien, Somali zu züchten. 1982 wurde die Rasse von der FIFe anerkannt.

Aus Australien wird berichtet, daß die Somali die Abyssinian inzwischen fast völlig verdrängt hat.

Über den wahren Ursprung der Rasse streiten sich die Fachleute. Manche vermuten, daß in den Anfangsjahren der Abessinierzucht eine Langhaarrasse eingekreuzt worden ist – so wird ausdrücklich eine Perser aus der Zeit um 1900 erwähnt –, deren Rassemerkmale dann Jahre später in Erscheinung traten. Andere dagegen sind fest davon überzeugt, daß eine solche Einkreuzung keine Rolle gespielt hat und daß das rezessive Gen für Langhaarigkeit als spontane Mutation in einer sonst reinen Abessinierrasse entstanden ist. Die letztere Auffassung erscheint wahrscheinlicher, da die Somali außer dem längeren Fell sonst keine nichtabessinischen Merkmale zeigt.

Temperament: Die Somali gilt als extrovertiert, aktiv, aufmerksam, wachsam, kräftig, schlau, lebhaft, ausgeglichen, zutraulich, verspielt, intelligent, gefühlvoll und sanft. Sie braucht ziemlich viel Freiheit und ist eine hervorragende Jägerin. Ihre Stimme ist leise und diskret.

Farbschläge: Der ursprüngliche Farbschlag wird als »wildfarben« (ruddy) beschrieben. Das war bis 1963 die einzig zugelassene Farbe. Dann folgten Sorrel (Rotbraun) und Rot (nur in den USA). Blau wurde erst 1984 zum Wettbewerb zugelassen. Bis heute kamen als weitere Farben hinzu: Beige, Schildpatt (nur in den USA) und Silber (mit Ticking in allen übrigen Farben).

Eine Somali in Silber und Blau: Dieser Farbschlag unterstreicht noch die geschmeidige Eleganz der langhaarigen Variante der Abyssinian.

53

Tiffany

Die Katze wird oft fälschlicherweise als »langhaarige Burma« bezeichnet. Die amerikanische Züchtung sollte nicht mit der englischen Tiffanie (siehe dort) verwechselt werden. Um diese Verwechslung zu vermeiden, haben einige Züchter vorgeschlagen, den Namen Tiffany durch Chantilly zu ersetzen.

Erscheinungsbild: Die mittelgroße Katze hat goldgelbe Augen und ein prächtiges, glänzendes Fell mit langem, seidigem Haar. Sie hat eine ausgeprägte Halskrause und einen buschigen Schwanz.

Geschichte: Den Ursprung der Tiffany umgibt ein Geheimnis. Am Anfang steht ein Pärchen mit goldfarbenen Augen und schokoladenbraunem Langhaarfell unbekannter Herkunft. Die Züchterin Jennie Robinson aus New York hatte es 1967 bei einem Grundstücksverkauf erworben. Kater Thomas war etwas mehr als ein Jahr alt, Shirley mindestens sechs Monate jünger. Wahrscheinlich entstammten sie zwei verschiedenen Würfen derselben Eltern. Zwei Jahre später, im Mai 1969, brachte Shirley ihren ersten Wurf von Kater Thomas zur Welt. Überraschenderweise hatten alle sechs Kätzchen das gleiche satte schokoladenbraune Fell, was eine Weiterzüchtung nahelegte. Anfang der siebziger Jahre wurden die Tiere aus dieser Abstammungslinie von dem amerikanischen Verband ACA unter der Bezeichnung »Foreign Longhair« (Ausländisch Langhaar) registriert.

Dann nahm die Geschichte der Rasse eine fatale Wende. Eine Züchterin aus Florida, Sigyn Lund, bekannt für ihre Burmazucht, erwarb einige Robinson-Kätzchen. Sie wurde die neue Kapazität für die »Foreign Longhair« und gab der Rasse den Namen Tiffany – nach einem Theater in Los Angeles. Dieser Name sollte die besondere Eleganz der Tiere zum Ausdruck bringen und war dazu sicherlich besser geeignet als die farblose Bezeichnung »Foreign Longhair«. Da die mysteriösen Umstände der Herkunft dieser Katzen in New York den meisten Leuten unbekannt waren, nahmen sie leider an, daß die wunderschönen Tiere eine Langhaarvariante der Lundschen Burmazucht seien. Und damit nahm die Legende von der »langhaarigen Burma« ihren Lauf.

Jeder Autor übernahm vom vorhergehenden den Irrtum, die amerikanische Tiffany sei eine langhaarige Burma. Noch in jüngster Zeit, 1995, konnte man lesen:

»Tiffany – diese neue Rasse, Ergebnis einer Kreuzung von Burma und Perser, wurde in den USA gezüchtet.« Und in einer anderen Quelle heißt es, die Rasse entstamme »einer Kreuzung der Burma mit einer gleichmäßig langhaarigen Katze«. An wieder anderer Stelle ist zu lesen: »Die Tiffany wurde in den USA aus langhaarigen Tieren gezüchtet, die in Würfen ganz normaler Burmakatzen auftauchten.«

Der Irrtum wurde so oft wiederholt, bis er für bare Münze genommen wurde. Nur in einer einzigen Veröffentlichung der letzten Jahre, in einem kleinen Katzenbuch von David Burn und Chris Bell, heißt es richtig: »Belege für die wahre Herkunft der amerikanischen Tiffany scheinen verlorengegangen zu sein [. . .] Zwar ist das Braun der Burma die häufigste Fellfarbe der Tiffany, aber das Gen, das sie hervorruft, ist ein anderes als bei jener. Inzwischen bestehen Zweifel, ob diese amerikanische Züchtung überhaupt Burmakatzen als Vorfahren hat.« So ist es. Wie zu Anfang dargelegt, muß die Herkunft der Katzen im dunkeln bleiben. Fest steht nur, daß die Rasse mit zwei unbekannten braunen Katzen in New York begonnen hat.

Die Verwirrung wurde noch größer, als britische Züchter in den achtziger Jahren auf der Suche nach Varianten der neuen Burmilla zufällig eine langhaarige braune Katze schufen, die tatsächlich einiges Blut der Burma in ihren Adern hatte. Zunächst nannte man sie »Asian Longhair« (Asiatisch Langhaar). Doch dann, als man fälschlicherweise annahm, die amerikanische Tiffany sei eine langhaarige Burma, wollten die britischen Züchter ihrer Katze denselben Namen geben. Glücklicherweise war das nicht möglich, da »Tiffany« bereits vergeben war. Um die Verbindung zur amerikanischen Rasse deutlich zu machen, nannte man die britischen Langhaarkatzen nun Tiffanie.

Doch damit war das Ende des Chaos noch immer nicht erreicht. Denn inzwischen hatte sich in Kanada eine Geschichte ereignet, die genauso mysteriös anfing wie jene in New York. 1973 spazierte eine schwangere, goldäugige, langhaarige und schokoladenbraune Katze in das Haus eines kanadischen Landbesitzers und bedachte ihn umgehend mit einem Wurf Kätzchen, die genauso wie ihre Mutter aussahen. Kanadische Züchter erwarben einige Nachkommen dieser Katzen und begannen mit der Zucht. In Zusammenarbeit mit amerikanischen Züchtern konnten sie den Zuchtbestand der Tiffany sichern, die zeitweise zu verschwinden drohte. Mittlerweile jedoch war die Nachricht von der britischen Tiffanie über den Atlantik gekommen. Um weitere Konfusion zu vermeiden, sollte die nordamerikanische Züchtung einen neuen Namen erhalten: Chantilly. Doch in der Welt der Katzenzüchter geht es nicht so einfach zu. Einige Verbände akzeptierten den neuen Namen, andere blieben bei Tiffany, wieder andere wollten kein Risiko eingehen und entschieden sich für den schwerfälligen Kompromiß: Chantilly/Tiffany.

Temperament: Die Tiffany gilt als anhänglich, zutraulich, sanft, gesellig, treu, extrovertiert, neugierig und freundllich.

Farbschläge: Die ursprüngliche Farbe der Tiffany ist ein sattes Dunkelbraun. Doch mittlerweile gibt es bereits eine Reihe von Verdünnungen und Abweichungen, darunter Blau, Zimt, Lavendel und Beige, sowohl einfarbig als auch mit Tabbyzeichnung.

54

California Spangled

Die getupfte Rasse wurde in den sechziger Jahren in den USA entwickelt.
Erscheinungsbild: Rassemerkmal dieser Kurzhaarkatze sind die klar voneinander getrennten, auffälligen runden schwarzen Tupfen, die das Fell bedecken. Ihr langer und muskulöser Körper liegt tief, als ob die Katze ständig auf der Jagd sei. Auf sonderbare Art erinnert der Gang der California Spangled an den Schleichgang von Großkatzen. Der abgestumpfte Schwanz endet mit einer schwarzen Spitze.
Geschichte: Als der amerikanische Drehbuchautor Paul Casey aus Burbank, Kalifornien, 1971 auf dem Weg zur Olduwaischlucht in Ostafrika unterwegs war, erschütterte ihn das sinnlose Abschlachten afrikanischer Leoparden. Er beschloß, eine Katzenrasse zu züchten, die an die Schönheit der getupften Wildkatzen erinnern sollte. Nach Hause zurückgekehrt, erarbeitete er einen genauen Zuchtplan, nach dem er – theoretisch – nach elf Generationen die gewünschte Rasse erreichen würde. Die Katze sollte wie eine Miniaturausgabe der Leoparden aussehen. Die Zuchttiere wählte er persönlich in vier Kontinenten aus. Es gab acht verschiedene Abstammungslinien, darunter eine Kreuzung aus Abessinier und Wild Abyssinian, eine Amerikanisch Kurzhaar, eine Angora Silber Tabby, eine Britisch Kurzhaar, eine Straßenkatze aus Kairo, eine kurzhaarige Hauskatze aus Malaysia, eine getupfte Manx und eine klassische Siam Seal Point. Das Projekt wurde ein voller Erfolg. Wie auf ein Stichwort tauchten in der elften Generation die ersten California Spangled auf. 1991 wurde die Rasse von zwei amerikanischen Verbänden (TICA und ACA) anerkannt.

Daß die neue Rasse jedoch nicht auf einer Katzenausstellung, sondern 1986 im Weihnachtskatalog eines Versandhauses vorgestellt wurde, stieß auf scharfe Kritik. In einem »Weihnachtsüberraschungspaket für ihn oder für sie« wurden California-Spangled-Kätzchen für 1400 Dollar das Stück angeboten. Dieses ungewöhnliche Debüt brandmarkte die Rasse als eine rein kommerzielle Zucht – eine Designerkatze für die Reichen. Im Katalog wurden die Kätzchen mit den Worten angeboten: »In jeder Farbe, die die Kunden wünschen, damit sie zur Kleidung oder zur Wohnungseinrichtung passen«.

Befürworter dieses Vorgehens haben die Kritik mit der Begründung zurückgewiesen, daß die Katzen »ein Symbol für den Schutz einer bedrohten Tierart, der getupften Wildkatze« seien. Und 1994 erklärte Paul Casey in einem Interview, daß er ursprünglich »nur fünf Katzen verkaufen wollte. Statt dessen haben sie allein im ersten Monat 350 Bestellungen entgegengenommen. Wir können die Nachfrage gar nicht befriedigen.« In dem Rummel um die Einführung seiner Katzen sah er eine Plattform für seine ursprünglichen Ziele, nämlich »auf die bedrohte Lage der Wildkatzen hinzuweisen«.

Temperament: Die California Spangled gilt als ausdrucksstark, ausgeglichen, lebhaft, kräftig und ungewöhnlich intelligent.

Farbschläge: Schwarz (= blauschwarze Abzeichen auf silbrig weißem Grund), Blau (= stahlblaue Abzeichen auf grauem Grund), Bronze (= kastanienbraune, schwarze oder dunkelgraue Abzeichen auf lohfarbenem oder gelbbraunem Grund), Braun (= graubraune oder grünlich graue Abzeichen auf warmem Braun), Anthrazit (= dunkelgraue Abzeichen auf sandfarbenem oder blaßgrauem Grund), Rot (= kastanien- bis schokoladenbraune Abzeichen auf kupferrotem Grund), Gold (= schwarze, kastanienbraune oder graue Abzeichen auf gelbem oder aprikosenfarbenem Grund) und Silber (= schwarze Abzeichen auf blaßgrauem Grund).

Die California Spangled ist eine getupfte Rassekatze, die erst in jüngster Zeit entwickelt wurde. Es gab ziemliche Aufregung, als die Katze nicht auf einer Ausstellung vorgestellt, sondern in einem Versandhauskatalog angeboten wurde.

55

SINGAPURA

Die kleine, kurzhaarige Katze stammt aus Singapur und ist außerhalb ihrer Heimat noch nicht allzu lange bekannt. Weil sie während der Trockenzeit in den Abflußrohren (englisch *drains)* der Stadt Zuflucht vor menschlicher Verfolgung suchen soll, nennt man sie auch »Drain Cat of Singapore«; ein anderer Name ist »Singapore River Cat«, weil sie sich an den Uferböschungen der Flüsse herumtreiben soll.

Die international anerkannte Bezeichnung Singapura hat einen verhältnismäßig einfachen Hintergrund: Singapura ist der malaiische Name für den Stadtstaat, aus dem die Katze stammt.

In Singapur heißt die Katze heute auch »Kucinta, die Liebeskatze von Singapur«. Das ist jedoch kein alter Name, vielmehr wurde er 1991 vom Fremdenverkehrsamt als Teil einer weltweiten Werbekampagne für die Stadt eingeführt.

1993 wurde die Singapura offizielles Symbol von Singapur, und zwei Rassekatzen kamen zurück in die Stadt, um Modell für eine Statue zu stehen, die am Flußufer aufgestellt werden soll, wo die Katzen vermutlich ursprünglich lebten.

Erscheinungsbild: Die Singapura ist eine der kleinsten Rassekatzen. Sie ist muskulös und hat ein sehr kurzes, feines und seidiges Fell, das eng anliegt. Die Grundfarbe ist Elfenbein, doch ist jedes Haar mit zwei oder mehreren dunkelbraunen Bändern getickt. (Die anderen Rassekatzen mit Ticking oder Agouti sind die Abessinier, die Somali, die Wild Abyssinian und die Ceylonese.) Die Schwanzspitze ist schwarz. Augen und Ohren sind groß, die Beine kräftig, die Pfoten klein.

Geschichte: Der Ursprung der Rasse ist umstritten. Die Geschichte, die in den meisten Katzenbüchern erzählt wird, ist – wie man heute weiß – in mancherlei Hinsicht falsch. Danach soll ein amerikanisches Ehepaar, Hal und Tommy Meadow, die Rasse 1974 in Singapur entdeckt haben. Sie hatten gehört, daß in den Straßen und den Abwasserkanälen der Stadt ungewöhnlich kleine Katzen lebten. Sie nahmen ein Kätzchen, das sie Pusse tauften, und später ein Paar erwachsener Katzen, Tickle und Tessa, bei sich auf und begannen noch in Singapur mit der Zucht. 1975 übersiedelten sie mit fünf Tieren – darunter die drei ersten – nach Amerika und führten dort die Singapura als neue Rassekatze ein.

1988 gab Tommy Meadow in einem Interview weitere Einzelheiten bekannt: »Im April [1975] fiel Saigon, und im Juli kehrte ich in die USA zurück; mein Mann Hal folgte ein paar Tage später. Bei mir hatte ich meine sechs Katzen. Fünf von ihnen hatten noch in Singapur den Rassenamen Singapura erhalten und waren in der Singapore Feline Society registriert [...]. Die älteste war Pusse, die beim Goldhill Building im Zentrum der 225 Quadratmeilen großen Insel entdeckt worden war. Im Alter die nächsten waren der Kater Tickle und seine kleine Schwester Tessa, die in der Ufergegend herumgestreunt waren. George und Gladys hießen so nach zwei Mitgliedern der Singapore Feline Society und waren vier Monate alte Kätzchen aus einem Wurf von Pusse und Tickle. Diesen fünf ›Einwanderern‹ von 1975 folgte 1980 noch Chiko, den ein anderer amerikanischer Züchter in Singapur entdeckt hatte. Chiko kam später zu einer Singapurazüchterin [Barbara Gilbertson] im Staat Washington.«

So lautete die offizielle Geschichte über die Herkunft der neuen Rasse. Sie wurde allgemein akzeptiert, bis ein anderer amerikanischer Züchter, Jerry Mayes, Singapur besuchte, um weitere Tiere für die Zucht zu suchen. Zu seinem Erstaunen entdeckte er Urkunden, nach denen Hal und Tommy Meadow Pusse, Tickle und Tessa aus den USA nach Singapur *eingeführt* hatten.

Die Behauptung, die Katzen seien »beim Goldhill Building« und in der »Ufergegend« gefunden worden, war also eine raffinierte Irreführung. Aber warum?

Eine Erklärung ging davon aus, Tommy Meadow habe die wahre Herkunft der Singapura verheimlicht, um sie interessanter erscheinen zu lassen. Man wies darauf hin, daß Tommy Meadow zuvor Burma und Abessinier gehalten habe und daß aus einer Kreuzung dieser beiden Rassen Tiere hervorgehen, die der Singapura auffallend ähnlich sehen. Sollte sie tatsächlich die Kreuzung in Amerika durchgeführt, den Nachwuchs nach Singapur mitgenommen, sie dort in den Straßen »entdeckt« und die Katzen als exotische neue Rasse aus Fernost wieder zurück in die USA gebracht haben, dann hätte sie ein erstaunliches Lügengespinst gewoben, um sich als Züchterin einer herrlichen neuen Rasse aus dem Osten hinzustellen, die auf den Ausstellungen rasch an Beliebtheit gewann. Diese Überlegungen klangen sehr überzeugend und zwangen Tommy Meadow zu einer Erklärung, in der sie ihre früheren Ausführungen korrigierte.

1994 räumte sie in einem Interview ein, daß ihre Geschichte nicht ganz stimme. Tatsächlich sei folgendes geschehen: In ihrer früheren Ehe habe sie erfolgreich Siam, Burma und Abessinier ausgestellt. 1970 habe sie Hal Meadow kennengelernt. Der Geophysiker sei im Auftrag einer Erdölgesellschaft wiederholt in den Fernen Osten und auch nach Singapur gereist. Hal sei schon immer von Katzen fasziniert gewesen, und nun habe er bei ihr, Tommy, die Grundlagen der Zucht kennengelernt. Auf einer seiner Reisen nach Singapur habe er 1971 einige einheimische Katzen entdeckt, die ihm sofort ungewöhnlich vorgekommen seien. Besonders habe ihn beeindruckt, daß sie ein Ticking wie die Abessinier hatten, die Fellfarbe aber insgesamt viel silbriger war. Da er einen solchen Farbschlag zuvor noch nie gesehen hatte, habe er alle Hebel in Bewegung gesetzt, um Tommy vier dieser Katzen in die USA zu schicken. Es seien ein Kater und drei weibliche Katzen gewesen, mit denen Tommy zu züchten begann. Nach ihrer

DIE WUNDERVOLLE SINGAPURA ist eine der kleinsten Rassekatzen.
Die Tiere haben keineswegs, wie behauptet, in den Abflußkanälen von Singapur gelebt,
sondern stammen aus dem Hafen von Loyang im Nordosten von Singapur.

Hochzeit seien sie 1974 zusammen nach Singapur gereist, begleitet von einigen Katzen, darunter auch drei Enkeln der vier Stammkatzen, nämlich Pusse, Tess und Ticle. (In dieser Geschichte werden die Namen etwas anders geschrieben.) In Singapur hätten sie die Zucht fortgesetzt. Eigentlich hätten sie dort zehn Jahre bleiben wollen, doch nach dem Fall Saigons und dem Rückzug der Amerikaner aus Vietnam seien sie früher als erwartet in die USA zurückgekehrt. Mitgebracht hätten sie fünf Singapura: die ursprünglichen drei plus Gladys und George, die in der Zwischenzeit zur Welt gekommen seien. In Amerika hätten sie sich verstärkt für die neue Rasse eingesetzt und offizielle Anerkennung gefunden.

Was danach geschah, ist eindeutig. Ende 1975 begann Tommy Meadow ihre Katzen auf amerikanischen Katzenausstellungen zu zeigen. In den folgenden Jahren wurde die Singapura in Amerika von immer mehr Vereinen und 1982 vom Dachverband CFA förmlich anerkannt. 1988 schätzte man die Zahl dieser Katzen in Nordamerika auf 500, Mitte der neunziger Jahre waren es rund 2000.

Die erste Singapura in Großbritannien war eine schwangere Katze, Faye Raye. Sie traf am 25. Juli 1988 ein und brachte einige Wochen später, noch in der Quarantäne, einen Wurf Kätzchen zur Welt. Das Interesse der Briten für diese

Rassekatze nahm in den neunziger Jahren zu, was zur Gründung eines Singapura Cat Club führte. 1995 lebten schätzungsweise 30 Tiere auf den Britischen Inseln.

Es bleibt die Frage, warum Tommy Meadow die Geschichte »vereinfacht« hat, als sie vorgab, sie und ihr Mann hätten Pusse, Tessa und Tickle in den Straßen von Singapur aufgegriffen. Waren diese drei Katzen, wie einige Kritiker vermuten, amerikanische Kreuzungen von Abessinier und Burma? Oder stammten sie tatsächlich von echten Singapurkatzen ab, die Hal Meadow 1971 entdeckt hatte?

Als Tommy Meadow mit diesen Fragen konfrontiert wurde, hat sie ihre »revidierte« Version mit den Worten verteidigt: Man habe über die vier Katzen, die ihr Hal Meadow 1971 aus Singapur geschickt habe, Schweigen bewahren müssen, da »er in eine ›heikle‹ Angelegenheit verwickelt war und sein Aufenthalt in Singapur nicht bekannt werden durfte«. Die Katzen seien eine durch und durch eigene Rasse und stammten aus Singapur, doch aus Gründen, die mit den Tieren überhaupt nichts zu tun gehabt hätten, sei es ratsam gewesen, den ersten Abschnitt ihrer Entdeckung nicht preiszugeben.

Hal Meadow hat diese Aussage 1996 bestätigt. Er sei in Singapur gewesen, um streng vertraulich Küstenvermessungen für eine Erdölgesellschaft vorzunehmen. Zu diesem Zweck habe er sich außerhalb des Hafens Loyang im Nordosten der Insel aufgehalten. Eines Tages habe er auf einem der Vermessungsschiffe drei Katzen bemerkt, deren ungewöhnliches Aussehen ihn überrascht habe. Sie seien ihm wie Abessinierkatzen mit unüblicher Fellfärbung vorgekommen. Da er so etwas zuvor noch nie gesehen hatte, habe er dafür gesorgt, daß die Katzen an Bord eines Arbeitsschiffes nach Houston gebracht worden seien. Sechs Monate später habe er wieder im Hafen von Loyang eine vierte Katze dieses Typs gesehen. Er konnte einen einheimischen Matrosen überreden, sie ihm zu überlassen. Auch sie hätte er in die USA geschickt. Tommy nahm alle vier auf und begann mit der Zucht. Um die Rasse rein zu halten, ließ sie alle anderen Katzen kastrieren. Als die Zucht in der zweiten Generation war, reisten Tommy und Hal 1974 nach Singapur; mit dabei war das bald bekannte Trio Pusse, Tessa und Tickle.

Nach dieser ausführlicheren Darstellung ist die Singapura eine waschechte Katze aus Fernost, die sich über lange Zeit auf ganz natürliche Weise in den Straßen Singapurs entwickelt hat. Die meisten Züchter der Singapura sind mittlerweile davon überzeugt, daß es sich um eine alte Rasse handelt.

Anhänger dieser Hypothese haben auch eine Erklärung dafür, warum einige die Singapura für eine jüngere Hybride aus Abessinier und Burma halten. Gewissenlose Händler hätten nämlich tatsächlich solche Kreuzungen vorgenommen, um »falsche Singapura« für teures Geld auf den Markt zu bringen. Das habe zu dem Trugschluß geführt, daß die Rasse so entstanden sei. Ferner verweisen Anhänger der Singapura in diesem Zusammenhang darauf, daß Tommy Meadow ganz offen zugegeben hat, sie habe zu Beginn ihres Zuchtprogramms andere Rassen eingekreuzt, doch dabei habe es sich hauptsächlich um »Testpaarungen [gehandelt], um bekannte rezessive Gene aus der Zucht herauszuhalten«.

Der beste Weg, die Sache eindeutig zu klären, ist wohl der, an Ort und Stelle die wildlebende Katzenpopulation Singapurs genau zu untersuchen. Dabei könnte man feststellen, ob es dort nach wie vor typische Singapura gibt. Genau das hat jüngst Sarah Hartwell bei einem kurzen Aufenthalt in der Stadt versucht, doch ohne Erfolg: »Zwar habe ich zahlreiche scheue Katzen gesehen, die an Orientalen oder Bobtails [Stummelschwanzkatzen] erinnern, aber keine Singapura [. . .] Bei meinem Aufenthalt entdeckte ich Tabbys, zwei- und einfarbige Katzen, aber keine einzige mit ›einem getickten Fell in der Farbe alten Elfenbeins‹. Doch das könnte lediglich bedeuten, daß die Kucinta sehr scheu und schwer auszumachen ist. Nachdem ich die Flußgegend durchstöbert und keinen Schimmer von ihr erhascht habe, frage ich mich: Gibt es überhaupt Singapura in Singapur?«

Vielleicht hat sich Sarah Hartwell in den falschen Bezirken umgeschaut. Möglicherweise wäre sie in der Hafengegend im Nordosten der Insel, wo 1971 Hal Meadow die ersten Zuchttiere entdeckt hat, fündig geworden. Allerdings darf man nicht vergessen, daß nach einem neueren Bericht die Behörden von Singapur beschlossen haben, »die Straßen von streunenden Katzen zu befreien«. Es könnte also schon zu spät sein.

Temperament: Die Singapura gilt als verspielt, gesellig, lebhaft, neugierig, eigensinnig, aktiv, intelligent, freundlich und furchtlos. Manche Aussagen sind etwas widersprüchlich, etwa wenn die einen sie als extrovertiert beschreiben, andere sie dagegen als scheu, zurückhaltend und reserviert charakterisieren.

Farbschläge: Nur ein einziger Farbschlag ist zugelassen: Sepia Agouti (manchmal auch Braun Getickt genannt).

Die vornehme Eleganz der kleinen Singapura macht den großen Reiz für ihre wachsende Anhängerschaft aus.

56

Spotted Mist

Diese Katze ist das Ergebnis einer Versuchszüchtung, die Ende der siebziger Jahre in Sydney, Australien, durchgeführt wurde. Dabei hat man Burma und Abessinier sowie einheimische Tabbys gekreuzt. Die Katze hat ein kurzes, feines getupftes Fell und ist Australiens erste eigene Rassekatze.

Die Spotted Mist ist Australiens erste eigene Rassekatze.
Das Zuchtprogramm erstreckte sich über zehn Jahre und begann mit 30 Zuchttieren, darunter Burma und Abessinier sowie einheimische Tabbys.

Erscheinungsbild: Das kurze Fell der Spotted Mist wird als glänzend, dicht und elastisch beschrieben. Die Tupfen an den Flanken und am Bauch stehen auf einer nebelartigen Grundfarbe, die der Züchtung ihren Namen gegeben hat (Nebel = englisch *mist*). Beine und Schwanz tragen dunkle Ringe. Das Gesicht zeigt ein typisches Tabbymuster. Der Kopf ist rundlich mit großen grünen Augen.
Geschichte: 1976 begann in Sydney Dr. Truda Straede ein auf zehn Jahre angelegtes Zuchtprogramm, um eine getupfte australische Katzenrasse heranzuzüchten. Um zu verhindern, daß der Genpool zu klein war, wurden 30 Zuchttiere verwendet. Die Hälfte waren Burma und je ein Viertel Abessinier und einheimische Tabbys. Von der Burma sollte die neue Rasse das Temperament, die Größe, die Anhänglichkeit und die verdünnten Farben bekommen, von der Abessinier die Intelligenz, die Farben und das Ticking und von den Tabbys Vitalität, Gesundheit und Fortpflanzungsqualitäten. Und alle drei sollten zur Entstehung des getupften Fells beitragen.

Das Ergebnis ist eine ausgeglichene Katze ohne Extreme und mit einem freundlichen Wesen. Es heißt, sie leide kaum darunter, wenn sie im Haus gehalten werde. Das ist wichtig in einem Land, in dem die Regierung oft ein »Ausgangsverbot für Katzen« verhängt, um die Natur zu schützen.

Die Royal Agricultural Society Cat Control von New South Wales hat die Rasse 1986 registriert. 1988 wurde die erste Spotted Mist Champion, 1989 Grand Champion.
Farbschläge: Bereits fünf Farbschläge sind anerkannt: Braun (= sealbraune Abzeichen auf silbrig-beigefarbenem Grund), Blau (= bläulichgraue Abzeichen auf silbrig-cremefarbenem Grund), Chocolate (= schokoladenbraune Abzeichen auf cremig-beigefarbenem Grund), Lavendel (= taubengraue Abzeichen auf rosagrauem Grund), Gold (= altgoldfarbene Abzeichen auf cremefarbenem Grund) und Pfirsich (= lachsrosa Abzeichen auf rosa-cremefarbenem Grund).

57

Sokoke-Waldkatze

Die Rasse stammt aus dem Bezirk Sokoke im Osten Kenias und wird heute in Dänemark weitergezüchtet. Ihr Fell hat eine ungewöhnliche Tabbyzeichnung, die an die Maserung von Holz erinnert. Man ist sich noch nicht einig, wie dieses Fellmuster zustande gekommen ist. Die einen halten die Sokoke-Waldkatze für

Die Sokoke-Waldkatze ist selten und stammt aus dem tropischen Afrika.
Ihr Reiz liegt in dem ungewöhnlichen Tabbymuster,
das an die Maserung von Holz erinnert und als »Afrikanisches Tabby« bezeichnet wird.

eine spontane Mutation bei einer gewöhnlichen Hauskatze, andere sehen in ihr eine Unterart einer Wildkatze, und eine dritte Partei betrachtet sie als eine Kreuzung aus kenianischer Hauskatze mit einer Wildkatze.

Erscheinungsbild: Die Sokoke-Waldkatze hat eine Tabbyzeichnung, die als Afrikanisches Tabby bezeichnet wird, um es von anderen Mustern zu unterscheiden. Es ähnelt dem klassischen gestromten Tabby, allerdings sieht es eher wie die Maserung von Holz aus. Pat Turner hat den Unterschied zur klassischen Stromung beschrieben: »Die Unterschiede liegen wirklich nur in der Art der austernförmigen Zeichnung, was leicht auf die Veränderung eines oder mehrerer Gene zurückgeführt werden kann, wodurch sich der Mittelfleck ausdehnt. Den Rest der Zeichnung gibt es auch bei anderen gestromten Rassen mit Haubenbändern, Lidstrichen, Halsketten (Ratsherrenketten), Schmetterlingen und schwarzen Punkten an den Schnurrhaarwurzeln.«

Wie man es bei einer wildlebenden Katze der Tropen erwarten kann, hat die Sokoke-Waldkatze einen eleganten, schlanken Körper mit einem langen, spitz zulaufenden Schwanz.

Geschichte: 1977 wurde bei Rodungsarbeiten in einer Höhle unter einem abgestorbenen Busch eine weibliche Katze mit einem Wurf Kätzchen entdeckt. Die Besitzerin des Landes, die Künstlerin Jeni Slater, untersuchte die Tiere und stellte fest, daß alle ungewöhnlich gezeichnet waren. Sie nahm ein männliches und ein weibliches Kätzchen mit nach Hause, zog sie von Hand groß und begann später mit der Zucht.

Da die Katzen ohne Probleme zahm wurden, handelte es sich wohl nicht um Wildkatzen, sondern eher um verwilderte Hauskatzen. Bezeichnenderweise wurde seit 1977 kein weiteres Exemplar dieser »wildlebenden« Katze entdeckt. Wahrscheinlich waren die Sokoke-Katzen eine sehr beschränkte Erscheinung. Vielleicht waren einige Hauskatzen ihren europäischen Besitzern davongelaufen und bildeten mit ihrem Nachwuchs eine kleine Population, in der es irgendwann zu einer spontanen Mutation kam.

Als die dänische Katzenfreundin Gloria Moldrup Jeni Slater in Afrika besuchte, erhielt sie ein Katzenpärchen, das sie mit nach Dänemark nahm. Dort wurden die beiden auf der JYYRAK-Show in Odense ausgestellt. Mit ihnen begann die Sokoke-Zucht in Europa. Jeni Slater lehnte es übrigens ab, auch nur eine einzige Sokoke-Katze nach Großbritannien zu schicken, und zwar wegen der dort vorgeschriebenen strengen sechsmonatigen Quarantäne.

58

Amerikanische Luchskatze

Die stummelschwänzige Katze ist vor kurzem in den USA aufgetaucht. Im Englischen heißt sie *American Lynx*. Sie wurde in den achtziger Jahren von Joe Childers aus North Carolina und Robert Mock aus Seattle gezüchtet. Es gibt kurzhaarige und langhaarige Varianten. Das Fellmuster umfaßt zwei Tabbyvarianten, die man als Leopard und Tawny bezeichnet.

59

Britisch Kurzhaar Colourpoint

Bei dieser neuen Rasse trägt eine typische Britisch Kurzhaar das charakteristische Fellmuster der Siam. Sie sollte nicht mit der amerikanischen Colourpoint Kurzhaar verwechselt werden, denn diese ist im Grunde eine Siam mit ungewöhnlichen Abzeichenfarben.

Wegen dieser Verwechslungsgefahr und weil die Britisch Kurzhaar Colourpoint einen so umständlichen Namen hat, wird die anziehende Rasse sicherlich bald eine neue Bezeichnung erhalten.

Erscheinungsbild: Bis auf das Fellmuster sieht die Britisch Kurzhaar Colourpoint wie die Britisch Kurzhaar aus. Die dunklen Extremitäten – die Siamabzeichen – können jede der üblichen Farben tragen. Der kurze Körper ist stämmig und gedrungen mit kräftigen, dicken Beinen, rundlichem Kopf, langen Füßen und dickem Schwanz.

Geschichte: Die Rasse ist das Ergebnis von sorgfältigen Kreuzungsversuchen. Das Zuchtprogramm wurde bereits in den achtziger Jahren begonnen, die Rasse aber erst 1991 förmlich anerkannt. Ziel war es, das Fellmuster der Siam ohne deren andere Merkmale auf die Britisch Kurzhaar zu übertragen.

Temperament: Die Katze ist eine typische Britisch Kurzhaar. Obwohl sie die Siamabzeichen trägt, hat sie nichts vom Charakter der Siam übernommen.

Farbschläge: Alle Abzeichenfarben der Siam sind zugelassen.

DIE BRITISCH KURZHAAR COLOURPOINT wurde in den achtziger Jahren gezüchtet und verbindet Siamabzeichen mit dem Körper und dem Charakter der Britisch Kurzhaar.

60

Coupari

Dieser Name für die langhaarige Scottish Fold stammt von britischen Züchtern. Ein amerikanischer Verein führte den Namen »Highland Fold« (Hochland-Faltohr) ein, doch die Briten, die sehr wohl wußten, daß die Katze aus dem schottischen Tiefland stammt, gaben ihr einen Namen nach ihrer wahren Heimat – nach dem Dorf Coupar Angus, 21 Kilometer nordöstlich von Perth.

Langhaarige Exemplare tauchten immer wieder auf, seit man begann, Scottish Fold zu züchten. Doch der offizielle Standard bezog sich ausschließlich auf die kurzhaarige Faltohrkatze, ohne daß man den Versuch unternommen hätte, das Gen für langes Haar auszuschalten.

Man zog die kurzhaarige Scottish Fold der langhaarigen lange Zeit vor, denn diese sah so aus, als habe sie gar keine Ohren. Doch dann begann die Amerikanerin Hazel Swadberg in den frühen achtziger Jahren erstmals, langhaarige Scottish Fold auszustellen. Sie wurden zwar der »Household Pet Class« zugerechnet, bei der nur kastrierte Katzen von unbekannten oder nicht registrierten Eltern mitmachen können, aber es war immerhin ein Anfang. 1986 schließlich entschied sich die TICA mit 39 Stimmen gegen eine dafür, die langhaarige Scottish Fold als eigene Rasse anzuerkennen.

Zwar konnte sich die Rasse schnell durchsetzen, aber nicht der Name. TICA und CFA nannten sie »Scottish Fold Longhair«. Als ein anderer Verband, die CFF, ihr 1991 Championstatus zuerkannte, erhielt sie den Namen »Longhair Fold«. Und ein weiterer Verein bezeichnete sie als »Highland Fold«. Britische Züchter nannten sie Coupari. Es bleibt abzuwarten, welcher Name sich schließlich international durchsetzen wird.

Gegenüber: In Grossbritannien heisst die langhaarige Scottish Fold Coupari.
Sie wurde im schottischen Tiefland,
im Dorf Coupar Angus, enteckt.

61

TIFFANIE

Die Tiffanie ist im Grunde eine langhaarige Burma. Die junge britische Züchtung wird häufig mit der äußerlich ähnlichen amerikanischen Tiffany (siehe dort) verwechselt. Die Tiffanie war ein Nebenprodukt der Burmillazucht in den achtziger Jahren. Sie hieß ursprünglich »Asian Longhair« (Asiatisch Langhaar), wurde aber in

BEI DER UNTERSCHEIDUNG zwischen der britischen Tiffanie (Abb.) und der amerikanischen Tiffany hat es heillose Verwirrung gegeben. Die Tiffanie ist im Grunde eine langhaarige Burma. Die Tiffany ist zwar äußerlich sehr ähnlich, stammt aber entgegen weitverbreiteter Meinung nicht von der Burma ab.

Tiffanie umbenannt, als man fälschlicherweise annahm, sie sei mit der amerikanischen Tiffany eng verwandt.
Erscheinungsbild: Die Tiffanie ist eine goldäugige Katze mit einem langen seidigen Fell und einem buschigen Schwanz. Die Körperproportionen entsprechen denen der Burma. Üblicherweise ist das Fell braun; es kann aber auch andere Farben haben.
Geschichte: In den achtziger Jahren tauchten in Großbritannien bei der Zucht mit Burmakatzen verschiedentlich unerwartet langhaarige Tiere auf, zum ersten Mal bei Jeanne Bryson aus Droitwich in Worcestershire. Oft wurden sie kastriert und als Hauskatzen verkauft. Doch schließlich kam man auf die Idee, mit ihnen eine neue Rasse zu züchten.
Farbschläge: Alle Farben und Zeichnungen der Burma sind zugelassen.

62

WILD ABYSSINIAN

Trotz ihres Namens handelt es sich nicht um eine Wildkatze, sondern um das Ergebnis von Zuchtversuchen, die ursprüngliche Gestalt der Abessinier, wie sie im 19. Jahrhundert bekannt war, wiederzuerschaffen.
Erscheinungsbild: Die Katze ähnelt der modernen Abessinier bis auf folgende Merkmale: Der Körper ist größer; der Schwanz trägt dunkle Ringe; an den Beinen sind dunkle Streifen, auf der Stirn ist ein dunkles M und am Hals sind dunkle Ringe zu sehen. Sie wirkt wie eine Kreuzung aus Abessinier und Tabbykatze.
Geschichte: In den achtziger Jahren wurden verwilderte Katzen dieses Typs in Singapur entdeckt. Einige wurden in die USA gebracht, wo Tord Svenson aus Massachusetts damit begann, die Rasse zu züchten.
Temperament: Die Wild Abyssinian gilt als unabhängig und freundlich.

63

Malayan

Malayan ist ein anderer Name für bestimmte Burmakatzen. Einige Vereine lassen bei der Burma alle anerkannten Farbschläge zu, andere dagegen rechnen die jüngeren Farbschläge wie Blau, Chocolate/Champagne und Lilac/Platinum nicht zu der Burma. Diese Puristen meinen, laut Definition habe eine Burma braun zu sein; aus diesem Grund müsse jeder andere Farbschlag getrennt klassifiziert werden. Daher wurde 1980 der Name Malayan für alle nichtklassischen Farbschläge der Burma eingeführt.

64

American Curl

Die American Curl ist eine amerikanische Rassekatze mit stark nach hinten gebogenen Ohren.
Erscheinungsbild: Rassemerkmal ist die Form der Ohren, die sich nach hinten auseinanderbiegen, wobei sie die Haarbüschel an der Ohrinnenseite freigeben. Die Ohren fühlen sich steif und unbeweglich an. Ursache ist eine spontane Mutation, die zufällig entdeckt wurde. Es handelt sich um ein einfaches dominantes Gen. Kreuzt man eine American Curl mit einer Katze, die normale Ohren hat, dann haben 50 Prozent der Nachkommen gekrümmte Ohren. Diese Ohrform ist völlig anders als bei der Scottish Fold. Bei der American Curl biegen sich die Ohren aufwärts und nach hinten, die der Scottish Fold sind nach unten und nach vorn gefaltet. Bei der American Curl werden Kätzchen zunächst mit geraden Ohren geboren, die sich nach 24 bis 72 Stunden eng aufrollen. In den folgenden vier Monaten beginnen sie sich etwas zu entspannen und nehmen die für erwachsene Tiere typische halbgebogene Form an.

Die ersten Katzen hatten langes Haar; später kam eine kurzhaarige Variante hinzu.

Geschichte: Diese Rasse tauchte erstmals 1981 in Lakewood, Kalifornien, auf. Im Juni dieses Jahres fanden John und Grace Ruga auf ihrer Türstufe zwei junge Katzen, die offenbar umherstreunten. Eine mit einem seidigen, langen schwarzen Fell blieb bei ihnen. Es war eine weibliche Katze, die sie Shulamith (nicht Shulasmith, wie es manchmal heißt) nannten; der Name bedeutet »schwarz, aber hübsch«. Die Rugas sahen, daß sie sonderbar geformte Ohren hatte, und behielten sie. Am 12. Dezember brachte Shulamith einen Wurf mit vier Kätzchen zur Welt. Zwei von ihnen hatten die gleichen gebogenen Ohren wie ihre Mutter.

Es lag auf der Hand, daß sich hier die Möglichkeit einer neuen Züchtung bot. Eine Bekannte der Rugas, Nancy Kestrel, brachte sie auf die Idee, Shulamit und die beiden anderen Kätzchen mit den eigenartigen Ohren auf einer Katzenausstellung in Palm Springs, Kalifornien, vorzuführen. Das war im Oktober 1983. Damals wurde diese neue Rasse zum erstenmal der Öffentlichkeit vorgestellt. Die Aufnahme war vielversprechend. Nach nur wenigen Jahren wurde die Rasse offiziell registriert und

Die American Curl hat einzigartig gebogene Ohren. Die neue Rasse wurde 1981 entdeckt, als zwei streunende Kätzchen auf einer Türstufe in Lakewood, Kalifornien, gefunden wurden. Heute ist sie in den USA eine beliebte Ausstellungskatze.

1985 von der TICA förmlich als »American Curl« (Amerikanisch Kräuselohr) anerkannt; die CFA folgte dem Beispiel 1986.

Obwohl die ungewöhnliche Form der Ohren der Katze keine Probleme bereitet, betrachten einige Kritiker sie doch als eine »Mißbildung«, weswegen die vergleichsweise seltene Rasse weltweit nicht anerkannt ist. Nach zwölf Jahren Zucht wurde die Zahl der American Curl auf weniger als 1000 Exemplare geschätzt.

Temperament: Die American Curl gilt als schalkhaft, neugierig, ruhig, verspielt, gelassen, unterhaltend, lebhaft, launisch, anpassungsfähig, freundlich, kräftig, zutraulich, intelligent und räuberisch. Man sagt von ihr, »sie denkt das ganze Leben hindurch wie ein kleines Kätzchen«.

Farbschläge: Es sind alle Farbschläge zugelassen.

65

Burmilla

Die britische Rasse entstand, als sich – von ihrer Besitzerin ungewollt – ein männlicher Chinchillaperser mit einer lavendelfarbenen weiblichen Burma paarte.
Erscheinungsbild: Die Burmilla sieht wie eine Burma in Silber aus. Die Verbindung von Körperbau der Burma mit dem weichen, dichten, silbergetickten Kurzhaar verleiht ihr einen besonderen Reiz. Die Augen sind dunkel umrandet, als trüge sie Lidstriche.
Geschichte: Die Burmilla entstand 1981 zufällig in der Zucht der Baronin Miranda von Kirchberg. Der Chinchillakater Sanquist und die Burmakatze Fabergé waren für die Zucht ihrer jeweiligen Rasse bestimmt, entwickelten aber ein ungewöhnlich starkes Interesse füreinander. Als Fabergé rollig wurde, sonderte man sie sofort ab, denn sie sollte zu einem Burmazuchtkater gebracht werden. Doch bevor es soweit war, hatte eine Reinigungsfrau, die die Folgen ihres Tuns nicht bedachte, Sanquist für kurze Zeit zu Fabergé gelassen. Doch lassen wir die Baronin selbst zu Wort kommen: »Als die freundliche Frau durch die Tür kam und den niedergeschlagenen Sanquist sah, hatte sie Mitleid mit ihm und ließ ihn in Fabergés Zimmer, damit er ein letztes Lebewohl sagen könne.« Danach wurde Fabergé zu dem vorgesehenen Burmakater gebracht. Doch als ihr Wurf auf die Welt kam, sahen die Jungen nicht wie Burmakatzen aus; nach ihrem Aussehen zu urteilen, mußte Sanquist ihr Vater sein, der sich in der Folgezeit auch so verhielt. Er kümmerte sich fürsorglich um die Kätzchen und pflegte und beschützte sie.

Der Wurf bestand aus vier weiblichen Kätzchen: Galatea, Gemma, Gabriella und Gisella. Sie waren so niedlich, daß sie nicht sterilisiert und als Hauskatzen aussortiert wurden, wie es für gewöhnlich bei solchen »Zufällen« geschieht. Vielmehr beschloß die Baronin, mit ihnen eine neue Rasse zu züchten. Sie kreuzte sie mit einer Burma rück, und es stellte sich heraus, daß auch in der nächsten Generation die charakteristischen Merkmale erhalten blieben. In weiteren Paarungen wurde die neue Rasse stabilisiert. Bald darauf gründete die Baronin die Burmilla Association, um die neue Rasse durchzusetzen. 1984 rief Therese Clarke, die aus dem ersten Wurf Gemma erworben hatte, den Burmilla Cat Club ins Leben. Binnen vier Jahren hatte der Verein 50 aktive Mitglieder, inzwischen sind es rund 70.

DIE ELEGANTE BURMILLA wurde in den achtziger Jahren in Großbritannien gezüchtet.
Sie war das Produkt einer zufälligen Kreuzung
von Chinchillaperser und Burma.

Den beiden Zuchtverbänden gelang es bald, die Stellung der neuen Rasse zu behaupten. Die erste Gruppe (Kirchberg) bemühte sich, die Figur zu verbessern, die zweite (Clarke) konzentrierte sich auf das Tipping des Fells.

1990 erhielt die Burmilla in Großbritannien vorläufigen Championstatus.

Temperament: Die Burmilla gilt als verspielt, extravertiert, gesellig, freundlich, zutraulich, gutmütig und sanft.

Farbschläge: Die Grundfarbe des Fells ist reines Silberweiß mit Haarspitzen in Schwarz, Braun oder Blau.

66

Europäisch Kurzhaar Colourpoint

Die stämmige, ruhige Kurzhaarkatze ist das kontinentale Gegenstück zur Britisch Kurzhaar Colourpoint (siehe dort). Sie entstand 1982 in Italien und ist eine Europäisch Kurzhaar mit Siamabzeichen. Temperament und Körperbau der Europäisch Kurzhaar blieben erhalten, nur die Fellfarbe entspricht der Siam.

Die Europäisch Kurzhaar Colourpoint (hier eine Blue Point) wurde in den frühen achtziger Jahren in Italien gezüchtet.

67

Europäisch Kurzhaar

Die moderne Europäisch Kurzhaar wurde aus der gewöhnlichen Straßen- und Hauskatze des europäischen Kontinents gezüchtet, indem man statt der Zufallspaarungen, wie sie seit Jahrhunderten üblich waren, gezielt geeignete Tiere für die Zucht auswählte.

Erscheinungsbild: Die stämmige Katze hat einen runden, ziemlich langen Kopf, kräftige Beine und einen mittellangen Schwanz. Im großen und ganzen ist die Euro-

Die Europäisch Kurzhaar wurde 1980 als eigenständige Rasse anerkannt.
Sie unterscheidet sich im Standard sowohl von der Britisch Kurzhaar als auch von der Amerikanisch Kurzhaar.

Da die meisten Hauskatzen ohne Stammbaum kurzes Haar haben, wurde es notwendig, mit ihnen verwandte Rassekatzen namentlich zu unterscheiden. Daher bezeichnet man die Rassekatzen als Europäisch (Abb.), Britisch und Amerikanisch Kurzhaar.

päisch Kurzhaar in vielerlei Hinsicht eine »Durchschnittsrasse«, was auch nicht weiter verwundert, wenn man die unglaubliche Vermischung der Vorfahren bedenkt.

Geschichte: Lange Zeit galt die Europäisch Kurzhaar als gewöhnliche Hauskatze. Doch dann nahmen sich Züchter der Kurzhaarkatze an und entwickelten sie durch gezielte Zucht zu einer Rassekatze mit klar umschriebenem Standard. 1980 schließlich wurde die Europäisch Kurzhaar von der FIFe als eigenständige Rasse anerkannt. Im Unterschied zur Britisch Kurzhaar hat die Europäisch Kurzhaar einen weniger stämmigen Körper, längere Beine, einen etwas längeren Kopf und größere Ohren.

Temperament: Die Europäisch Kurzhaar gilt als robust, kräftig, ruhig, unempfindlich, anpassungsfähig, mäßig, klug, aktiv, intelligent, gewandt, neugierig, mutig und lebhaft.

Farbschläge: Alle Farben und Muster sind zugelassen.

68

York Chocolate

Der Name dieser amerikanischen Rasse bezieht sich in seinem ersten Teil auf den Staat New York, wo die Katze herstammt, und in seinem zweiten Teil auf das satte Schokoladenbraun ihres Fells.

Erscheinungsbild: Die Körperproportionen sind ähnlich wie bei der Siam, allerdings ist die York Chocolate größer. Das halblange Fell erscheint in einer ganzen Palette von Chocolate-Farben und -mustern.

Geschichte: Die ersten Katzen dieser Rasse wurden 1983 auf der Farm von Janet Chiefari geboren. Ihre Eltern waren Hauskatzen, über deren Vorfahren nichts bekannt ist. Der Kater hatte langes schwarzes Fell, die ebenfalls langhaarige weibliche Katze war zweifarbig: schwarz/weiß. Und irgendwo in der Vergangenheit dieser beiden Tiere gab es auch eine Siam.

Wegen ihrer unklaren Abstammung wird die York Chocolate von den offiziellen Vereinen mit Mißtrauen betrachtet. Die Folge ist, daß es bislang nur wenige Exemplare gibt. Mitte der neunziger Jahre lag ihre Zahl etwa bei 100.

Temperament: Die York Chocolate gilt als energisch, lebhaft, verspielt, überschwenglich, flink und fröhlich.

Gegenüber: Die York Chocolate gibt es seit 1983. Sie erscheint in vielen Mustern, doch zeigen die dunkleren Stellen immer ein sattes Schokoladenbraun. Einige Exemplare sind überwiegend braun, andere, wie hier, haben große weiße Partien.

69

Ojos Azules

Diese amerikanische Rasse wurde in New Mexico entdeckt. Der spanische Name bedeutet »blaue Augen«.

Erscheinungsbild: Die Ojos Azules ist eine Schildpattkatze mit leuchtendblauen Augen. Die Augenfarbe ist sogar noch intensiver als bei der Siam. Mit dem dafür verantwortlichen Gen ist weder Taubheit noch Schieläugigkeit verbunden.

Geschichte: Die erste Katze dieser neuen Rasse wurde 1984 in New Mexico entdeckt. Es war eine weibliche Schildpattkatze, die Cornflower genannt wurde. Ihre leuchtendblauen Augen gehen auf eine spontane Mutation zurück. Die folgende Zucht ergab, daß das Gen für Blauäugigkeit dominant ist. Alle Nachkommen haben die gleiche auffällige Augenfarbe.

Die Ojos Azules ist selten. 1992 waren nur zehn Tiere registriert.

Gegenüber: Die Ojos Azules (Spanisch: »blaue Augen«) hat leuchtendblaue Augen ohne die häufig damit verbundenen Mängel wie Schieläugigkeit und Taubheit.

70

Seychellois

Diese Rasse ist das Ergebnis britischer Zuchtversuche in den achtziger Jahren. ***Erscheinungsbild:*** Die Seychellois hat einen schlanken, eleganten Körper. Der Kopf ist keilförmig mit großen Ohren. Die Augen sind blau. Das Fell ist weiß mit farbigen Flecken. Es gibt Katzen mit langem und mit kurzem Fell.

Die Seychellois ist eine verhältnismäßig junge Rasse. Ihr Fell ist weiß mit farbigen Flecken. Sie wurde in den achtziger Jahren in Großbritannien gezüchtet.

Es gibt drei Arten der Musterung:

Seychellois Septième: Weiß mit farbigem Schwanz und großen farbigen Flecken an Kopf, Körper und Beinen.

Seychellois Huitième: Weiß mit farbigem Schwanz und kleinen farbigen Flecken an Kopf und Beinen.

Seychellois Neuvième: Fast ganz weiß mit farbigem Schwanz und kleinen farbigen Flecken nur am Kopf.

Geschichte: Ein Bericht über Katzen auf den Seychellen lieferte die Idee für diese Züchtung. Die Engländerin Pat Turner aus Milton Keynes in Buckinghamshire wollte jenes Fellmuster der Seychellen-Katzen wiedererschaffen, das aus einer weißen Grundfarbe mit kleinen farbigen Flecken und einem durchgehend farbigen Schwanz bestand. Zusammen mit einer anderen britischen Züchterin, Julie Smith, begann sie 1984 mit ihrem Zuchtprogramm. Zunächst paarte sie zwei weibliche Perser in Schildpatt mit Weiß mit zwei Siamkatern. Die Nachkommen wurden dann mit Siam und Orientalisch Kurzhaar gekreuzt. Mit jeder Generation wurde das Muster verbessert. Die ersten richtigen Seychellois erhielten die Namen Félicité, Victoria, Amirante und Thérèse. Félicité und Victoria wurden erstmals 1988 auf einer Katzenausstellung gezeigt. 1989 wurde eine Seychellois Cat Society gegründet, womit die Zukunft der Rasse gesichert war.

Temperament: Die Seychellois gilt als athletisch, zerstreut, anspruchsvoll und gefühlvoll.

71

Dutch Rex

Eine neuere Rexkatzenrasse.

Erscheinungsbild: Die Dutch Rex soll ein rauheres gewelltes Fell haben, das sich borstiger anfühlt als bei den bekannteren Rexkatzen.

Geschichte: Die Dutch Rex trat erstmals 1985 in den Niederlanden auf.

72

La Perm

Die La Perm ist eine neue Rasse mit gelocktem Fell aus den USA. Ihre vollständige Bezeichnung lautet »The Dalles La Perm«.

»The Dalles La Perm« aus den USA ist eine neue Katzenrasse mit gelocktem Fell. Sie ist sehr attraktiv, so daß sie vermutlich eine glänzende Zukunft vor sich hat. Entdeckt wurde sie in Oregon unter gewöhnlichen Farmkatzen.

Erscheinungsbild: Die La Perm hat »ein charakteristisches Fell, das in lockeren Löckchen fällt und an den Komondor oder an den Puli [beides ungarische Hirtenhunde] erinnert«. Das kurzhaarige Fell erinnert an Afro-Look, bei längeren Haaren sind die Löckchen enger. Sie wird auch als »die Katze mit der Dauerwelle« oder als Alpakakatze bezeichnet (Alpakas sind eine Lamaart, die in den Anden Südamerikas leben und eine besonders feine und weiche Wolle liefern).

Geschichte: »Die Katze für die neunziger Jahre« – so beschreibt sie Linda Koehl aus The Dalles in Oregon, die das erste Tier mit dem ungewöhnlichen Fell 1986 unter ganz normalen kurzhaarigen Farmkatzen entdeckte. In dem Wurf war ein Kätzchen kahl zur Welt gekommen, und Linda Koehl befürchtete, es könne sterben. Doch es blieb am Leben, und nach zwei Monaten begann das einzigartige gewellte Fell zu wachsen. Diese erste La Perm, eine weibliche braune Tabbykatze, vorausschauend Curly (Englisch: »gelockt«) genannt, wurde die Stammutter einer neuen Rasse, mit der man die ungewöhnliche Fellveränderung erhalten wollte. Die La Perm, die es bis dahin bereits in der siebten Generation gab, wurde 1995 von der TICA als neue Rasse anerkannt. Alle Farbschläge sind zugelassen. Kahle Kätzchen kommen noch hin und wieder vor, sind aber nicht mehr die Regel. Man schätzt, daß es 1996 etwa 60 Tiere gab. Sie sollen sehr zutraulich und unbekümmert sein.

73

Si-Rex

Die Si-Rex ist eine junge Variante der Cornish Rex und trägt Siamabzeichen. Einige Jahre lang wurde sie als eigene Rasse abgelehnt, doch schließlich hat die CFA sie in den USA anerkannt und ihr 1986 Championstatus zugebilligt. Sie ist das Ergebnis einer Kreuzung aus Cornish Rex und Siam.

Die ungewöhnlich proportionierte Si-Rex ist das Ergebnis einer Kreuzung aus Cornish Rex und Siam und hat sich jüngst als eigene Rasse durchgesetzt.

74

Selkirk Rex

Die Selkirk Rex trat erstmals 1987 in Wyoming in Erscheinung. Ganz passend wurde sie auch als »Katze im Schafspelz« oder »Schafskatze« bezeichnet.

Erscheinungsbild: Die Selkirk Rex hat das typische gelockte Fell und die gekräuselten Schnurrhaare der Rexkatzen, aber anders als diese ist sie vierschrötig und muskulös. Der Kopf ist breit und rundlich mit einer kurzen Schnauze. Die Ohren tragen Haarbüschel und sind kleiner als bei den anderen Rexkatzen. Das rauhe Leithaar ist ebenso wie die Grannenhaare und die Unterwolle gekräuselt.

Selkirkkätzchen werden mit gelocktem Fell geboren, verlieren es aber nach etwa sechs Monaten. Dafür wachsen vorübergehend spärliche drahtige Haare. Erst nach etwa zehn Monaten erscheint das plüschartige, dichte, gelockte Haarkleid der erwachsenen Tiere.

Geschichte: Die erste Selkirk Rex (eine weibliche Dilute Calico) wurde 1987 in einem Wurf gewöhnlicher Hauskätzchen entdeckt, die bis auf das eine alle glatte Haare hatten. Die ebenfalls glatthaarige Mutter und ihre Jungen waren in einem Tierheim in Wyoming abgegeben worden.

Peggy Voorhees fiel das ungewöhnliche Aussehen des Kätzchens auf. Über sie erfuhr Jeri Newman, ein Züchter von Perserkatzen in Montana, von dem Tier mit dem außerordentlichen Fell. Er nahm sich der jungen Katze an, taufte sie Miss de Presto und paarte sie im Alter von 14 Monaten mit seinem Champion Photo Finish, einem schwarzen Perserkater. Am 4. Juli 1988 brachte Miss de Presto einen Wurf von sechs Kätzchen zur Welt. Davon hatten drei das Fell ihrer Mutter geerbt. Eines war schwarzweiß und männlich, eines schwarz und weiblich, und das dritte war eine weibliche Schildpattkatze.

Alle Beteiligten wußten, daß sie Augenzeugen der Geburt einer interessanten neuen Rasse waren. Sie erhielt den Namen Selkirk nach den Selkirk Mountains in Wyoming, in deren Nähe die Stammutter, Miss de Presto, entdeckt worden war.

Es kam zu weiteren Verpaarungen, darunter auch zu Rückkreuzungen mit der Mutterkatze. Ferner wurden verschiedene Kurz- und Langhaarkatzen eingekreuzt, jedoch keine anderen Rexkatzen, denn das Gen, das zum Lockenfell der Selkirk führt, ist – anders als bei den sonstigen Rexrassen – dominant. Das bedeutet, daß

DIE LOCKIGE SELKIRK REX wurde 1987 entdeckt. Ihr Körper ist schwerer gebaut als bei den anderen Rexkatzen. Sie wurde nach den Selkirk Mountains in Wyoming benannt.

es nichts mit den entsprechenden Genen der anderen Rexkatzen zu tun hat, es also keinen Grund gibt, sie zu vermischen.

Bestärkt von ihrem Erfolg, gründeten die Züchter eine Selkirk Rex Society. Im August 1990 wurde die neue Rasse von zwei amerikanischen Vereinen offiziell anerkannt. Mittlerweile gibt es auch in Kanada eine Selkirk Rex Breed Association.

Temperament: Die Selkirk Rex gilt als beharrlich, gelassen, anschmiegsam und verspielt.

Farbschläge: Alle Farben sind zugelassen.

75

Rexed Maine Coon

Sie ist eine Mutante der langhaarigen Maine Coon und hat gewelltes Haar. Sie ist auch bekannt unter dem Namen »Maine Wave« (Maine-Welle).
Über das Rexgen bei der Maine Coon hat erstmals 1994 die britische Züchterin di Everett berichtet: »Die erste Rexed Maine Coon wurde, soweit wir das wissen,

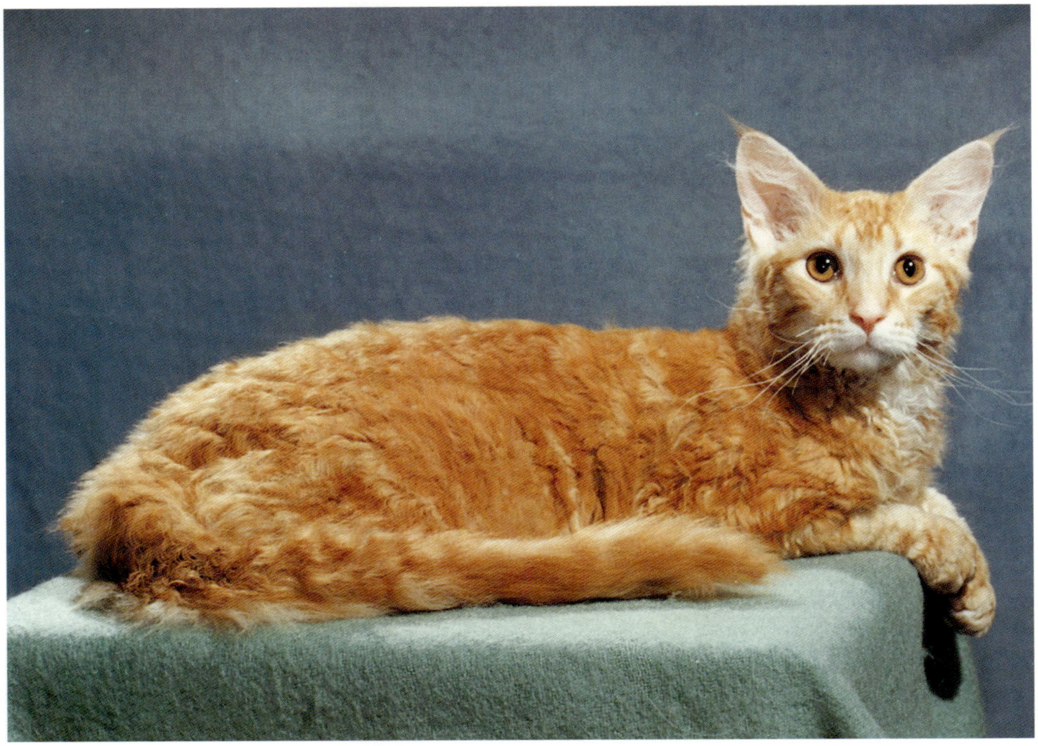

Unter durchschnittlich 200 Maine Coon, die auf die Welt kommen, befindet sich eine Rexed Maine Coon. Einige Züchter lehnen sie ab, andere setzen sich für sie als eigene Rasse ein.

1988 in unserem Haus geboren [...] Insgesamt haben wir vier Rexkätzchen von drei Müttern, die mit demselben Kater gepaart worden waren.«

Untersuchungen ergaben, daß das entsprechende Gen weder von der Devon Rex noch von der American Wirehair stammt; auch das Gen der Cornish Rex scheint nicht beteiligt zu sein.

Die Züchterin hat untersucht, wie häufig das Rexgen bei der Maine Coon auftaucht. Es stellte sich heraus, daß »in Großbritannien auf etwa 4000 Anmeldungen rund 20 Rexkätzchen kommen«. Da einige der Tiere mit dem Rexfell jung sterben, hat sie die Befürchtung geäußert, von dem mutierten Gen könne eine tödliche Bedrohung für die Rasse ausgehen. Doch andere Maine-Coon-Züchter haben darauf hingewiesen, daß ihre Rexkatzen völlig gesund seien und daß der frühe Tod mancher Tiere wohl nicht mit der besonderen Beschaffenheit des Haarkleids zusammenhänge.

Einige Maine-Coon-Züchter betrachten das Rexgen als ein Problem, das ausgeschaltet werden müsse. Andere wiederum sehen in der neuen Rasse eine faszinierende Variante. Züchter David Brinicombe hat von positiven Reaktionen berichtet: »Ich habe meine drei Rexed Maine Coon vor kurzem ausgestellt und überwältigend positive Reaktionen und nur sehr wenig Ablehnung erfahren.«

76

Nebelung

Diese neue amerikanische Züchtung ist die Langhaarvariante von Russisch Blau.

Erscheinungsbild: Die Nebelung entspricht in jeder Hinsicht der Russisch Blau, nur daß ihr Fell lang ist und sich noch weicher anfühlt. Das blaugraue Doppelfell besitzt Leithaare mit Silbertipping, so daß es silbrig glänzt.

Geschichte: Die Langhaarkatze wurde in den achtziger Jahren von der Amerikanerin Cora Cobb gezüchtet. Die Stammeltern der Nebelung hießen Siegfried und Brunhilde. Ihre Ahnenreihe kann bis zu einer schwarzen Katze namens Terri zurückverfolgt werden, die einen Wurf zur Welt brachte, der offenbar das Erbmaterial der

DIE WUNDERSCHÖNE NEBELUNG ist eine langhaarige Russisch Blau.
Hier ist der Blauton
ungewöhnlich dunkel ausgefallen.

Angora trug. Eine ihrer Töchter, Elsa, wurde mit einem Russisch-Blau-Kater gepaart. Sie brachte zwei Würfe zur Welt, aus dem ersten stammt Kater Siegfried, aus dem zweiten Brunhilde. Diese beiden erwarb Cora Cobb, um mit ihnen die neue Rasse zu züchten. 1987 wurde die Nebelung von der TICA offiziell anerkannt.

Temperament: Die Nebelung gilt als still, zurückhaltend, freundlich, ruhig, zaghaft, zutraulich, zärtlich, anpassungsfähig und intelligent.

Farbschläge: Nur zwei Farbschläge sind bis jetzt anerkannt: Blau (Blaugrau mit einem leichten silbrigen Schimmer) und Weiß (rein und glänzend).

77

Suqutranese

Diese blendendweiße Spielart der Somali (langhaarige Abessinier) ohne Ticking wurde vor kurzem in Großbritannien gezüchtet. Sie wurde erstmals 1990 auf einer Katzenausstellung in England gezeigt.

78

Munchkin

Die kurzbeinige amerikanische Katze wurde in den neunziger Jahren entdeckt. Die meisten Vereine halten sie für eine Mißbildung. Man hat sie auch als Dackelkatze oder als das »Frettchen unter den Katzen« bezeichnet. Munchkin heißt sie nach den »kleinen Leuten« in *Der Zauberer von Oz*.

Erscheinungsbild: Die Kurzhaarkatze hat ein dominantes Gen für verringerte Beinlänge. Die Vorderbeine sind sogar noch kürzer als die Hinterbeine und nur 7,5 Zentimeter lang.

Die Munchkin hat für Aufruhr gesorgt. Viele sehen in ihr eine Herabwürdigung katzenhafter Anmut. Andere meinen, sie sei nicht ungewöhnlicher als Dackel oder andere kurzbeinige Hunderassen.

Geschichte: Diese ungewöhnliche Mutante ist die erste kurzbeinige Katze, die als eigene Rasse gilt. Sie erinnert an einen Dackel oder einen Basset. Allerdings gibt es einen großen Unterschied zu diesen Hunderassen. Dackel und Basset hat man gezüchtet, damit sie Tiere im Bau aufstöbern. Ihre kurzen Beine waren von Vorteil, wenn es darum ging, in Erdhöhlen zu kriechen. Die Munchkin dagegen wurde als reine Kuriosität gezüchtet; ihre kurzen Beine bieten keinerlei praktischen Vorteil.

Die Rasse entstand durch eine zufällige Mutation. 1983 entdeckte man in Louisiana eine streundende schwarze Katze, später Blackberry genannt, die ungewöhnlich kurzbeinig war. Sie wurde die Stammutter der Munchkin, die trotz ihres unbeholfenen Aussehens vor allem von denen geschätzt wird, die eine anspruchslose Stubenkatze wollen. Erstmals erfuhren amerikanische Katzenzüchter anläßlich einer TICA-Ausstellung 1991 im Madison Square Garden von der neuen Rasse.

Die Munchkin wurde in Virginia Beach, Virginia, von Penny Squires gezielt gezüchtet. Penny Squires besteht darauf, daß die Tiere nicht mißgebildet sind. Sie hebt hervor, daß diese Katzen für ihre Besitzer den Vorteil haben, daß »sie nicht auf den Küchentisch springen können«. Einen Nutzen für die Katzen selbst erblickt sie darin, daß »sie Dingen noch unter dem Bett nachjagen können«.

Es heißt, die Munchkin könne sich schneller im Kreis drehen als Katzen mit längeren Beinen und sei in der Lage, rückwärts zu laufen.

Kritiker – und davon gibt es viele – betonen, daß den Katzen nicht nur die Anmut fehle, sondern daß sie sich auch nur mit großen Schwierigkeiten selbst pflegen könnten. Es bestehe darüber hinaus das Risiko, daß ihre ungewöhnlich lange Wirbelsäule vorzeitig altere, was zu weiteren Leiden führe. Trotz aller Bemühungen von Penny Squires halten sie es für wenig wahrscheinlich, daß diese Rasse auf Ausstellungen sehr populär werden wird.

Kurzbeinige Katzen hat es schon zuvor gegeben. Die ersten traten in Großbritannien in den dreißiger Jahren auf, und zwar über mehrere Generationen. Aber offensichtlich sind sie in den Wirren des Zweiten Weltkriegs untergegangen. 1953 hörte man von einer kurzbeinigen Katze aus Stalingrad; aber auch diese Linie wurde nicht weiterverfolgt.

79

URAL REX

Es wird berichtet, daß 1991 im Ural in Rußland ein weiteres Beispiel einer Rexkatze mit einem eigenen Gen entdeckt wurde.

80

Ragamuffin

Die ganz junge amerikanische Rassekatze ähnelt der Ragdoll (siehe dort), weist aber eine neue Farbenpalette auf. Übersetzt heißt Ragamuffin »Vogelscheuche«. ***Erscheinungsbild:*** Die Ragamuffin mit dem langen, üppigen Fell wird beschrieben als »die neue Lumpenkatze mit einem Haarkleid in vielen Farben [...] eine große Katze mit seidigem, plüschartigem Fell und großen ausdrucksstarken Augen«.

Die Ragamuffin, eine in den neunziger Jahren in den USA entwickelte Rasse, ist genaugenommen eine Ragdoll mit ungewöhnlichen Farbschlägen. Sie spaltet die Züchter in zwei Gruppen: die einen halten an der Ragdoll fest, die andern bevorzugen die Ragamuffin.

Geschichte: Die Rasse gibt es seit 1994. Wie es zu ihr kam, beschreibt Pat Steckman: »Ann Baker gründete eine Organisation, die International Ragdoll Cat Association IRCA, deren Katzen nicht ausgestellt wurden. Anfang 1994 bildeten mehrere Züchter von der IRCA einen neuen Verein und nannten ihre Rasse, die von der American Cat Fanciers' Association ACFA als Versuchszüchtung anerkannt wurde, Ragamuffin.« Nach einer anderen Quelle ist die Ragamuffin bereits von der United Feline Organisation in Amerika zum Wettbewerb zugelassen und kann bei der ACFA registriert werden, obwohl sie bis jetzt bei der ACFA noch nicht ausgestellt wurde.
Temperament: Die Ragamuffin gilt als fügsam, ruhig, zärtlich, intelligent, verspielt, friedlich und zutraulich.
Farbschläge: Über die Farbe der Ragamuffin schrieb Judy Thomas 1996: »Die Standards für die Verteilung der Farben und Muster sind für die Ragamuffin im Grunde die gleichen wie für die Ragdoll, doch sind bei der Ragamuffin viel mehr Farben zugelassen. Alle Pointfarbschläge, darunter Tabby Point, Schildpatt Point und Red Point, alle Nerz- und Sepiafarben, die durch das Gen der Burma hervorgerufen werden, sowie alle Farbschläge der Perser werden anerkannt, und zwar in Einfarbig, Mitted und Particolour [...] Ragamuffins in Seal Point, Blue Point, Chocolate Point und Lilac Point, entweder als Mitted oder Particolour, sind von Ragdolls nicht zu unterscheiden; die anderen Farbschläge bilden ein ähnliches Muster wie bei der Ragdoll, weichen aber in der Farbe selbst von deren Standard ab.«

Weitere Rassen

Von Zeit zu Zeit tauchen neue Rassenamen auf, und manchmal erfährt man nicht viel mehr als eben die Tatsache, daß es eine neue Rasse gibt. Der Vollständigkeit halber seien diese Rassen hier aufgeführt, auch wenn einige davon ohne Zweifel wieder spurlos verschwinden werden. Andere dagegen setzen sich vielleicht mit der Zeit durch und werden als neue Rasse auch anerkannt.

Asian Smoke

Diese neue britische Rasse ist das Ergebnis einer Kreuzung von Burmilla mit Burma. Sie hieß früher Burmoiré, wurde dann aber in »Asian Smoke« (Asiatisch Smoke) umbenannt. Ein geisterstreifenartiges Tabbymuster läßt das Fell wellenartig oder wie Seidenmoiré schimmern. Körperbau und Textur des Fells sind wie bei der Burma, doch Fellfarbe und -musterung erinnern an eine Orientalisch Kurzhaar Smoke.

Bristolkatze

Eine neue Versuchszüchtung.

Ceylonese

Die Rasse wurde vom Cat Club of Ceylon (dem heutigen Sri Lanka) gezüchtet. Die Ceylonese sieht wie eine Frühform der Abessinier aus.

Erscheinungsbild: Das Fell hat das typische Ticking der heutigen Abessinierkatzen, aber zusätzlich trägt die Ceylonese Streifen an den Beinen, wie sie jene Rasse um die Jahrhundertwende gezeigt hat. Sie sieht der Wild Abyssinian sehr ähnlich, die man in den achtziger Jahren aus Katzen gezüchtet hat, die in Singapur entdeckt wurden.

Geschichte: In den letzten Jahren hat die Rasse bei italienischen Züchtern an Beliebtheit gewonnen. Im Januar 1984 besuchte der Mailänder Tierarzt Dr. Paolo Pellegatta einige kleinere Dörfer auf Sri Lanka. Dabei stieß er unverhofft auf ungewöhnliche einheimische Katzen. Obwohl wildlebend, waren diese Tiere bemerkenswert freundlich. Daher beschloß Dr. Pellegatta, einige Tiere mit nach Italien zu nehmen. Es waren die zwei Kater Tisa und Serendib und die zwei Katzen Taranga und Aralyia. Später kamen noch einige weitere Exemplare hinzu. Sie bildeten die Grundlage für die europäische Zucht. Im Westen hatten sie ihren ersten öffentlichen Auftritt im

Mai 1984 auf einer Katzenausstellung in Como, wo sie auf Anhieb großen Erfolg hatten. In den folgenden vier Jahren wurde ein sorgfältig geplantes Zuchtprogramm durchgeführt. Im Mai 1988 wurde sie bei der FIFe angemeldet, womit die erste Phase ihrer offiziellen Anerkennung als Rassekatze begonnen hatte.

Farbschläge: Die traditionelle Fellfarbe ist eine goldene Sandfarbe mit schwarzen Abzeichen. Dieser Farbschlag wird als Manila bezeichnet. Es gibt aber noch weitere Varianten, nämlich Blau, Rot, Creme und Schildpatt.

Cherubimkatze

Sie ist eine Spielart der Ragdoll. Bis jetzt wurde sie von keiner offiziellen Organisation anerkannt.

Chinese Harlequin

Eine neue schwarzweiße Kurzhaarkatze. Sie ist überwiegend weiß mit schwarzem Schwanz und schwarzen Flecken an Kopf und Körper. Sie wurde jüngst von der TICA anerkannt. Es heißt, man habe versucht, mit ihr eine alte chinesische Katzenrasse wiederzuerschaffen.

Himburkatze

Das Ergebnis einer Kreuzung aus Himalayan (Colourpoint-Perser) und Burma ist eine Langhaarkatze, die der Tonkanese ähnelt (einer Kreuzung aus Burma und Siam): ein dunkelbraunes Fell mit noch dunkleren Extremitäten.

Honeybear

Eine weitere Variante der Ragdoll, die jedoch bisher noch von keiner Organisation offiziell anerkannt wurde.

Karelian Bobtail

Ähnlich wie die Japanese Bobtail, aber mit einem längeren Fell. 1995 schrieb der international anerkannte Ausstellungsrichter Alan Edwards: »Letztes Jahr bin ich in Deutschland auf eine neue Varietät gestoßen, eine Semilanghaar aus Rußland. Sie wird Karelian Bobtail genannt. In ihrem Standard heißt es: ›So viele Knicke im Schwanz wie möglich.‹«

Karneolkatze

Von ihr heißt es, sie sei »eine einfarbig rote Kurzhaarkatze vom Typ Burma; sie kann als das Gegenstück zur Burma gelten. Der Name des Schmucksteins wurde gewählt, weil er genau die rostrote Fellfarbe beschreibt.« Sie war das mehr oder weniger zufällige Ergebnis bei dem Versuch, bestimmte Farbschläge der Burma zu verbessern. Einiges spricht dafür, daß sie als eigene Rasse offiziell anerkannt wird.

Khmerkatze

Eine seltene Langhaarkatze mit Siamabzeichen, ähnlich wie die Birma, aber ohne weiße Pfoten. In Deutschland verwendet man diese Bezeichnung auch für Colourpoint-Perser.

Langhaar Rex

Nach einem Bericht von 1994 aus Deutschland sollen osteuropäische Züchter eine Langhaarvariante der Rexkatze zustande gebracht haben, indem sie Rex- mit Perserkatzen gekreuzt haben.

Orientalisch Langhaar

Die langhaarige Schwester der Orientalisch Kurzhaar. Verschiedentlich wird sie auch Mandarin oder Javanese genannt. Ihr Körperbau erinnert an den der Siam, doch hat sie keine Siamabzeichen. Woher das Gen für langes Haar stammt, ist nicht ganz klar. Die Rasse wurde inzwischen von der FIFe anerkannt. Als Farbschläge sind die gleichen wie bei der Orientalisch Kurzhaar zugelassen.

Palomino

Eine neue Rasse aus Nordamerika.

Pudelkatze

1994 war aus Deutschland zu hören, daß Dr. Rosemarie Wolf einen neuen Typ der Rexkatze gezüchtet habe. Dazu wurde eine Devon Rex mit einer Scottish Fold gekreuzt. Die Tiere haben ein Fell wie Lammwolle und gefaltete Ohren.

Racekatte oder Rugkatt

Die Racekatte ist eine dänische Langhaarkatze, weitgehend identisch mit der Sibirischen Waldkatze. Ihr schwedisches Gegenstück ist die Rugkatt.

Safarikatze

Eine Neuzüchtung.

Snow Cat

Auch »Alaskan Snow Cat« (Schneekatze aus Alaska) genannt. Sie wurde in den neunziger Jahren in den USA gezüchtet. Einigen Züchtern in Florida und Minnesota ist es gelungen, eine Katze mit kräftigem Knochenbau, einem dicken silbrigen Fell und einem rundlichen Kopf zu entwickeln, die an die Sibirische Waldkatze erinnert. Sie ist das Ergebnis einer Kreuzung aus Somali und Silberperser. Zur Zeit befindet sich das Zuchtprogramm noch im Anfangsstadium.

Sterling

Das ist ein neuer Name für eine Chinchilla-Perserkatze. Hier wurde eine Farbvariante zu einer eigenen Rasse erhoben. Der Vorschlag dazu kam in den achtziger Jahren von der amerikanischen Züchterin Jeannie Johnson und wurde 1994 von der TICA angenommen. Der neue Name wurde erstmals im Oktober 1995 offiziell auf einer Ausstellung in New York gebraucht.

Thai

Sie ist eine Neuschöpfung der ursprünglichen Siam, wie sie vor etwa 100 Jahren aussah. Da die Rasse bislang noch nicht offiziell anerkannt ist, gibt es noch keine Einigung über die genaue Bezeichnung für diese Katze. Zur Zeit ist sie im Englischen unter mehreren Namen bekannt: *Traditional Siamese, Applehead Siamese, Applecat, Old-fashioned Siamese, Classic Siamese, Opal Cat* und *Thai Cat*. In Frankreich und in Deutschland wird sie Thai genannt.

Erscheinungsbild: Die Thai ist eine ausgewogene Siamkatze ohne die extreme Verlängerung von Hals und Körper. Der Kopf ist rund und nicht keilförmig, die Ohren sind nur mittelgroß.

Geschichte: Im Laufe der Entwicklung hat die Siam zunehmend eine übertriebene Gestalt angenommen – sie wurde immer langgestreckter, schlanker und ihr Kopf immer keilförmiger.

In den vergangenen Jahren haben die Ausstellungskatzen derart extreme Formen angenommen, daß eine Reihe von Züchtern der Meinung war, nun sei die Zeit reif, sich wieder mehr dem Original anzunähern, wie man es von Fotografien aus der Zeit um die Jahrhundertwende kennt.

In Amerika wurde ein genauer Zuchtplan festgelegt. Die dafür verantwortliche Gruppe erklärte 1994 dazu: »Die apfelköpfige Siam gilt nun als einzigartige nationale Züchtung mit dem Namen Opal Cat. In Kürze: Die kurzhaarige Opal Cat ist eine amerikanische Colourpoint, so schön wie der Schmuckstein, dem sie ihren Namen verdankt. Das liebliche Gesicht hat leuchtendblaue Augen, die wie kostbare blaue Edelopale schimmern. Die Opal Cat hat ein cremefarbenes glänzendes Haarkleid mit Points in vielen herrlichen Farben. Der Körperbau ist nicht mehr orientalisch, vielmehr spiegelt er in einzigartiger Weise das amerikanische Erbe der Opal Cat wider.«

Die neue Rasse der »alten Siam« gewinnt auch in Europa an Beliebheit. Dort ist es deutschen Züchtern ebenfalls gelungen, den ursprünglichen Typ der Siam mit runderem Kopf und weniger langgestrecktem Körper wiederzuerschaffen. Daß die Siam, die auf Katzenausstellungen präsentiert wurden, immer manierierter aussahen, hat in Deutschland zunehmend Kritik hervorgerufen, so daß die Züchter inzwischen befürchten müssen, die extremen Formen der Siam könnten verboten werden. Um dieser Entwicklung entgegenzusteuern, versuchten sie freiwillig, zu dem älteren Katzentyp zurückzukehren. Es bleibt abzuwarten, ob die Popularität der Thai so zunimmt, daß sie die »moderne Siam« eines Tages tatsächlich verdrängen wird, wie es einige ihrer Fürsprecher voraussagen.

Es gibt heute zwei Arten von Thaikatzen. Die eine wurde entwickelt, indem man gedrungene Kurzhaarkatzen in den Stamm schlanker, moderner Siamkatzen einkreuzte, um den extremen Körperbau abzumildern. Die andere, eigentlich die echte, klassische Siam, stammt von reinrassigen Linien jener eher konservativen Züchter ab, die sich der extremen Modernisierung der Rasse stets verweigert und ihren Zuchtbestand unverfälscht und rein belassen haben. Auf den ersten Blick kann man zwischen beiden keinen Unterschied ausmachen. Nur die Zuchtbücher können Auskunft darüber geben, zu welcher Gruppe ein Tier gehört.

Farbschläge: Die vier klassischen Farbschläge sind Seal Point, Blue Point, Chocolate Point und Lilac Point. Die genannten Farben können auch in Form von Tabby Point auftreten, ebenso können die Abzeichen in Schildpatt erscheinen, einer Mischung aus Rot und Seal, Chocolate und Zimt sowie Kombinationen von Creme und anderen Farben.

VICTORIA REX

1972 brachte im Londoner Stadtbezirk Victoria eine verwilderte Hauskatze ein Rexkätzchen mit gelocktem Fell zur Welt. Es wurde Tuoh genannt. Peter Davis schrieb im selben Jahr im *Cats Annual,* daß Haarproben ergeben hätten, daß diese Rex nicht mit der Devon Rex verwandt sei. Weiteres ist nicht bekannt.

Farbschläge und Fellmuster

Rassekatzen haben zahlreiche unterschiedliche Farbschläge und Fellmuster. Und jedes Jahr werden es mehr, da sich die Züchter um neue Farbtöne und Varianten bemühen. Jede Hauptfarbe und jedes Hauptmuster kann unterteilt werden (siehe dazu das betreffende Stichwort). Leider herrscht bei den Bezeichnungen ein ziemliches Durcheinander, da zum einen die einzelnen Vereine etwas voneinander abweichende Begriffe verwenden, zum andern die internationale »Katzensprache« Englisch ist, das sich auch in Deutschland zunehmend durchsetzt. Daher werden hier sowohl die deutschen als auch die englischen Begriffe aufgeführt. In manchen Fällen haben sich die englischen Bezeichnungen jedoch so allgemein eingebürgert, daß der deutsche Begriff inzwischen weitaus weniger bekannt ist. Ferner wurden der Einfachheit halber Farben und Muster nicht getrennt, sondern erscheinen entsprechend der alphabetischen Reihenfolge.

Agouti

Fellmuster: Hier ist jedes einzelne Haar schwarz, braun und gelb gebändert. Ein typisches Agouti zeigt das Fell der Abessinier. Es ist ein einheitliches Agouti, anders als das Tabby, bei dem die Agoutibereiche von dunkleren Markierungen unterbrochen sind. Genetisch betrachtet, überlagern diese dunkleren Flecke das Agoutihaar, denn die gelben Bänder eines jeden Haares sind mit dunklerem Pigment überzogen, was für das bloße Auge wie ein einheitlich dunkles Haar aussieht.

Die Bezeichnung stammt von einer südamerikanischen Nagerart, deren Haarkleid in der Fellstruktur dem der Abessinierkatze ähnlich ist.

Anthrazit/Charcoal

Fellfarbe: Ein dunkelgraues Fell, das durch eine leichte Verdünnung von Schwarz hervorgerufen wird.

Auburn

siehe Kastanienrot

Beige/Fawn

Fellfarbe: Ein helles, ins Blaßrosa spielendes cremefarbenes Fell. Es ist die Verdünnung von Zimt/Cinnamon.

Varianten: 1. Beige Schattiert, 2. Beige Smoke, 3. Beige Silber, 4. Beige Silber Tabby, 5. Beige Tabby, 6. Beige-Creme, 7. Beige-Creme Schattiert, 8. Beige-Creme Smoke, 9. Beige-Creme Calico, 10. Beige-Creme Van Calico.

Bicolour

Fellmuster: Allgemein versteht man darunter jede deutlich zweifarbige Katze. In der Praxis wird der Begriff jedoch auf jene Tiere eingeschränkt, deren Musterung aus Weiß und einer anderen Farbe besteht, zum Beispiel Weiß/Schwarz, Weiß/Blau, Weiß/Rot, Weiß/Creme. Meist liegt die Weißfärbung an der Unterseite des Körpers. Auch das Gesicht ist zweifarbig.

Solche Musterungen kommen sehr häufig bei Hauskatzen ohne Stammbaum oder bei verwilderten Tieren vor, sind aber auch bei einigen Rassekatzen zugelassen. Früher war die Akzeptanz begrenzt, da man meinte, Bicolour lasse selbst reinrassige Tiere wie Zufallskreuzungen aussehen. Man hat dieses Vorurteil überwunden, verlangt aber, daß das Fellmuster in bestimmter Weise ausgeglichen ist. Das kann die Symmetrie der Zeichnung, die Farbverteilung oder das Verhältnis von Weiß zur anderen Farbe bedeuten. So verlangt etwa die amerikanische Cat Fanciers' Association, daß die weißen Bereiche ein Drittel bis die Hälfte des Fells und die Farbanteile zwischen zwei Drittel und der Hälfte ausmachen.

Erst in den sechziger Jahren wurden Bicolour-Katzen anerkannt. Damals waren die offiziellen Standards für Bicolour-Muster sehr streng (so wurde beispielsweise eine perfekte Symmetrie der Zeichnung verlangt). Nach einigen Jahren kam man dann zu der Auffassung, daß diese Standards zu rigide seien, und lockerte sie daher 1971.

Dieses Fellmuster kommt bei Kurz- und Langhaarkatzen sowie bei folgenden Rassen vor: Amerikanisch Kurzhaar, Britisch Kurzhaar, Cornish Rex, Cymric, Devon Rex, Europäisch Kurzhaar, Exotisch Kurzhaar, Japanese Bobtail, Maine Coon, Manx, Perser und Scottish Fold.

Black

siehe Schwarz

Blau/Blue

Fellfarbe: Im wesentlichen ein verdünntes Schwarz, denn das sogenannte Blau schwankt in Wirklichkeit zwischen Hell- und Schiefergrau. Bei modernen Rassekatzen gibt es zahlreiche Varianten dieser Farbe: 1. Blau Chinchilla, 2. Blau Creme Smoke, 3. Blau/Creme/Weiß (Dilute Tricolour), 4. Blau Silber Tabby, 5. Blau Silber Schildpatt-Tabby, 6. Blau Silber Tabby mit Weiß, 7. Blau Smoke, 8. Blau Tabby, 9. Blau Tabby mit Weiß, 10. Blau Schildpatt-Tabby, 11. Blau Schildpatt-Tabby mit Weiß, 12. Blau Schildpatt, 13. Blau/Weiß (Bicolour), 14. Van Blau mit Weiß.

Vier blaue Katzenrassen werden heute anerkannt: Kartäuser, Korat, Russisch Blau und Britisch Blau (siehe Britisch Kurzhaar). Zwar werden diese Rassen heute säuberlich auseinandergehalten, aber in früheren Zeiten wurden Kartäuser, Russisch Blau und Britisch Blau oft miteinander verwechselt. Man war der Meinung, daß die Unterscheidungsmerkmale nicht klar zu erkennen seien. In der Vergangenheit wurde häufig noch eine weitere blaue Rasse erwähnt, die Malteserkatze, von der Russisch Blau und Kartäuser abstammen sollen. Andere Autoren behaupten, daß es in einem frühen Stadium keinen Unterschied zwischen Kartäuser und Britisch Blau gegeben habe. Ob das alles stimmt oder nicht – die vier »Blauen« haben sich seitdem mit Sicherheit auseinanderentwickelt und sind nun eigene Rassen.

Blaucreme/Blue-Cream

Fellmuster: Eine verdünnte Form des Schildpattmusters, wobei Blau Schwarz und Creme Rot ersetzt. Nach dem Genetiker Roy Robinson gehen europäische und amerikanische Idealvorstellungen von diesem Muster ein wenig auseinander: »In Großbritannien gehen die Farben der Blaucreme ineinander über, während in den USA Katzen mit getrennten Flecken von Blau und Creme vorgezogen werden.«

Varianten: 1. Blaucreme Schattiert, 2. Blaucreme Smoke, 3. Blaucreme mit Weiß, 4. Blue-Cream Point, 5. Blue-Cream Tabby Point, 6. Blaucreme Particolour, 7. Van Blaucreme mit Weiß.

Blotched Tabby

siehe Gestromt

Blue

siehe Blau

Blue-Cream

siehe Blaucreme

Braun/Brown

Fellfarbe: Man unterscheidet zwei Arten von Braun: zum einen das natürliche Braun, das in der Musterung wildlebender Tabbykatzen vorkommt, zum andern jenes Braun, das nur bei Zuchtkatzen vorkommt und das auf ein mutiertes Gen zurückzuführen ist. Dieses Gen verringert die Intensität des schwarzen Pigments und verstärkt das braune Pigment. Züchter können dieses Braun beeinflussen – die Skala reicht von einem dunklen Rotbraun bis zu einem hellen Goldbraun –, indem sie andere Gene einkreuzen, die für die Helligkeit der Farben verantwortlich sind (siehe auch Chocolate).

Braun Light

siehe Zimt

Bronze

Fellfarbe: Ein warmes Kupferbraun als Grundfarbe, mit Braungelb aufgehellt. Die Bezeichnung wird bei einem Farbschlag der Ägyptischen Mau verwendet.

Brown

siehe Braun

Calico

Fellmuster: Die amerikanische Bezeichnung für Schildpatt mit Weiß. Wie das Schildpattmuster ist es geschlechtsgebunden und kommt fast nur bei weiblichen Tieren vor. Es tritt zwar auch bei Katern auf, aber äußerst selten.

Für die meisten Amerikaner sind Calico und Schildpatt mit Weiß ein und dasselbe. Einige machen jedoch einen Unterschied zwischen beiden Bezeichnungen. So beschrieb Dennis Kelsey-Wood 1989 das Fell der Calicokatze als »ein Weiß mit Flecken von reinem Schwarz und Rot. Bei dieser Katze sollten mindestens Pfoten, Beine, Unterseite, Brust und Schnauze weiß sein [...] Wenn eine Katze mehr als zur Hälfte reinweiß ist, dann handelt es sich um Calico.« Weiter führt er aus, daß bei einem geringeren Anteil Weiß eine Katze entweder als Schildpatt mit Weiß oder als Calico klassifiziert werden könne, je nachdem, wie die weißen Flecke verteilt sind. Bei der Calicokatze sollten die unteren Partien überwiegend weiß sein, als ob das Tier durch ein Gefäß mit Milch gegangen sei.

Calicokatzen werden seit Ende der fünfziger Jahre auf Katzenausstellungen gezeigt. Seitdem wurden folgende Varianten gezüchtet: 1. Cinnamon-Cream Calico, 2. Dilute Calico (= Weiß mit reinem Blau und Creme), 3. Fawn-Cream Calico, 4. Lavender-Cream Calico, 5. Van Calico (Weiß mit Schwarz und Rot, beschränkt auf die Extremitäten), 6. Cinnamon-Cream Van Calico, 7. Dilute Van Calico (Weiß mit Blau und Creme, beschränkt auf die Extremitäten), 8. Fawn-Cream Van Calico, 9. Lavender-Cream Van Calico.

Cameo

Fellfarbe: Amerikanische Bezeichnung für ein weißes Fell mit roten Haarspitzen (Tipping). Je nach Ausmaß des Tippings unterscheidet man drei Arten: Smoke, Schattiert (Shaded) und Shell. Smoke hat ein reichliches, Schattiert ein mäßiges und Shell ein geringes Tipping. Wenn eine Cameokatze ruhig sitzt, bestimmt die Färbung der Haarspitzen die Fellfarbe; bewegt sie sich, kommt das weiße Unterfell zum Vorschein, so daß sich die Farbe des Fells zu verändern scheint.

Varianten: 1. Shaded Cameo (= Rot Schattiert), 2. Cream Shaded Cameo, 3. Shell Cameo (= Rot Chinchilla), 4. Cream Shell Cameo, 5. Smoke Cameo (= Rot Smoke), 6. Dilute Smoke Cameo (= Creme Smoke), 7. Red Smoke Cameo, 8. Tabby Cameo, 9. Dilute Tabby Cameo, 10. Tabby mit Weiß Cameo.

Caramel

Fellfarbe: Dieser Ausdruck wird von den einzelnen Organisationen unterschiedlich gebraucht. Er bezeichnet entweder ein rötlichbraunes (entsprechend Zimt/Cinnamon) oder ein bläulichbeiges Fell.

Champagner/Champagne

Fellfarbe: In den USA Bezeichnung für ein cremiges Braungelb. Der Begriff kennzeichnet die verdünnte Variante der zobelbraunen Burmakatze, deren Fellfarbe deutsch/englisch als Chocolate bezeichnet wird.

Charcoal

siehe Anthrazit

Chestnut

Fellfarbe: Ein kräftiges Kastanienbraun, ähnlich wie Chocolate. In den USA wird die Bezeichnung bei der Orientalisch Kurzhaar verwendet.

Varianten: 1. Chestnut Silber, 2. Chestnut Silber Tabby, 3. Chestnut Smoke, 4. Chestnut Tabby, 5. Chestnut Tortie (Schildpatt).

Chinchilla

Fellmuster: Chinchillakatzen haben silbrig schimmerndes Fell. Das Besondere daran ist, daß jedes einzelne Haar weiß ist und eine schwarze Spitze hat (maximal ein Achtel des Haares). Mit anderen Worten: Die Chinchilla ist eine weiße Katze mit schwarzem Tipping. Ihre Augen sind grün oder blaugrün.

Der Name wurde einer silbergrauen Nagerart Südamerikas entlehnt. Auf einer größeren Ausstellung tauchten Chinchillakatzen erstmals 1894 im Londoner Kristallpalast auf. Und der älteste Chinchillakatzenverein wurde 1901 in einem Vorort Londons gegründet. Damals war die typische Chinchilla dunkler als heute. Als die Züchter das Fell immer heller werden ließen, wurde die ursprüngliche Art Silber Schattiert genannt.

Züchtungen mit Chinchillafell sind: American Curl, American Wirehair, Amerikanisch Kurzhaar, Cornish Rex, Devon Rex, Exotisch Kurzhaar, Maine Coon, Manx, Norwegische Waldkatze, Perser und Scottish Fold.

Die erste registrierte Chinchillakatze war weiblich und hieß Chinnie. Sie wurde 1882 in einem Pfarrhaus in der Nähe von Wakefield in England geboren und an einen Züchter verkauft. Sie war – wie Frances Simpson schrieb – »die Mutter der Chinchillas«.

Vielleicht die international bekannteste Chinchillakatze ist Solomon: Die Perser wurde zärtlich vom teuflischen Verbrecherkönig Blofeld gestreichelt, und zwar in den James-Bond-Filmen *Man lebt nur zweimal* (1967), *James Bond 007 – Im Geheimdienst Ihrer Majestät* (1969) und *Diamantenfieber* (1971).

Chintz

Fellmuster: In ihrer klassischen Katzenstudie *The Book of the Cat* von 1903 schreibt Frances Simpson, Chintzkatze sei der alte Name für die Perser Schildpatt mit Weiß gewesen. In den USA ist das Muster heute unter dem Namen Calico bekannt.

Chocolate

Fellfarbe: Bezeichnet ein mittel- bis hellbraunes Fell, ein Milchschokoladenbraun, das heller als Seal ist. In den USA wird bei Burma und Tonkanese statt Chocolate die Bezeichnung »Champagner« verwendet.

Varianten: 1. Chocolate Schattiert, 2. Chocolate Silber, 3. Chocolate Smoke, 4. Chocolate Schildpatt, 5. Chocolate Schildpatt Schattiert, 6. Chocolate Schildpatt Smoke, 7. Chocolate Point, 8. Chocolate Tabby Point, 9. Chocolate Schildpatt Point, 10. Chocolate Schildpatt Tabby Point.

Cinnamon

siehe Zimt

Classic Tabby

siehe Gestromt

Colourpoint

Fellmuster: Bezeichnet das typische Siamfellmuster, eine blasse Grundfarbe mit dunkleren Abzeichen an Maske, Ohren, Beinen und Schwanz. Die Abzeichen sind von der Körpertemperatur abhängig. Da die Extremitäten kühler als der übrige Körper sind, werden sie dunkler, wenn das Tier heranwächst; die wärmeren Partien bleiben hell. Tritt in den dunkleren Bereichen eine Entzündung auf, so daß dort die Temperatur ansteigt, wird auch an dieser Stelle das Fell heller.

Durch Kreuzungen gelangten die Siamabzeichen auch zu anderen Rassen. Heute gibt es folgende Colourpointkatzen:

1. Siam
2. Colourpoint Kurzhaar
3. Britisch Kurzhaar Colourpoint
4. Europäisch Kurzhaar Colourpoint
5. Colourpoint-Perser (= Himalayan)
6. Balinese
7. Javanese
8. Tonkanese
9. Birma
10. Ragdoll
11. Ragamuffin
12. Schneeschuhkatze
13. Thai

In den letzten Jahren wurden verschiedene Farbvarianten der Colourpoint entwickelt: 1. Blue Point, 2. Blue Tabby Point, 3. Blue-Cream Point, 4. Blue-Cream Tabby Point, 5. Chocolate Point, 6. Chocolate Tabby Point, 7. Chocolate Tortie Point, 8. Chocolate Tortie Tabby Point, 9. Cream Point, 10. Cream Tabby Point, 11. Flame Point, 12. Lilac Point, 13. Lilac Tabby Point, 14. Lilac-Cream Point, 15. Lilac-Cream Tabby Point, 16. Red Point, 17. Red Tabby Point, 18. Seal Point, 19. Seal Tabby Point, 20. Seal Tortie Point, 21. Seal Tortie Tabby Point, 22. Tortie Point, 23. Tortie Tabby Point.

Creme/Cream

Fellfarbe: Creme ist eine Verdünnung von Rot. Die Tönung variiert geringfügig von Rasse zu Rasse – von Braungelb über Blaßrosa bis zu kaltem Mattgelb. Der Farbschlag kommt bei Lang- und Kurzhaarkatzen vor. Im allgemeinen werden die hellsten Töne bevorzugt, da sie die Möglichkeit verringern, daß eine Tabbyzeichnung durchschimmert.

Creme gehört zu den älteren Farbschlägen, sie war die erste »exotische« Farbe der frühen Perserkatzen mit Stammbaum. Frances Simpson schreibt 1903: »Vielleicht ist dies die letzte Perserzüchtung, und sie verspricht einmal sehr elegant zu werden.«

Inzwischen gibt es jedoch sehr viele unterschiedliche Varianten: 1. Cream Point, 2. Creme Schattiert Cameo, 3. Creme Shell Cameo, 4. Creme Silber, 5. Creme Silber Tabby, 6. Creme Smoke, 7. Creme Tabby, 8. Creme Tabby mit Weiß, 9. Creme/Weiß (Bicolour), 10. Dilute Blau/Creme/Weiß (= Dilute Tricolour), 11. Beige Creme, 12. Lavendel Creme, 13. Van Creme und Tabby mit Weiß.

Dilute

Fellmuster: Bei Rassekatzen wird der Ausdruck verwendet, wenn ihre Fellfarbe heller als üblich ist. Viele zarte Fellfarben unserer Zeit werden durch ein mutiertes Gen (d) verursacht, das dunklere Farben verdünnt. Dabei wird aus Schwarz Blau, aus Rot Creme, aus Chocolate Lavendel. Wenn die verdünnten Farben ein Muster bilden, beispielsweise Schildpatt, dann spricht man von »Dilute Schildpatt«.

Beispiele für die Verwendung des Begriffs: 1. Dilute Cameo, 2. Dilute Cameo Smoke,

3. Dilute Cameo Tabby, 4. Dilute Schildpatt, 5. Dilute Schildpatt Schattiert, 6. Dilute Chinchilla Schildpatt Schattiert, 7. Dilute Tricolour (Blau/Creme/Weiß), 8. Van Dilute Calico (Weiß mit Blau und cremefarbenen Extremitäten).

Ebony

Fellfarbe: Ein anderer Name für Schwarz, der in den USA für bestimmte Abstufungen von Schwarz bei Orientalisch Kurzhaar verwendet wird.

Varianten: 1. Ebony Silber (weißes Unterfell mit schwarzem Tipping), 2. Ebony Silber Tabby (Grundfarbe blasses, helles Silber, Markierungen dichtes Schwarz), 3. Ebony Smoke (weißes Unterfell mit schwarzen Spitzen), 4. Ebony Tabby (Grundfarbe Kupferbraun, Zeichnung dichtes Schwarz), 5. Ebony Tortie (Schwarz, gesprenkelt oder gefleckt mit Rot und/oder Creme).

Einfarbig

Fellmuster: Dieser Felltypus wurde bereits 1895 von Rush Huidekoper definiert: »Einfarbige Katzen haben nur eine einzige Fellfarbe, deren Tönungen und Nuancen verschieden sein können, die aber keine Beimischungen von Weiß oder irgendeiner anderen Farbe aufweisen. Wirklich einfarbige Katzen sind Schwarze, Blaue, Rote und Gelbe.«

Seitdem sind weitere einfarbige Katzen dazugekommen, aber die Definition von 1895 gilt nach wie vor.

Fawn

siehe Beige

Flame Point

Fellfarbe: Ein anderer Name für Red Point. Der Begriff Flame (Flamme) wird für Rot jedoch nur bei Colourpointmustern verwendet. Von einer Variante wird berichtet: In den USA wird manchmal eine Katze mit roter und orangefarbener Tabbyzeichnung Flame Lynx-Point genannt.

Frost

Fellfarbe: Frost Point sagt man in den USA für Lilac Point.

Gelb

Fellfarbe: Wird oft im allgemeinen Sprachgebrauch statt des genetisch korrekten Begriffs Orange verwendet; Katzenzüchter bezeichnen die Farbe als Rot.

Gescheckt

Fellmuster: Der Ausdruck wird heute nur noch im allgemeinen Sprachgebrauch verwendet, nicht aber mehr bei Züchtern. Das war nicht immer so. Beispielsweise schreibt Dechambre 1957: »Mit gescheckt wird jede Katze bezeichnet, die große Farbflecke auf weißem Grund hat [...] Zwar erregt diese Varietät größtes Interesse, doch sie ist noch nicht streng definiert und als besondere Züchtung auf Ausstellungen zugelassen.«

Und noch 1970 erläutert Claire Necker: »Der Grad der Scheckung reicht von einigen weißen Haaren an der Kehle bis zu einem vollständig weißen Fell.« Weiter führt sie aus, daß die Bereiche mit Weiß vor allem an der Vorder- und der Unterseite der Katze vorkommen.

Heute spricht man bei diesen Katzen von Bicolour (siehe dort).

Gestromt/Blotched Tabby

Fellmuster: Man spricht bei diesem Muster auch von einem klassischen Tabby (Classic Tabby). Statt der dunklen schmalen Streifen der getigerten Katze (Mackerel Tabby) gibt es hier breitere Bänder, die in Windungen oder Spiralen die Flanken bedecken. In der Mitte dieses Musters liegt für gewöhnlich ein austernfömiger Fleck, umrandet von einer oder mehreren Linien. Dieser Bereich wird manchmal auch Bullauge genannt.

Die gestromte Zeichnung ist von Katze zu Katze verschieden und kann manchmal so ausgedehnt und so sehr miteinander verschmolzen sein, daß das Fell im großen und ganzen einfach nur sehr dunkel gefärbt erscheint.

Die gestromte Zeichnung ist jünger als die getigerte; sie entstand im Mittelalter oder in der Frühneuzeit in Europa und hat von hier aus die ganze Welt erobert. Roger Tabor hat diese Katze »The British Imperial Cat« genannt, weil »sie sich im Gefolge der britischen Kolonisation über die Erde verbreitet hat [...] Die ersten Wellen von Siedlern, die im 17. Jahrhundert nach Amerika, im 18. Jahrhundert nach Kanada und im 19. Jahrhundert nach Australien segelten, brachten Katzen mit, unter denen sich – entsprechend ihrer Verbreitung in Großbritannien – auch zahlreiche gestromte Tabbys befanden [...] In Ländern ohne britische Besiedlung, wie etwa Ägypten und Thailand, gibt es nur äußerst wenige gestromte Katzen.«

Getigert/Mackerel Tabby

Fellmuster: Diese Zeichnung kommt jener der wildlebenden Vorfahren am nächsten. Sie besteht aus dunklen Streifen auf einem helleren Untergrund. Diese Streifen sind lang und dünn, sie verlaufen in Windungen, aber vor allem vertikal. Oft lösen sie sich in kurze Striche und Flecke (Spots) auf. Vermutlich haben die Züchter daraus das Spotted Tabby (siehe Getupft) entwickelt. Wer jedoch einen getigerten Champion ausstellen will, muß in die entgegengesetzte Richtung arbeiten: Er muß versuchen, die Streifen so lang, fein und ununterbrochen wie möglich zu machen.

Getupft/Spotted Tabby

Fellmuster: Wie das getupfte Fell entstanden ist, bleibt unklar. Es könnte durch selektive Züchtung allmählich aus der Tigerung entstanden sein, wobei sich die Streifen in kleine Flecke und schließlich in Tupfen aufgelöst haben. Oder es gab eine spontane Mutation, die dann weiter gezüchtet wurde. Genetiker bevorzugen das erste Erklärungsmodell. Zwar haben getigerte Rassekatzen lange, ununterbrochene Streifen, aber streunende getigerte Katzen ohne Stammbaum zeigen häufig viel kürzere und stärker unterbrochene Streifen. Indem man solche Katzen zur Zucht heranzieht, können diese kürzeren Markierungen bald in elegante runde Tupfen verwandelt werden.

Gold/Golden

Fellfarbe: Der Farbeindruck entsteht auf zwei Arten: weiße Haare mit braunem Tipping oder goldfarbene Haare mit schwarzem Tipping.

Es gibt drei Varianten: Golden Chinchilla (siehe nächste Seite), Gold Schattiert (etwas dunkler) und Golden Tabby.

Goldfarbene Perser wurden »Brownies« genannt, als sie in den zwanziger Jahren in Würfen von Silberkatzen auftauchten. Zunächst hat man sie ausgesondert, später jedoch wurden sie gezüchtet und ausgezeichnet. Die erste bekannte Golden hieß »Bracken« und wurde als zobelfarbene Chinchilla (»Sable Chinchilla«) eingetragen.

Golden Chinchilla

Fellfarbe: Der goldfarbene Schimmer wird offensichtlich auf zwei Arten erzielt. So erklärt ein Fachmann die Abweichung vom typischen Chinchillafell damit, daß die Haarspitzen statt schwarz dunkelbraun seien; ein anderer nennt als Ursache den satten, warmen Ton des cremefarbenen Unterfells mit schwarzem Tipping. Wie auch immer – das Fell schimmert in einem prunkvollen Goldton.

Als die ersten goldfarbenen Exemplare in einem Wurf einer Chinchilla-Perserkatze auftauchten, wurden sie »Brownies« genannt; sie galten zunächst als unerwünschte Varianten und wurden ausgesondert. Inzwischen hat man sich jedoch entschlossen, diese Tiere als eigenen Farbschlag zu züchten.

Golden Chinchilla kommt bei American Curl, Exotisch Kurzhaar, Norwegischer Waldkatze und Perser vor.

Gold Schattiert/Shaded Golden

Fellfarbe: Die Haare sind aprikosenfarben oder hellbraun mit einer dunkelbraunen Spitze. Gold Schattiert ist die dunklere Variante von Golden Chinchilla, so wie Silber Schattiert (siehe dort) die dunklere Variante von Chinchilla ist.

Gold Schattiert gibt es bei Lang- und Kurzhaarkatzen: Perser Gold Schattiert und Exotisch Kurzhaar Gold Schattiert. Außerdem kommt es noch bei zwei weiteren Rassen vor: bei der American Curl und der Norwegischen Waldkatze.

Grau

Fellfarbe: Grau ist eine Verdünnung von Schwarz. Zwar ist diese Farbe bei Rassekatzen weit verbreitet, diese Farbbezeichnung aber tabu. Dieser Punkt ist der einzige, in dem sich alle Züchter und Verbände einig sind: Alle grauen Katzen werden irreführenderweise als »blau« bezeichnet. Dieses stillschweigende Übereinkommen wird selten gebrochen, obwohl einmal ein Fell als »graugetupft« bezeichnet worden ist. Heute scheint selbst diese Ausnahme verschwunden zu sein.

Harlekin

Fellmuster: Der Ausdruck wird verwendet, um eine Bicolourkatze zu bezeichnen, deren Fell mehr weiße als farbige Partien hat. Die weißen Flächen müssen 50 bis 75 Prozent einnehmen, die klar abgesetzten farbigen Flecken am Kopf, Schwanz und auf dem Rücken dürfen nur 25 bis 50 Prozent ausmachen.

Kastanienrot/Auburn

Fellfarbe: Diese Farbbezeichnung ist selten. Sie beschreibt lediglich die dunklere Farbe von Gesicht und Schwanz bei der Türkisch Van.

Lavendel/Lilac

Fellfarbe: Die Farbe entsteht durch Verdünnung von Braun oder Chocolate. Sie steht in der gleichen Beziehung zu Braun wie Blau zu Schwarz. Die Farbe wurde verschiedentlich als ein rosafarbenes Taubengrau beschrieben, als warmes Lavendelblau mit einem Roséton oder – ganz anders – als Eisgrau. Der Reiz dieser Farbe liegt darin, daß sie eine wärmere, weichere Schattierung von Blau ist.

Varianten: 1. Lavendel Creme, 2. Lavendel Creme Calico, 3. Lavendel Creme Van Calico, 4. Lavendel Creme Schattiert, 5. Lavendel Creme Smoke, 6. Lavendel Schattiert, 7. Lavendel Silber, 8. Lavendel Silber Tabby, 9. Lavendel Smoke, 10. Lavendel Tabby.

Lavendelcreme/Lilac-Cream

Fellmuster: Diese Verbindung ist eine Verdünnung von Schildpatt. Eine Lilac-Cream-Point-Katze ist eine Colourpoint mit weißem Körper und lavendelfarbenen Points, die cremefarben gemustert sind.

Lavender

Fellfarbe: Die blaßrosa-graue Farbe entsteht durch die Verdünnung von Chocolate. In den USA unterscheidet man zwischen Lavender und Lilac (deutsch: Lavendel), aber im Grunde sind beide Farben identisch.

Lilac

siehe Lavendel

Lilac-Cream

siehe Lavendelcreme

Lynx

Fellmuster: Der Ausdruck bezieht sich auf die Abzeichen des Colourpoint-Fellmusters. Beim urspünglichen Colourpoint, wie es charakteristisch für die ersten Siamkatzen ist, waren die Points sealfarben – tief dunkelbraun. Im Lauf der Zeit entstanden neue Varianten der dunklen Abzeichen, darunter auch eine Tabbymusterung. Diese wird aus einleuchtenden Gründen »Tabby Point« genannt; in den USA jedoch wählte man die beeindruckendere Bezeichnung »Lynx Point«.

Mackerel Tabby

siehe Getigert

Mink

Fellfarbe: Amerikanische Züchter haben den Begriff Mink (Nerz) eingeführt, um die Fellfarbe von Tonkanesen zu bezeichnen.

Hier unterscheidet man folgende Varianten: 1. Blue Mink (weiches Blaugrau mit dunkleren schieferblauen Abzeichen), 2. Champagne Mink (Beige oder braungelbes Creme mit mittelbraunen Abzeichen), 3. Honey Mink (Rotbraun mit dunkleren braunen Abzeichen), 4. Natural Mink (warmes Braun mit dunkleren braunen Abzeichen), 5. Platinum Mink (helles Silbergrau mit dunkleren grauen Abzeichen).

Mitted

Fellmuster: Eine Point-Variante, bei der die Vorder- und Hinterpfoten bis zum Fußgelenk rein weiß gefärbt sind. Ein weißer Streifen verläuft ferner von der Halskrause unter dem Bauch und zwischen den Beinen hindurch bis zum Schwanzansatz. Eine weiße Flamme auf der Nase ist zulässig.

Orange

Fellfarbe: Diesen Namen verwenden Genetiker für eine Fellfarbe, die bei Züchtern Rot heißt, im allgemeinen Sprachgebrauch aber als Gelb bezeichnet wird. Der Wissenschaftler Roy Robinson schreibt über das verantwortliche Gen: »Das Symbol für das Gen ist ›O‹. Wo dieses Gen auftritt, läßt es alles Melanin (schwarzes und braunes Pigment) aus den Haaren verschwinden.«

Früher haben auch verschiedene Züchter den Begriff verwendet, bevor »Rot« zur offiziellen Bezeichnung wurde. So kannte man beispielsweise Orange Tabby Kurzhaar (1887), Orange Perser (1903), Perser Orange mit Weiß (1903), Perser Orange mit Creme (1907).

Particolour

Fellmuster: Dieser Ausdruck wird manchmal bei Katzen verwendet, die mehr als eine Farbe haben. Einige amerikanische Fachleute verwenden ihn als Oberbegriff für Bicolour, Schildpatt und Calico. Der Begriff wird heute nur noch selten verwendet. Folgende Varianten werden bei der Zucht von Farbschlägen aufgeführt: 1. Particolour Blaucreme, 2. Particolour Silber, 3. Particolour Smoke, 4. Van Particolour Tabby mit Weiß.

Pewter

Fellfarbe: Damit wird verschiedentlich das Fell bei Blau Silber Tabbys bezeichnet. Es wirkt kälter als das Fell des Blau Tabby.

Platinum

Fellfarbe: Amerikanische Bezeichnung für das helle Grau-Beige, eine der verdünnten Farben der Burmakatze. Die vollständige Beschreibung des Fells lautet: »Ein helles Silbergrau mit einem Anflug von hellem Beige; es wird nach unten ganz unmerklich ein wenig heller.« Der Farbschlag ist jenem sehr ähnlich, der Lavendel/Lilac genannt wird.

Point

siehe Colourpoint

Rot/Red

Fellfarbe: Rot nennen Katzenzüchter jene Farbe, die die Genetiker als Orange bezeichnen. Die verschiedenen Rottöne, die Abstufungen von Gelb über Orange bis Rot, werden von einem einzigen, geschlechtsgebundenen Gen (O für Orange) verursacht. Es verwandelt alle schwarzen Pigmente in orangefarbene. Das bedeutet, daß aus einer normaler Tabbyzeichnung ein Orange Tabby wird.

Jahrelange Zuchtbemühungen haben die Farbqualität deutlich verbessert: Heute ist es ein tieferes, prunkvolleres Rot. Diesen Erfolg verdankt man verschiedenen Methoden. Zunächst können mehrere Gene für Rotbraun eingebracht werden, wodurch die Rotfärbung des Fells verstärkt wird. Dann kann man durch sorgfältige Zuchtwahl die kontrastreiche Tabbyzeichnung auf ein Minimum reduzieren. Und drittens kann man die Flecken bei gestromten Katzen (Blotched Tabby) durch selektive Züchtung in der Weise beeinflussen, daß sie sich ausdehnen und in weite rote Bereiche verwandeln. Dadurch verschwindet die Tabbyzeichnung, und es entsteht ein gleichmäßig verteiltes intensives Rot, das nun einige der schönsten Rassekatzen schmückt.

Varianten: 1. Rot Chinchilla (= Red Shell Cameo), 2. Rot Schattiert (Cameo Schattiert), 3. Rot Silber, 4. Rot Smoke Cameo (= Cameo), 5. Rot Tabby, 6. Rot Tabby mit Weiß, 7. Rot Tabby Point, 8. Rot Van mit Weiß, 9. Schwarz/Rot/Blau (= Tricolour).

Ruddy

siehe Wildfarben

Sable

siehe Zobel

Schattiert/Shaded

Fellmuster: Ein schattiertes Fell besteht aus hellen Haaren, von denen jedes eine dunkle Spitze hat. Der dunkle Abschnitt ist nur mäßig lang. Beim Shell-Muster ist der dunkle Teil stark reduziert, beim Smoke dagegen reicht er das Haar viel weiter hinab. Bei Schattiert liegt also die Länge der dunklen Haarspitze zwischen Shell und Smoke.

Varianten: 1. Blau Schattiert, 2. Blaucreme Schattiert, 3. Blau Silber Schattiert, 4. Shaded Cameo, 5. Cream Shaded Cameo, 6. Schattiert Shell Schildpatt, 7. Dilute Shell Schildpatt, 8. Chocolate Schattiert, 9. Chocolate Schildpatt Schattiert, 10. Zimt Schattiert, 11. Zimt Schildpatt Schattiert, 12. Beige Schattiert, 13. Beigecreme Schattiert, 14. Gold Schattiert (siehe dort), 15. Lavendel Schattiert, 16. Rot Schattiert (= Cameo Schattiert), 17. Silber Schattiert (siehe dort), 18. Schildpatt Schattiert, 19. Dilute Schildpatt Schattiert.

Schildpatt/Tortie

Fellmuster: Ein Fell, das schwarz, rot und cremefarben zu sein scheint. Schaut man jedoch genauer hin, erkennt man, daß das Fell in Wirklichkeit schwarz ist und eine orangefarbene Tabbyzeichnung hat. Diese zweifach getönten helleren Bereiche lassen die Katze dreifarbig aussehen. Tiere mit diesem Fellmuster sind fast immer weiblich; ein Kater mit diesem Fellmuster ist selten – einer auf 200 weibliche Katzen – und dann meist unfruchtbar.

Daß Schildpattkater überhaupt vorkommen, ist insofern sonderbar, weil normalerweise nur ein weibliches Kätzchen schwarze Flecke, die es von dem einem Elternteil, und eine rote Tabbyzeichnung, die es vom anderen Elternteil geerbt hat, aufweisen kann. Denn die beiden Gene, die dafür verantwortlich sind, liegen auf dem X-Chromosom, und zwar das für Rot auf dem einen und das für Nichtrot auf dem anderen. Da nur Weibchen zwei X-Chromosomen haben, können also eigentlich auch nur weibliche Katzen die »Rot plus Nichtrot«-Schildpattkombination haben. Kater dagegen haben ein X- und ein Y-Chromosom, so daß sie normalerweise auf ihrem einzigen X-Chromosom nur das eine oder das andere Gen haben können, aber nicht beide. Sie tragen also entweder ein gleichmäßiges rotes Tabby oder sind ganz schwarz.

Von daher scheint es auf den ersten Blick unbegreiflich, wieso es überhaupt Schildpattkater gibt. Des Rätsels Lösung liegt in einem kleinen genetischen Fehler, der gelegentlich auftritt. Schildpattkater haben nämlich drei Geschlechts-Chromosomen: XXY. Die beiden ersten ermöglichen Rot und Schwarz, das letztere ist für die männlichen Merkmale verantwortlich. Doch die Männlichkeit der Schildpattkater läßt einiges zu wünschen übrig. Zunächst einmal sind sie unfruchtbar. Aber auch ihr Verhalten ist merkwürdig. Sie benehmen sich eher wie vermännlichte Weibchen als wie echte Kater.

Bei einem Schildpattkater, der in einer Gruppe von Katzen lebte, beobachtete man einst ein sonderbares Verhalten. Sein Umgang mit seinen Artgenossen war recht gleichgültig, und er nahm auch nicht an den üblichen Kämpfen um die Rangfolge teil, die fast ständig sowohl bei den männlichen als auch den weiblichen Katzen stattfanden. Vielleicht lag sein Desinteresse an der sogenannten Hackordnung daran, daß er weder ganz Kater noch ganz weibliche Katze war.

Auch in anderer Hinsicht fiel er aus der Rolle. Er versprühte, als er erwachsen wurde, keinen Urin, was jeder normale Kater tut. Er kümmerte sich auch nicht um rollige Katzen, obwohl er anatomisch dazu in der Lage gewesen wäre; vielmehr ließ er dabei anderen jungen Katern ohne weiteres den Vortritt.

Selbst als er älter wurde, zeigte er wenig Interesse für das weibliche Geschlecht. Er ließ sich zwar dazu herab, sich mit einigen wenigen zu paaren, aber niemals mit großer Begeisterung. Man hat ihn einmal aus Versuchsgründen mit einer sehr rolligen Katze zusammengesperrt. Er hat sich dann zwar einige Male mit ihr gepaart, aber die Katze wurde nicht schwanger, was die übliche Unfruchtbarkeit bei Schildpattkatern bestätigte.

Zwar stimmt es nicht, daß alle Schildpattkatzen weiblich sind, aber man kann sagen, daß sie alle feminin sind – sogar die wenigen Schildpattkater. Und wahrscheinlich hat niemals einer von ihnen einen Wurf Kätzchen gezeugt.

Doch zum Ausgleich wurden Schildpattkater schon immer hoch geschätzt. Dadurch entgingen sie in der Vergangenheit der Verfolgung, der gewöhnliche Hauskatzen oft ausgesetzt waren. In keltischen Ländern galt es als ein gutes Omen, wenn einem ein solcher Kater zulief. In England glaubte man, Warzen ließen sich entfernen, wenn man einfach nur im Mai mit dem Schwanz eines Schildpattkaters darüberreibe. Und japanische Fischer haben für Schildpattkater Unsummen ausgegeben, denn sie glaubten, solche Katzen an Bord würden sie vor den Geistern ihrer Ahnen und die Schiffe vor Stürmen schützen.

Wenn diese Kater auch zu einem ziemlich enttäuschenden Sexualleben verurteilt sind, so lassen sie es sich doch in anderer Hinsicht wohl ergehen.

Von diesem Fellmuster gibt es zahlreiche Varianten, sowohl bei Kurz- als auch bei Langhaarkatzen: 1. Blau Schildpatt, 2. Chestnut Schildpatt, 3. Shell Schildpatt, 4. Chocolate Schildpatt, 5. Chocolate Tortie Point, 6. Chocolate Tortie Tabby Point, 7. Chocolate Schildpatt Schattiert, 8. Chocolate Schildpatt Smoke, 9. Zimt Schildpatt, 10. Zimt Schildpatt Smoke, 11. Dilute Schildpatt, 12. Dilute Shell Schildpatt, 13. Dilute Schildpatt Schattiert, 14. Ebony Schildpatt, 15. Lavendel Schildpatt, 16. Seal Schildpatt, 17. Schildpatt Schattiert, 18. Schildpatt Smoke, 19. Tortie Point, 20. Tortie Tabby Point, 21. Schildpatt mit Weiß.

Volksglaube: Eine Überlieferung der Khmer in Südostasien besagt, daß die erste Schildpattkatze von einem weisen alten Mann in einem magischen Ritual erschaffen wurde. Dabei entstand die Katze aus dem Menstruationsblut einer jungen Göttin, die aus einer Lotosblume geboren worden war.

Schildpatt-Tabby

Fellmuster: Tabbyzeichnung mit zwei Farbtönen, auch bekannt als Torbie. Als Norm gilt Braun Tabby/Rot Tabby, als Dilute Blau Tabby/Creme Tabby.

Varianten: 1. Blau Schildpatt-Tabby, 2. Blau Schildpatt-Tabby mit Weiß, 3. Blau Silber Schildpatt-Tabby, 4. Braun Schildpatt-Tabby, 5. Braun Schildpatt-Tabby mit Weiß, 6. Schildpatt-Tabby mit Weiß, 7. Dilute Schildpatt-Tabby mit Weiß, 8. Silber Schildpatt-Tabby. 9. Silber Schildpatt-Tabby mit Weiß.

Schwarz/Black

Fellfarbe: Das ideale schwarze Fell ist so intensiv schwarz, daß es jedes andere Pigment oder Muster überdeckt. Doch oft ist es so, daß bei hellem Licht ein Stich ins Braune oder ein schwaches Tabbymuster sichtbar wird.

Ein anderer Name für Schwarz, in manchen Fällen von amerikanischen Züchtern gebraucht, ist Ebony (Ebenholz).

Varianten von Schwarz sind Schwarz Smoke, Schwarz/Weiß, Van Schwarz mit Weiß, Schwarz/Rot/Weiß (= Tricolour).

Seal Point

Fellmuster: Die urprüngliche Färbung der Siamkatze. Die Grundfarbe des Fells liegt zwischen Beige und Creme mit sealbraunen Abzeichen an Maske, Ohren, Beinen und Schwanz. Der Farbschlag wurde 1871 anerkannt und war bis in die dreißiger Jahre unseres Jahrhunderts als einziger bei Siamkatzen zugelassen.

Seal-Varianten: 1. Seal Tabby Point (das Sealbraun an den Extremitäten hat eine Tabbyzeichnung), 2. Seal Tortie Point (das Sealbraun der Extremitäten hat ein Schildpattmuster), 3. Seal Tortie Tabby Point (eine Mischung der beiden anderen Zeichnungen).

Sepia

Fellfarbe: Diese Bezeichnung wird nur selten auf Katzen angewendet, am häufigsten noch auf die Singapura, von der es heißt: »Nur Sepia Agouti [...] dunkelbraunes Ticking auf warmem Grund, der die Farbe von altem Elfenbein hat.« In Amerika bezeichnet man auch das Braun der Burma als Sepia.

Shaded

siehe Schattiert

Shaded Golden

siehe Gold Schattiert

Shaded Silver

siehe Siber Schattiert

Shell

Fellmuster: Wenn ein Fell aus hellem Haar mit dunklen Spitzen besteht, dann ist es entweder Shell, Silber Schattiert oder Smoke. Shell hat nur eine sehr kurze dunkle Haarspitze, kürzer als die anderen beiden.

Varianten: 1. Shell Cameo (= Rot Chinchilla), 2. Shell Cameo Creme, 3. Shell Schildpatt, 4. Dilute Shell Schildpatt.

Silber/Silver

Fellfarbe: Der Silbereffekt entsteht durch Haare, die unten hell und deren Spitzen dunkel sind.

Heutige Varianten: 1. Blau Silber, 2. Blau Silber Tabby, 3. Blau Silber Tabby mit Weiß, 4. Blau Silber Schildpatt-Tabby, 5. Blau Chinchilla, 6. Blau Silber Schattiert, 7. Chestnut Silber, 8. Chestnut Silber Tabby, 9. Chinchilla, 10. Chocolate Silber, 11. Chocolate Silber Tabby,

12. Zimt Silber, 13. Zimt Silber Tabby, 14. Creme Silber (= Dilute Cameo), 15. Creme Silber Tabby, 16. Ebony Silber, 17. Ebony Silber Tabby. 18. Beige Silber, 19. Beige Silber Tabby, 20. Lavendel Silber, 21. Lavendel Silber Tabby, 22. Particolour Silber, 23. Rot Silber (= Cameo), 24. Silber Schattiert, 25. Silber Tabby, 26. Silber Schildpatt-Tabby, 27. Silber Tabby mit Weiß.

Silber Schattiert/Shaded Silver

Fellfarbe: Bei Silber Schattiert ist jedes Haar silbergrau mit einer schwarzen Spitze. Das Fell wirkt dadurch hellgrau mit einem Silberschimmer.

Früher hat es um Silber Schattiert und Chinchilla viel Verwirrung gegeben. Im 19. Jahrhundert waren Chinchillakatzen etwas dunkler als heute, so daß es fast unmöglich war, die beiden Fellfarben genau zu unterscheiden. Manchmal hat man sie als »Silberfarbene« gewissermaßen in einen Topf geworfen. Doch im Lauf der Jahre wurden die Chinchillakatzen immer heller: Das Haar wurde rein weiß mit einer dunklen Spitze. Daher kann man heute Silber Schattiert und Chinchilla leicht auseinanderhalten.

Silber Schattiert gibt es bei Lang- und Kurzhaarkatzen: Perser Silber Schattiert und Exotisch Kurzhaar Silber Schattiert. Außerdem kommt diese Fellfarbe bei folgenden Rassen vor: American Curl, American Wirehair, Amerikanisch Kurzhaar, Maine Coon, Manx, Norwegische Waldkatze, Cornish Rex, Devon Rex und Scottish Fold.

Smoke

Fellfarbe: Smoke hat Ähnlichkeiten mit Chinchilla (siehe dort). Doch während Chinchillahaar über die ganze Länge hell ist und nur eine dunkle Spitze hat, ist Smokehaar an der Basis hell und dunkelt allmählich zur Spitze hin; das Smokehaar besitzt also einen größeren dunklen Anteil. Das führt dazu, daß die Katze buchstäblich die Farbe wechselt, wenn sie sich bewegt. Eine Perser Schwarz Smoke etwa ist schwarz, wenn sie ruhig und entspannt daliegt. Wenn sie aufspringt und sich bewegt, wird das helle Unterfell sichtbar.

Ursprünglich wurde Smoke als Fellmuster bei Persern nicht anerkannt. Solche Katzen wurden auf den ersten Ausstellungen der Kategorie »irgendeine andere Farbe« zugeordnet. Erst 1893 wurden Smokeperser als eigene Klasse anerkannt.

Heute sind folgende 24 Farbvarianten zugelassen: 1. Schwarz Smoke (= Ebony Smoke), 2. Blau Smoke, 3. Blau Creme Smoke, 4. Cameo Smoke, 5. Dilute Cameo Smoke (= Creme Smoke), 6. Chestnut Smoke, 7. Chocolate Smoke, 8. Chocolate Schildpatt Smoke, 9. Zimt Smoke, 10. Zimt Schildpatt Smoke, 11. Creme Smoke, 12. Ebony Smoke (= Schwarz Smoke), 13. Beige Smoke, 14. Beigecreme Smoke, 15. Lavendel Smoke, 16. Lavendel Creme Smoke, 17. Particolour Smoke, 18. Rot (= Cameo) Smoke, 19. Smoke-mit-Weiß Smoke, 20. Schildpatt Smoke, 21. Van-Smoke-mit-Weiß Smoke, 22. Smoke und Weiß, 23. Schwarz Smoke und Weiß, 24. Van Smoke und Weiß. Smoke ist bei folgenden Rassen zugelassen:

Ägytische Mau: Schwarz

American Curl: Schwarz, Blau, Rot, Chocolate, Lavendel, Creme, Schildpatt, Chocolate Schildpatt, Blaucreme

American Wirehair: Schwarz, Blau, Cameo

Amerikanisch Kurzhaar: Schwarz, Blau, Rot, Schildpatt, Blaucreme, Smoke mit Weiß

Britisch Kurzhaar: Schwarz, Blau

Exotisch Kurzhaar: Schwarz, Blau, Rot, Creme, Schildpatt, Blaucreme, Smoke mit Weiß, Van Smoke mit Weiß

Maine Coon: Schwarz, Blau, Rot, Schildpatt, Blaucreme, Smoke mit Weiß
Manx: Schwarz, Blau
Norwegische Waldkatze: Schwarz, Blau, Rot, Creme, Schildpatt, Blaucreme
Orientalisch Langhaar: Schwarz (Ebony), Blau, Rot, Lavendel, Creme, Beige, Zimt, Particolour, Chocolate
Orientalisch Kurzhaar: Schwarz (Ebony), Blau, Rot, Lavendel, Creme, Beige, Zimt, Particolour, Chocolate
Perser: Schwarz, Blau, Rot, Creme, Schildpatt, Blaucreme, Smoke mit Weiß, Van Smoke mit Weiß
Scottish Fold: Schwarz, Blau, Rot
Türkisch Angora: Schwarz, Blau

Sorrel

Fellfarbe: Der Ausdruck bezeichnet eine Farbe zwischen einem »bräunlichen Orange und Hellbraun« und wird ausschließlich von britischen Züchtern für Abessinier und Somali benutzt. Das Agoutifell der Sorrelvarianten wird offiziell angegeben als »Grundfarbe = Kupferrot, Ticking = Chocolate«, bei der Silber-Sorrel-Variante »Grundfarbe = Silberpfirsich, Ticking = Chocolate«.

In Amerika sagt man statt Sorrel Rot/Red. Kompliziert wird die Farbbezeichnung jedoch durch den Umstand, daß es heute bei Abessinier und Somali zwei Arten von Rot gibt, die bei dem Versuch entstanden, dunklere Schattierungen zu erhalten.

Spotted Tabby

siehe Getupft

Tabby

Fellmuster: Die Geschichte der Fellmusterung der Hauskatze ist kompliziert. Es sieht so aus, als sei die Hauskatze im alten Ägypten aus der Nubischen Falbkatze oder Afrikanischen Wildkatze *(Felis silvestris libyca)* entwickelt worden. Phönizische Händler haben diese früh domestizierten Katzen nach Griechenland und nach Rom gebracht. Danach haben sie sich über Europa verbreitet und sich mit der einheimischen Mitteleuropäischen Wildkatze *(Felis silvestris silvestris)* vermischt.

Das Fellmuster sowohl der Nubischen Falbkatze als auch der Mitteleuropäischen Wildkatze kann man am besten als ein unterdrücktes, schwaches oder »ausgewaschenes« Tabby beschreiben. Das Muster ist vorhanden, aber es ist nicht sehr ausgeprägt. Zweifellos sahen so auch die ersten domestizierten Tiere aus. Die altägyptischen Wandmalereien bestätigen, daß die Katzen dort vor drei- bis viertausend Jahren nur schwache oder unterbrochene Streifen hatten. Als sie sich aber mit den Wildkatzen Europas vermischten, entstand ein ausgeprägtes Tabby.

Moderne Versuche haben bestätigt, daß bei einer Kreuzung von Europäischer und Afrikanischer Wildkatze, die beide nur ein schwach ausgeprägtes Tabby haben, die Nachkommen ein Muster zeigen, das dem moderner Katzen viel näher steht als dem ihrer Eltern. Darum ist es wahrscheinlich, daß so die Geschichte des Tabby begonnen hat.

Die ersten Katzen dieses Typs würde man heute als getigert (Mackerel Tabby) bezeichnen: Sie waren mit dünnen, dunklen Streifen bedeckt. Einige Streifen lösten sich zu kurzen Strichen und Tupfen auf. Aber der Gesamteindruck erinnert an ein Tigerfell. Zunächst war dies das einzige Muster der Hauskatzen. Doch dann gab es eine neue Mutation, die die gestromten

Katzen (Blotched Tabby) hervorbrachte. Sie hatten stärkere und komplexere Streifen. Die schmalen Streifen blieben nur in bestimmten Körperregionen erhalten.

Man nimmt an, daß das Blotched Tabby spätestens in Elisabethanischer Zeit in England entstanden ist. Damals reisten Engländer fast um den ganzen Erdball und mit ihnen die gestromten Katzen, die überall in vergleichsweise kurzer Zeit heimisch wurden. Mit der Ausdehnung des Empire im Viktorianischen Zeitalter setzte sich diese Entwicklung fort.

Man weiß nicht, wieso das Blotched Tabby überall beherrschend wurde. Vielleicht war mit dem Gen für dieses Fellmuster eine ungewöhnliche Angriffslust oder ein besonderes Durchsetzungsvermögen verbunden, so daß die gestromten Katzen die anderen Varietäten ausstechen konnten, wenn es um weibliche Tiere oder Territorien ging. Vielleicht waren sie auch einfach nur gesünder oder fruchtbarer. Was auch immer der Grund war – dieses Fellmuster setzte sich durch. Das ältere getigerte Tabby wurde bald verdrängt und ist heute verhältnismäßig selten, während die gestromten Katzen eindeutig die häufigsten sind. Der Katzenexperte Roger Tabor hat in gewisser Weise schon recht, wenn er die erfolgreichste Hauskatzenart »The British Imperial Cat« nennt.

Betrachtet man die große Variationsbreite der heutigen Farbschläge, dann möchte man meinen, Katzen mit Tabbyzeichnung bilden nur eine kleine Gruppe im allgemeinen Spektrum der Muster und Farben. Genetisch verhält es sich jedoch ganz anders, denn in Wirklichkeit tragen alle domestizierten Katzen eine Tabbyzeichnung. Wenn sie nicht zu sehen ist, dann heißt das nur, daß andere, nicht tabbyartige Farben sie überdecken. Fehlen diese Farbmaskierungen, sieht das Fell wie eine Mischung aus gebänderten (Agouti) und schwarzen Haaren aus.

Neben den zwei bereits erwähnten Tabbyzeichnungen gibt es heute noch drei andere. Bei den insgesamt fünf Tabbymustern handelt es sich im einzelnen um:

Getigert/Mackerel Tabby: Das Muster besteht aus schmalen Streifen und ist die älteste Form der Tabbyzeichnung. Es ähnelt dem Fellmuster der Wildkatzen, die ja die Vorfahren der Hauskatzen sind (siehe auch Getigert).

Gestromt/Blotched Tabby: Das Muster besteht aus breiten Bändern, die spiralförmig oder in Windungen verlaufen. Bei Hauskatzen ist dieses Muster am häufigsten; daher bezeichnet man es auch als klassisches Tabby (Classic Tabby), obwohl die Tigerung, die dem Fellmuster der Wildkatzen nähersteht, älter ist (siehe auch Gestromt).

Getupft/Spotted Tabby: Hier bilden die dunklen Flecke kleine Tupfen. Es ist nicht bekannt, ob sich die Tupfen aus aufgebrochenen Streifen der Tigerung oder aus einer eigenen Mutation entwickelt haben (siehe auch Getupft).

Ticked Tabby: Ein schwaches Muster auf einem Fell, das im allgemeinen ein Ticking zeigt; das beste Beispiel dafür ist das Fell der Abessinierkatze.

Schildpatt-Tabby: Ein zweifach abgestuftes Tabbymuster, auch als Torbie bezeichnet. Die typische Ausformung zeigt getrennte Flecke von Braun und Rot auf demselben Tier (siehe auch Schildpatt-Tabby).

Zu diesen Grundmustern gibt es zahlreiche Varianten (wobei manche nur andere Namen für ein und dieselbe Variante sind): 1. Blau Tabby, 2. Blau Schildpatt-Tabby, 3. Blau Silber Schildpatt-Tabby, 4. Blau Silber Tabby, 5. Braun Tabby, 6. Braun Schildpatt-Tabby, 7. Cameo Tabby, 8. Dilute Cameo Tabby,. 9. Chestnut Tabby, 10. Chestnut Silber Tabby, 11. Chocolate Silber Tabby, 12. Zimt Tabby, 13. Zimt Silber Tabby, 14. Creme Tabby, 15. Creme Silber Tabby, 16. Ebony Tabby, 17. Beige Tabby, 18. Beige Silber Tabby, 19. Lavendel Tabby, 20. Lavendel Silber Tabby, 21. Rot Tabby, 22. Silber Tabby, 23. Silber Schildpatt-Tabby.

Bei manchen Tabbykatzen gibt es neben der Tabbyzeichnung auch reinweiße Bereiche: 24. Tabby mit Weiß, 25. Schildpatt-Tabby mit Weiß (= Torbie mit Weiß = Braun Tabby/Rot Tabby/Weiß), 26. Dilute Schildpatt-Tabby mit Weiß (Blau Tabby/Creme Tabby/Weiß), 27. Blau Tabby mit Weiß, 28. Blau Schildpatt-Tabby mit Weiß (= Dilute Schildpatt-Tabby mit Weiß), 29. Blau Silber Tabby mit Weiß, 30. Braun Tabby mit Weiß, 31. Braun Schildpatt-Tabby mit Weiß, 32. Cameo Tabby mit Weiß, 33. Creme Tabby mit Weiß, 34. Rot Tabby mit Weiß, 35. Silber Tabby mit Weiß, 36. Silber Schildpatt-Tabby mit Weiß.

Bei manchen Katzen sind die farbigen Tabbyzeichnungen auf die Extremitäten beschränkt; die Tiere sind ansonsten weiß. Man spricht dann von einem Van Tabby: 37. Van Tabby, 38. Van Tabby mit Weiß, 39. Van Creme Tabby mit Weiß, 40. Van Particolour Tabby mit Weiß, 41. Van Rot Tabby mit Weiß.

Ticking

Fellmuster: Ein anderer Name für das Agoutifell, bei dem jedes Haar schwarz, braun und gelb gebändert ist. Es ist typisch für Abessinier und Somali, Wild Abyssinian, Singapura und Ceylonese.

Tipping

Fellmuster: Von einem Tipping spricht man, wenn nur die Haarspitze gefärbt, der Rest des Haares dagegen heller ist.

Torbie

Fellmuster: Eine allgemein gebräuchliche Abkürzung für Schildpatt-Tabby (siehe dort).

Tortie

Fellmuster: Abkürzung von englisch »tortoise-shell«, gleichbedeutend mit Schildpatt (siehe dort).

Tricolour

Fellmuster: Dieser Begriff wurde 1907 von Leslie Williams eingeführt: »Schildpatt mit Weiß oder Perser Tricolour«. Später erhielt diese Katze den modernen Namen Calico. Die Bezeichnung Tricolour fand bei der Japanese Bobtail neue Verwendung: 1. Tricolour (Schwarz und Rot mit Weiß, auch *Mi-Ke,* Glückskatze, genannt), 2. Dilute Tricolour (Blau und Creme mit Weiß), 3. Schildpatt-Tabby mit Weiß (Braun Tabby, Rot Tabby und Weiß), 4. Dilute Schildpatt-Tabby mit Weiß (Blau Tabby und Creme Tabby mit Weiß).

Usual

Fellfarbe: Der Begriff bezeichnet in Großbritannien die ursprüngliche Fellfarbe einer Katzenrasse, also jene, die es gab, bevor die Zucht begann und neue Varianten entstanden. So nennt man in Großbritannien beispielsweise die goldbraune Fellfarbe der klassischen Abessinier »Usual«, bei den Amerikanern heißt sie »Ruddy« (siehe auch Wildfarben).

Van

Fellmuster: Die Van-Zeichnung, wie man sie von der Rasse der Türkisch Van kennt, besteht aus einem weißen Fell mit farbigen Bereichen an Kopf und Schwanz. Ursprünglich waren die

Extremitäten nußbraun gefärbt. In den letzten Jahren sind weitere Farbschläge hinzugekommen (siehe Türkisch Van).

Weiss/White

Fellfarbe: Die reinweiße Katze war lange Zeit der Favorit auf Katzenausstellungen. Doch überraschenderweise wurde diese Farbe ursprünglich eher aus praktischen als aus ästhetischen Gründen gewählt. 1874 bemerkte dazu Gordon Stables: »Müller haben sie als [Mäuse-] Jäger oft schwarzen Katzen vorgezogen, weil sie, vielleicht zu Recht, der Meinung waren, diese Katzen würden zwischen den Säcken [mit weißem Mehl] weniger auffallen.«

Reinweiße Katzen haben normalerweise goldgelbe oder blaue Augen. Es ist bekannt, daß viele Tiere, vor allem die blauäugigen, unter Taubheit leiden. 1971 ergab eine Untersuchung zweier Genetiker folgende Zahlen: Von 185 weißen Katzen hatten 25 Prozent goldgelbe Augen und ein normales Hörvermögen, weitere sieben Prozent mit der gleichen Augenfarbe waren taub; 31 Prozent hatten blaue Augen und konnten normal hören, weitere 37 Prozent waren blauäugig und taub.

Viele Katzen sind nur zum Teil weiß. Dafür ist ein bestimmtes Gen verantwortlich, das zu einer Scheckung führt, wodurch die wahre Farbe der Katze überdeckt (maskiert) wird. Für gewöhnlich erscheint Weiß in unregelmäßigen Flecken, vor allem an den unteren Körperpartien. Die Weißmaskierung kann von der Ausdehnung sehr unterschiedlich sein:

1. Nur weiße Pfoten (= behandschuht);
2. ein weißer Brustfleck;
3. eine kleine Ansammlung weißer Haare auf dem Bauch (= Medaillon);
4. mindestens ein Drittel des Fells ist weiß (= Bicolour);
5. Katze ist überwiegend weiß und hat nur einige farbige Flecken (= Harlekin);
6. nur an Kopf und Schwanz gibt es farbige Flecke, ansonsten ist das Tier weiß (= Van).

Es gibt viele Farbschläge mit Weiß: 1. Schwarz/Weiß (Bicolour), 2. Schwarz Smoke/Weiß, 3. Schwarz/Rot/Weiß (Tricolour), 4. Blau/Weiß (Bicolour), 5. Blaucreme/Weiß, 6. Blau Tabby mit Weiß, 7. Blau Schildpatt-Tabby mit Weiß, 8. Blau Silber Tabby mit Weiß, 9. Blau/Creme/Weiß (Dilute Tricolour), 10. Braun Tabby mit Weiß, 11. Braun Schildpatt-Tabby mit Weiß, 12. Cameo/Weiß, 13. Creme/Weiß (Bicolour), 14. Creme Tabby mit Weiß, 15. Schildpatt-Tabby mit Weiß (Torbie mit Weiß), 16. Rot Tabby mit Weiß, 17. Silber Tabby mit Weiß, 18. Silber Schildpatt-Tabby mit Weiß, 19. Smoke/Weiß, 20. Tabby mit Weiß, 21. Schildpatt mit Weiß, 22. Van Schwarz mit Weiß, 23. Van Blau mit Weiß, 24. Van Blaucreme mit Weiß, 25. Van Creme Tabby mit Weiß, 26. Van Particolour mit Weiß, 27. Van Rot mit Weiß, 28. Van Rot Tabby mit Weiß, 29. Van Smoke mit Weiß, 30. Van Smoke Tabby mit Weiß.

Wildfarben/Ruddy

Fellfarbe: Diesen Namen erhielt der erste Farbschlag der Abessinier. Das Fell ist rötlichbraun wie gebranntes Siena mit einem Ticking, das an das Fell von Wildkatzen erinnert. Die Bänder sind dunkelbraun oder schwarz. In der Frühzeit der Abessinierzucht war dies der einzige bekannte Farbschlag der Rasse. Erst einige Jahre später kam Rot hinzu, und lange Zeit später folgten die anderen Varianten. Für die meisten Leute ist das rötlichbraune Wildfarben noch immer charakteristisch für diese Rasse.

Zimt/Cinnamon

Fellfarbe: Ein rötlichbraunes Fell, das auch Braun Light genannt wird. Ein anderer Name dafür ist Sorrel.
Varianten: 1. Zimt Schattiert, 2. Zimt Silber, 3. Zimt Silber Tabby, 4. Zimt Smoke, 5. Zimt Tabby, 6. Zimt Schildpatt, 7. Zimt Schildpatt Schattiert, 8. Zimt Schildpatt Smoke, 9. Zimtcreme Calico, 10. Zimtcreme Van Calico.

Zobel

Fellfarbe: Die Bezeichnung wurde 1903 von Frances Simpson eingeführt: »An dem Begriff Zobelkater habe ich nichts auszusetzen. Ich kann ihm sogar das weiße Kinn vergeben, denn er ist großartig. Aber er ist kein Tabby und sollte als solcher auch nicht gezeigt werden.«

1957 liefert Dechambre eine andere Beschreibung: »Die Varietät wurde in Amerika gezüchtet, wo man sie als Burmakatze kennt. Es wäre besser, sie als Zobelkatze zu bezeichnen, um die Beschaffenheit des Fells zu berücksichtigen und sie von der echten Burma zu unterscheiden. Ohne Zweifel stammen diese Katzen aus einer Kreuzung von Siam und einer oder zwei anderer Rassen [. . .] Es ist eine Kurzhaarkatze mit einfarbig schokoladenbraunem Fell, grünen Augen und einem langen Schwanz.«

Heute bezeichnet der Name keine Rasse. Die Burmakatze heißt nach wie vor Burma. In den USA jedoch wird der ursprüngliche Farbschlag dieser Rasse, das Dunkelbraun, »Sable Burmese« (Burma Zobel) genannt – anders als in Europa, wo sie einfach Burma Braun heißt.

VEREINE UND VERBÄNDE

Die folgenden Organisationen können weiterhelfen, wenn man Adressen von Katzenzuchtvereinen sucht:

INTERNATIONALER VERBAND

FIFE

FÉDÉRATION INTERNATIONALE FÉLINE wurde 1949 gegründet und ist der größte Katzenzuchtverband der Welt mit angeschlossenen Vereinen in ganz Europa und darüber hinaus. Amtssprachen sind Englisch, Französisch und Deutsch. Die Mitgliederzahl wird gegenwärtig auf 150 000 Katzenzüchter geschätzt.

Anschrift:
Mrs Penny Bydlinski, Little Dene, Lenham Heath, Maidstone, Kent ME17 2BS Großbritannien
Tel. 00 44/16 22/85 85 10, Fax 00 44/16 22/85 09 08

DEUTSCHE VEREINE

1. DEKZV

1. DEUTSCHER EDELKATZENZÜCHTER-VERBAND E.V.
Deutscher Repräsentant der FIFe.

Anschrift:
Eisenstein 21, 35396 Wieseck/Gießen,
Tel./Fax 06 41/5 47 76

WORLD CAT FEDERATION

Anschrift:
Hubertstraße 280, 45307 Essen
Tel. 02 01/55 07 55

ÖSTERREICHISCHE VEREINE

ÖVEK

ÖSTERREICHISCHER VERBAND FÜR DIE ZUCHT UND HALTUNG VON EDELKATZEN
Österreichischer Repräsentant der FIFe

Anschrift:
Lichtensteinstraße 126 A, A-1090 Wien
Tel. 00 43/1/31 96 42 3
Fax 00 43/1/31 06 54 0

KKÖ

KLUB DER KATZENFREUNDE ÖSTERREICHS

Anschrift:
Castellezgasse 8/1, A-1020 Wien
Tel. 00 43/1/21 47 86 0
Fax 00 43/1/21 20 69 7

SCHWEIZER VEREINE

FFH

FÉDÉRATION FÉLINE HELVÉTIQUE

Anschrift:
Frau Denise Kölz, Solothurner Strasse 83,
CH-4053 Basel
Tel./Fax 00 41/61/36 17 06 4

REGISTER

Die **halbfetten** Seitenzahlen verweisen auf einen Haupteintrag.

BILDNACHWEIS

Der Verlag dankt den folgenden Fotografen, Agenturen und Leihgebern für die freundliche Erlaubnis, die Fotos in diesem Buch zu reproduzieren

1 Larry Johnson; 2–6 Adriano Bacchella; 28 Marc Henrie; 31 Animals Unlimited; 33 Bob Schwartz; 35 Adriano Bacchella; 37 NHPA/Gerard Lacz; 40 Adriano Bacchella; 41–44 Marc Henrie; 47 Adriano Bacchella; 48 NHPA/Gerard Lacz; 49 Anthony Verlag/Prenzel-Anthony; 51–54 Marc Henrie; 57 Bruce Coleman/Kim Taylor; 58 Ardea London/Yan Arthur–Bertrand; 61 Marc Henrie; 62 Animals Unlimited; 65 NHPA/Henry Ausloos; 66 Chanan; 69 Spectrum; 72 Animals Unlimited; 76 Chanan; 78 Marc Henrie; 83 Adriano Bacchella; 84–91 Chanan; 92 Marc Henrie; 96 Chanan; 98 Marc Henrie; 101 Ardea London/John Daniels; 106 Chanan;108 Bob Schwartz; 111 Animals Unlimited; 114 Bruce Coleman/Hans Reinhard; 116 Chanan; 119 Jacana/Axel; 120 Animals Unlimited; 123–124 Chanan; 127 Marc Henrie; 128 NHPA/Henry Ausloos; 130 Marc Henrie; 135 Ardea London/Yann Arthur-Bertrand; 136 Bob Schwartz; 137 Marc Henrie; 141 Bob Schwartz; 143 Marc Henrie; 144 Chanan; 145–154 Marc Henrie; 157 NHPA/Gerard Lacz; 158 Chanan; 159 Marc Henrie; 160 Bob Schwartz; 162 Bruce Coleman/Werner Layer; 163–165 Chanan; 166–168 Marc Henrie; 170 Jacana/Axel; 171–173 Chanan; 175 Adriano Bacchella; 177 NHPA/Gerard Lacz; 179 Chanan; 180–184 Marc Henrie; 187 Animals Unlimited; 190 Dr. Truda Straede; 192 Bob Schwartz; 195 Marc Henrie; 196 Bob Schwartz; 198 Animals Unlimited; 202 Jacana/Axel; 204–206 Marc Henrie; 207 Bob Schwartz; 209–210 Chanan; 212 Alan Robinson; 214 Tetsu Yamazaki; 216–218 Chanan; 219 David Brinicombe; 221–225 Chanan.